R 1112.

LES
ŒUVRES
DE
FEU MONSIEUR
DE CORDEMOY,

CONSEILLER DU ROY,
Lecteur ordinaire de Monsei-
gneur LE DAUPHIN, de
l'Academie Françoise.

Mre Gerauld de Cordemoy.
Coner du Roy, Lecteur ordre de Monseignr le
Dauphin, de l'Academie Françoise.

Vous ex filiis pinx ad viv P. de Rochefort Sculp.

PREMIERE PARTIE

CONTENANT

SIX DISCOURS

SUR

La Distinction & l'Union du Corps & de l'Ame.

QUATRIÉME EDITION
revûë & corrigée.

A PARIS;

Chez CHRISTOPHE REMY, ruë saint Jacques, audessus des Mathurins, au grand saint Remy.

_____

M. DCCIV.

AVEC PRIVILEGE DU ROY.

AU ROY.

IRE,

Sans bleſſer le profond reſpect avec lequel je
preſente ce Livre à VOSTRE MAJESTE',
j'oſeray l'aſſurer qu'Elle y trouvera des choſes
dignes de ſon attention. J'examine en cet Ou-

EPISTRE.

vrage les differentes operations de l'Ame & du Corps, & le secret de leur union. Ainsi, proposant à chacun ce qu'il est, & ce qui se passe en luy même, je croy pouvoir dire que je propose à VOSTRE MAJESTE' le plus digne objet, qui puisse arrêter ses regards, & meriter ses reflexions. Jamais l'union de ces deux excellentes parties qui font tout l'homme, ne fut si merveilleuse qu'en Elle ; & jamais Heros n'eut une si grande Ame dans un si beau Corps. Aussi ne regardons-nous pas vôtre Personne sacrée, comme un pur Ouvrage de la Nature : nous avons crû dés le moment de sa naissance qu'elle venoit du Ciel ; & nous considerons toutes ses actions, comme les suites continuelles du Miracle, qui nous l'a donnée.

En effet, SIRE! nous ne voyons faire que des prodiges à VOSTRE MAJESTE'. Quand la chaleur de l'âge, & le bon succez de ses armes sembloient ne luy devoir inspirer que les combats, Elle nous a donné la Paix ; & quand un si profond repos sembloit ne luy devoir inspirer que les delices, on a vû que par mille soins plus grands & plus glorieux que tous les travaux de la guerre, Elle a reparé presque en un moment les desordres de trente années. Ces merveilles ont surpris toute la Terre : mais VOSTRE MAJESTE' n'en demeure

pas à ces illustres commencemens. Elle médite de
plus grandes choses pour nôtre felicité. Elle pense à corriger les abus de plusieurs siecles ; & ce
qu'Elle fait chaque jour, pour avancer un si
grand dessein, marque bien qu'Elle fait consister toute la gloire de son Regne, à nous rendre
parfaitemeut heureux.

On voit qu'Elle s'applique Elle-même à tout
ce qui peut maintenir la Justice, l'abondance &
le calme dans son Royaume ; & que loin d'é-
couter ces avis funestes, qui n'alloient qu'à l'op-
pression de ses Peuples, elle les a vengez de leurs
persecuteurs, & ne veut plus entendre parler
que des moyens d'établir le Commerce, de perfectionner les Arts, & de rendre la vie de ses
Sujets plus douce, plus tranquille, & plus commode. On voit même que, pour exciter les Sçavans à la recherche de tout ce qui peut servir à
de si belles entreprises, Elle honore les Sciences
d'une protection toute particuliere. Enfin les
Gens de bien ont le plaisir de voir qu'on peut
pretendre à la faveur, dés qu'on est capable de
rendre service à l'Etat, & que celuy qui tra-
vaille le plus infatigablement pour le Public,
est celuy qui plaît le plus à VOSTRE
MAJESTE'.

Le beau moyen, SIRE! de plaire aux Rois!
qu'il y en a peu à qui l'on fasse ainsi sa Cour!

EPISTRE.

& que ce feroit un grand avantage à toutes les Nations, fi tous les Souverains fuivoient l'exemple de V. M. ou fi V O S T R E M A-JESTE' regnoit fur tout le Monde!

Mais je ne m'apperçois pas que, fuivant plus mes inclinations que mon premier deffein, je parle de ce que j'admire en V O S T R E M A-JESTE', & ne parle plus de mon Livre. La Matiere m'en a toûjours paru fi importante & fi belle, que j'ay tâché de ne rien ômettre de ce qui la pouvoit éclaircir; & pour en refoudre les difficultez, je ne me fuis fervi que des connoiffances, que nous avons naturellement de l'Ame & du Corps. Je fouhaite, SIRE, que que mon travail foit utile au Public, afin qu'il foit agreable à VOSTRE MAJESTE'; Et, fi c'eft trop demander, je fouhaite au moins qu'Elle le regarde comme un effet de l'extreme paffion que j'ay de luy plaire, & du zele ardent avec lequel je fuis,

SIRE,

De VOSTRE MAJESTE',

Le tres-humble, tres-obéiffant,
& tres-fidele ferviteur & fujet,
DE CORDEMOY.

PREFACE.

IL n'y a presque personne qui s'arrête à considerer les merveilles du Corps & de l'Ame : neanmoins ce font deux ouvrages, dont chacun à part est admirable, & qui font un composé surprenant. Il est capable de ravir quiconque l'examine ; & quand on n'auroit que la seule envie de se divertir, rien ne sçauroit donner tant de plaisir que cette étude.

Quelques emportez croyent qu'il ne faut que le Corps, pour goûter les plus grandes douceurs de la vie : mais je puis dire avec plus de raison, qu'il ne faut que l'Ame. Elle renferme en soy tout ce qui la peut satisfaire ; & pour être dans une joye sans pareille, elle n'a qu'à faire réfléxion sur ce qu'elle est. Elle n'a qu'à bien examiner les notions que Dieu luy donne, soit pour se connoître elle-même, soit pour connoître le Corps qu'elle anime, soit pour connoître quel est ce merveilleux rapport qui fait toute leur union. Elle peut par le même moyen connoître (du moins autant qu'il luy

ẽ

eſt utile) toutes les autres pieces qui compoſent cet Univers : enfin elle peut par ces lumieres connoître Dieu même, & le connoître aſſez, pour l'aimer plus que toutes choſes.

Il me ſemble que toutes ces conſiderations ſont aſſez puiſſantes, pour obliger une perſonne raiſonnable à rentrer en ſoy-même. Mais, quand la neceſſité, que chacun a de ſe bien connoître, n'engageroit pas également tous les hommes à conſiderer les differentes fonctions de l'Ame & du Corps; il faut avoüer que c'eſt une étude, dont on ne ſçauroit ſe paſſer dans la plûpart des profeſſions, que l'on ſuit le plus ordinairement, quand on ſe ſent un peu de talent & d'eſprit. Ceux qui ſe deſtinent à la Chaire, ſemblent en avoir neceſſairement beſoin; & les Medecins ne la peuvent negliger, ſans s'expoſer à mille fautes auſſi honteuſes pour eux, que funeſtes aux autres.

Que ſi ceux qui ſont employez au maniment des affaires publiques ou particulieres, n'ont pas une neceſſité ſi abſoluë de l'approfondir; il eſt pourtant vray qu'il leur eſt tres-utile d'y employer quelque temps. Car, encore que de ſi belles connoiſſances ſemblent être de peu d'uſage dans le commerce du monde, cependant la maniere dont il s'y faut prendre pour les acquerir, accoûtume ſi bien l'eſprit à dé-

mêler les plus grandes difficultez , qu'il n'y en
a prefque point dans les affaires les plus em-
baraffées , qu'il ne puiffe facilement éclaircir,
quand une fois il a pû vaincre celles-là.

En effet , il n'y a rien qui puiffe difpofer
un homme à concevoir fi nettement chaque
chofe , & à démêler fi exactement celles qui
paroiffent confufes , que les précifions qu'on eft
obligé de faire , quand il veut bien diftinguer
tout ce qui luy appartient à caufe du Corps,
d'avec ce qui luy appartient à caufe de l'Ame.
Comme dans cette étude il n'examine que ce
qui fe paffe en luy-même , & que fon objet
luy eft toûjours prefent , il ne fçauroit manquer d'attention en le confiderant. Et , lorfqu'un peu d'habitude en cette Phyfique , l'a
rendu affez attentif, pour bien obferver les particularitez de chaqne chofe avant que d'en juger, & luy a bien fait connoître par ce moyen
toutes celles qui luy font les plus intimes &
les plus importantes , il peut bien plus feure-
ment juger de celles du dehors , & qui n'im-
portent qu'aux autres hommes. Il n'eft plus fi
fujet à fe précipiter : il fe fouvient de fes an-
ciennes erreurs ; il en connoît les caufes ; il
fçait comment il s'en eft tiré ; & ce qu'il a fait
pour luy-même , le met en état de pouvoir aider à ceux qui l'écoutent, foit dans une ne-

PREFACE.

gociation, ſoit dans une action publique, ou
dans une déliberation, à diſcerner, & même
à ſuivre toûjours le meilleur party. Car enfin, tous les hommes étant ſujets aux mêmes
paſſions, & aux mêmes erreurs, celuy qui s'eſt
aſſez étudié pour connoître les ſiennes, & toutes les cauſes de tant de divers mouvemens qui
l'agitent, ſçait bien mieux les moyens, qu'il faut
employer pour inſtruire ou pour émouvoir les
autres; & c'eſt en cela, ſi je ne me trompe, que
conſiſte la veritable éloquence.

Ce n'eſt pas que de là je veüille conclure
que le plus grand Philoſophe ſoit toûjours le
plus éloquent & le plus propre aux affaires.
Je ſçay qu'il y faut des talens naturels, & même de l'inclination, & que ſans cela l'on n'y
ſçauroit bien réüſſir. Mais je ſçay auſſi que celuy qui a tous ces avantages, les fait bien
mieux valoir, quand il a le ſecours de la Philoſophie. C'eſt ſans doute par cette raiſon que
tous les grands Orateurs y ont employé tant
de temps; & je penſe pouvoir dire que les
deux plus illuſtres de l'Antiquité en avoient
tiré toutes ces belles lumieres, qui les ont tant
fait éclater entre les autres.

J'avoüe pourtant qu'elle ne doit pas occu-
per toute nôtre vie, & qu'aprés y avoir paſſé
quelques années avec attache, il eſt bon de n'y

penſer plus que dans quelques heures, où il eſt
permis de ſe divertir. C'eſt apparemment comme Ciceron en avoit uſé; & la maniere dont
il parle en quelques endroits, fait voir qu'il
faut tâcher de la poſſeder de ſorte que l'on s'en
puiſſe faire un divertiſſement, (ce qui ne peut
arriver, ſi l'on ne s'y applique d'abord d'une
maniere fort ſerieuſe) : mais qu'il faut bien ſe
garder de préferer ce divertiſſement au ſervice,
que l'on peut rendre à ſon païs, ou à ſa famille
dans des emplois conſiderables, ou dans une
profeſſion particuliere.

Si ce grand homme, & tous ceux qui ont
manié les plus difficiles affaires de Rome &
de la Grece, ſe ſont ſi bien trouvez de cette
methode, il eſt évident qu'elle ne ſçauroit mal
réüſſir à qui que ce ſoit, à quelque employ
qu'on le deſtine, & que pour ſuivre les Anciens (du moins autant qu'il nous eſt permis)
la premiere démarche que nous avons à faire, eſt l'étude d'une Philoſophie, qui nous rende capable de faire un juſte diſcernement de
chaque choſe, & de raiſonner ſur d'autres fon-
demens que ſur nos préjugez, & ſur les opinions vulgaires.

Ce n'eſt pas que je veüille dire qu'elles
ſoient toutes mauvaiſes : mais en verité l'on
ne ſe doit fier à pas une, qu'après l'avoir bien

examinée. Et, pour s'accoûtumer à cela, chacun ne peut mieux commencer, que par ce
qui fe paffe en luy-même, & par l'examen
de toutes les idées qu'il a de l'Ame & du
Corps. C'eft ce que j'ay effayé de faire en
mon particulier : j'ay tâché de recueillir dans
les fix Difcours qui fuivent, tout ce que l'on
a befoin d'obferver touchant ces deux chofes;
& fur tout ce qui peut fervir à les bien difcerner l'un de l'autre.

Dans le premier, j'examine les notions que
nous avons en general des Corps & de la Matiere, de la Quantité, des Qualitez, du Lieu,
du Repos, du Mouvement, du Vuide, & de
la Forme; pour faire voir ce que l'on doit entendre par tous ces termes, qui font tout l'embarras de la Phyfique ordinaire.

Dans le fecond, j'examine les changemens
que je connois dans la Matiere; & j'explique
tous ceux qui regardent la Quantité, la Qualité, & la Forme, par lemouvement local:
ce qui fait voir qu'il n'eft pas befoin d'en admettre d'autre.

Dans le troifiéme, j'explique le mouvement
des machines artificielles, & celuy des machines narurelles par une même caufe; & je dis
quelle eft cette caufe, à ne confiderer que les
Corps.

Dans le quatriéme , paſſant au-delà des Corps, je parle de la Premiere Cauſe du mouvement, faiſant voir qu'aucun Corps, ni aucun Eſprit créé , pour excellent qu'il ſoit , n'eſt la veritable cauſe d'aucun mouvement, & n'en peut être que l'occaſion.

Ce qui me donne lieu d'examiner dans le cinquiéme, en quoy conſiſte l'union de l'Ame & du Corps, & comment ils agiſſent l'un ſur l'autre.

Enfin dans le ſixiéme , apres avoir fait connoître ce que nous devons entendre , par ce que nous appellons *nôtre Ame*, & par ce que nous appellons *nôtre Corps*, je tâche de faire bien diſtinguer l'un de l'autre, & même de montrer que l'on eſt bien plus aſſuré de l'exiſtence de l'Ame, que de celle du Corps.

En ce dernier Diſcours, pour parler avec moins d'incertitude , je commence à ne plus parler, que de ce que je reconnois en moy. J'examine le plus préciſément qu'il m'eſt poſſible, toutes les operations qui dépendent de mon Ame , celles qui dépendent de mon Corps, & celles qui reſultent de leur union : croyant qu'il ne ſera pas difficile à tout homme de bon ſens de démêler toutes choſes en ſoy - même , & de voir ce qu'il doit juger , 1. de ſoy , 2. des autres hommes , 3. des bêtes.

PREFACE.

Je n'ay pourtant pas traité ces deux derniers Points; & quoyque le partage du fixiéme Difcours en promette l'explication, quelques confiderations m'ont empêché de la faire. Elles pourront ceffer, & me permettre de donner un jour ce que je retiens à préfent : mais il me femble que, pour peu que l'on faffe de reflexion fur ce que j'ay dit, on pourra facilement fuppléer ce qui me refte à dire.

SIX DISCOURS

SUR

LA DISTINCTION

ET L'UNION

DU CORPS ET DE L'AME.

PREMIER DISCOURS.

Des Corps & de la Matiere.

ON fçait qu'il y a des Corps, & que le nombre en eſt preſque infiny. On ſçait auſſi qu'il y a de la Matiere : mais il me ſemble que l'on n'en a pas des notions aſſez diſtinctes, & que c'eſt de là que viennent preſque toutes les erreurs de la Phyſique ordinaire.

A

Ainsi je me perfuade que le meilleur moyen d'y remedier, eft de bien démêler cette confufion, & d'éxaminer précifément ce que l'on doit entendre par les corps & par la matiere.

LES CORPS font des fubftances étenduës.
1. Comme il y en a plufieurs, l'étenduë de chacun doit être terminée; & ce terme eft ce que l'on appelle *figure*.
2. Comme chaque corps n'eft qu'une même fubftance, il ne peut être divifé: fa figure ne peut changer; & il eft fi neceffairement continu, qu'il exclud tout autre corps; ce qui s'appelle *impenetrabilité*.
3. Le rapport, que les corps ont entr'eux par leur fituation, s'appelle *le lieu*.
4. Quand ce rapport change, on dit que les corps, à l'occafion defquels ce changement arrive, font mûs, ou (ce qui eft la même chofe) qu'ils font en *mouvement*.
5. Et, quand ce rapport continuë, on dit qu'ils font en *repos*.

LA MATIERE eft un affemblage de corps.
1. Chaque corps, confideré comme compofant cet affemblage, eft ce qu'on appelle proprement *une partie de la matiere*.
2. Plufieurs de ces corps confiderez enfemble, & féparément de tous les autres, font ce qu'on peut appeller proprement *une portion de matiere*.

3. Si ces parties ou ces portions demeurent sans liaison les unes auprés des autres, cela s'appelle *tas*.

4. Si elles coulent les unes entre les autres, changeant incessamment leur situation, cela s'appelle
liqueur.

5. Si elles sont accrochées ensemble & sans mouvement, ou avec si peu de mouvement, qu'elles ne
se puissent détacher, cela s'appelle *masse*.

Comme chaque corps ne peut être divisé, il ne
peut avoir de parties : mais, comme la matiere est un
assemblage de corps, elle peut estre divisée en autant
de parties qu'il y a de corps. Elle peut aussi estre divisée en portions : mais elle ne peut avoir autant de
portions, qu'elle a de parties.

Faute d'avoir consideré ces choses attentivement,
on a confondu les notions de la matiere en general,
& celles de chaque corps en particulier. Et, parce
que l'on a vû que les tas, les liqueurs, & les masses
se divisoient d'abord en diverses portions visibles,
lesquelles enfin se réduisoient à force de diviser, en
portions imperceptibles, on a crû que ce qui estoit
arrivé tant de fois à toutes les portions qu'on avoit
separées des autres, arriveroit à l'infini; & que si la
quantité des divisions ne nous rendoit ce qui reste
insensible, nous pourrions toûjours diviser, sans
prendre garde, qu'à force de diviser, il faudroit enfin que l'on rencontrast quelque portion composée
de deux corps seulement, qui estant separez l'un de
l'autre, arresteroient la division, puisque chacun

d'eux eſt une ſubſtance, qui ne peut eſtre diviſée.

Il eſt bon en cet endroit de remarquer deux choſes.

La première, que chaque corps en particulier n'eſt pas capable d'ébranler les organes de nos ſens ; & comme il en faut un grand nombre , pour compoſer la moindre portion de matiere ſenſible , il eſt certain que nous ne ſçaurions apercevoir aucun corps , & que tout ce que nous voyons , eſt de la matiere.

La ſeconde eſt , que chacun des corps eſtant imperceptible , on ne ſçauroit appercevoir leur jonction : de ſorte que toutes leurs étenduës paroiſſent dans une maſſe , comme ſi ce n'eſtoit qu'une meſme étenduë.

Cependant , comme nous avons une idée tres claire des corps , & que nous ſçavons que ce ſont des ſubſtances étenduës , nous joignons indiſcrétement cette notion que nous avons des corps , à celle que nous avons de la matiere ; & prenant une maſſe pour un corps , nous la conſiderons comme une ſubſtance , croyant que tout ce que nous voyons , n'eſt que la meſme étenduë. Et , parce que tout ce que nous voyons ainſi étendu , eſt diviſible , nous joignons tellement la notion de ce qui eſt étendu , à la notion de ce qui eſt diviſible , que nous croyons diviſible tout ce qui eſt étendu.

Mais , pour en mieux juger , il faut s'accoûtumer à conſiderer les choſes comme elles ſont , & non pas comme elles paroiſſent , & ſe reſſouvenir de deux choſes. L'une , que toute maſſe eſt un amas de pluſieurs ſubſtances , & non pas une ſubſtance : l'autre , qu'elle n'a point d'étenduë propre , & qu'elle n'en pa-

roît avoir, que parce que chaque corps, qui la com-
pofe, en a. Et cela bien confideré, nous connoiftrons
évidemment qu'une maffe n'eft divifible, que parce
que fes extrémitez & fon milieu ne font pas la même fubftance, & que ce que l'on dit être le bas de
la maffe, ou le haut, ou le côté, ou le dedans, ou
le dehors, font des fubftances differentes, & dont
chacune fubfiftant à part de celles qui l'accompagnent, elle en peut être féparée. Au lieu que dans
chaque corps particulier, les extrémitez & le milieu
ne font que la même fubftance, qui ne peut être
étenduë, fans avoir neceffairement toutes ces chofes:
tellement qu'aucune n'eftant differente du corps, aucune auffi n'en peut être féparée; & par ce moyen
il demeure indivifible.

Toutes ces chofes paroîtront neceffairement vrayes,
à qui fe donnera le loifir de les confiderer attentivement; & l'on verra qu'il eft impoffible fans cela d'a-
voir aucune notion claire des principes de la Phyfique.

J'avoüe qu'on eft fi accoûtumé à prendre la matiere pour les corps, que de tres-grands hommes n'en
donnent qu'une même définition. Mais, comme cette
définition ne contient que ce qui peut convenir à
chaque corps en particulier, fçavoir, d'être *fubftance*,
& d'être *étendu*, il ne faut pas s'étonner fi ces perfonnes, croyant que la matiere eft une fubftance,
& qu'il n'y a point d'autre étenduë que la fienne, croyent auffi que toute étenduë eft divifible.
Mais, s'ils y veulent un peu penfer, ils pourront,

reconnoître qu'une même fubftance ne fe peut divifer en elle-même, & que fi fa nature eft de pouvoir être étenduë, du moment que l'on conçoit
qu'elle l'eft, il faut avoüer qu'étant la même en toutes fes extrémitez, aucune de fes extrémitez n'eft
féparable d'elle.

Si l'on eftoit fans prévention fur ce fujet, on
n'auroit pas befoin d'une fi longue difcuffion, ni de
rebattre fi fouvent la même chofe. Mais, comme la
coûtume de croire que l'on fçait, eft fouvent auffi
puiffante fur l'efprit que la fcience mefme, il ne fuffit pas toûjours, pour perfuader à des gens le contraire de ce qu'ils penfent fçavoir, de leur expofer
nettement la verité; ce n'eft qu'en la montrant à diverfes fois, qu'on la fait reconnoître. Et non feulement
il eft bon d'en faciliter la connoiffance par des repe-
titions frequentes : mais il eft fouvent à propos,
aprés avoir fait appercevoir une verité par les principes, de montrer les inconveniens qu'il y auroit de
croire le contraire.

C'eft pourquoy je ne feindray pas de dire que j'ay
trouvé que tous ceux à qui j'ay oüy parler des Corps
& de la Matiere comme d'une même chofe, n'ont
jamais fçû m'expliquer leur penfée là-deffus, quoy
que j'en connoiffe entr'eux, qui ayent un efprit excellent, & une tres-grande habitude à démêler les
plus grandes difficultez. Et même, lorfque j'ay voulu
fuppofer avec eux que la matiere eftoit une fubftance, & qu'une fubftance fe pouvoit divifer, qui font
les deux chofes du monde les plus éloignées de ce

qu'on en peut connoître par la lumiere naturelle, ils ne m'ont donné aucune satisfaction. Quand je leur ay demandé si cette substance, qu'ils croyent divisible, l'est à l'infiny, comme il me sembloit que leur supposition le donnoit à entendre; Ils m'ont répondu que non, mais qu'elle l'estoit indéfiniment. Quand je les ay priez de m'expliquer cette division indéfinie, ils me l'ont fait entendre de la même maniere que tout le monde entend l'infiny. Et, pour achever par un peu de bonne foy un discours si plein d'obscurité, ils m'ont avoüé qu'à la verité il y a quelque chose d'inconcevable en cela; mais qu'il falloit necessairement que cela fût de la sorte. Or il me semble qu'il n'y a pas la même obscurité en ce que je propose. Je dis que chaque corps est une substance étenduë, & par consequent indivisible, & que la matiere est un assemblage de corps; & par consequent divisible en autant de parties qu'il y a de corps: cela me semble clair.

Un autre inconvenient, que je remarque en l'opinion de ceux, qui disent que la matiere même est une substance étenduë, c'est qu'ils ne sçauroient faire concevoir un corps à part, sans supposer un mouvement. Tellement que, selon leur doctrine, on ne peut concevoir un corps en repos entre d'autres corps: car supposé qu'il leur touche, cette doctrine enseigne qu'il ne fait plus qu'un même corps avec eux. Cependant il me semble que nous avons une idée bien claire & bien naturelle d'un corps parfaitement en repos entre d'autres corps, dont aucun n'est en mouvement, & que ce que je dis de chaque corps, s'accorde tout-à-fait bien avec cette idée.

Le troifiéme inconvenient, que je remarque en cette opinion, eft que fi l'on croit qu'un corps, étant une portion de matiere, fe doive divifer, dés que fes extrémitez feront mûës en divers fens, il s'enfuivra que quand des corps environnans le poufferont par differens endroits, & fuivant des lignes oppofées, ils le diviferont en autant de façons qu'il fera pouffé. Si bien que les parties, qui s'en fepareront, étant diverfement repouffées contre celles qui luy reftent, les fepareront jufqu'à l'indéfini (pour parler felon cette doctrine) c'eft à dire, que fi ce n'eft infiniment, du moins ce fera tant, que l'on ne pourra concevoir de bornes à cette divifion, qui continuera toûjours, fans que jamais on puiffe fixer, pour un feul moment, la grandeur d'un corps en mouvement : moins encore le pourra-t-on faire, fi l'on fuppofe que ce corps tourne fur fon propre centre, & qu'il foit quarré. Car fi l'un des angles tend vers le haut, l'autre tendra de neceffité vers le bas ; & tandis que celuy de deffus fera dirigé à droit, celuy de deffous fera dirigé à gauche : ainfi voilà dés le premier moment, le corps, que fes angles quitteront, en cinq piéces. Et, fi fon mouvement continuë, on voit qu'il ne fera pas un inftant fous la même figure, ni fous la même grandeur.

Que, fi pour éviter cette fâcheufe conclufion, l'on répond qu'il fe rallie des parties, autant qu'il s'en divife, il eft facile de voir qu'on retombe dans l'inconvenient,

convenient, que l'on veut éviter : car , s'il eſt vray qu'à tous momens des parties ſe ſéparent , & ſe ral-lient , il n'y a pas un inſtant, dans lequel aucun corps puiſſe demeurer de même grandeur , ou de même figure. Ainſi cette opinion, qui n'eſt pas clai-re , quand on la propoſe, ne peut ſervir de rien en Phyſique, quand on la ſuppoſe, puis qu'elle ne peut expliquer ni le repos , ni le mouvement des corps , dont on ſçait que dépend toute la Phyſique.

J'avoüe ingenuëment toutefois, que je n'ay jamais oüi mieux parler des ſciences naturelles , qu'à ceux qui ſoûtiennent cette opinion. Mais il faut auſſi qu'ils demeurent d'accord, que quand ils diſent de ſi bel-les choſes , ils ne la ſuivent pas ; & qu'aprés avoir bien ſoûtenu que tout corps eſt diviſible , ils ſup-poſent enfin que pluſieurs ne ſe diviſent point ac-tuellement durant certain temps. Ce qui ne peut être, ſuivant leur principe : de ſorte qu'ils l'abandonnent, & ſont obligez de faire une ſuppoſition toute con-traire, quand ils veulent rendre raiſon de quelque choſe.

Or il me ſemble que, pour parler auſſi intelligi-blement dés les commencemens de la Phyſique, qu'ils ſont dans la ſuite , ils n'auroient qu'à ſuivre les principes que je propoſe. Ils ſont intelligibles : on en peut déduire toutes les concluſions admirables, qui m'ont fait ſuivre leur doctrine avec tant d'atta-che & de plaiſir. D'ailleurs , ces principes ne ſont point nouveaux : auſſi je ne pretends pas avoir rien trouvé de particulier. J'ay ſeulement fait un peu de

B

réfléxion fur les notions, qu'on a des corps & de la
matiere ; & j'ay reconnu qu'on ne fçauroit concevoir les corps que comme des fubftances indivifibles,
& la matiere que comme un amas de ces mêmes fubftances : ce qui me femble n'avoir point été bien expliqué jufqu'icy, & fatisfaire tellement à tout, que
je ne crois pas que l'on puiffe propofer aucune difficulté, que cela ne refolve, ni que l'on puiffe jamais
parler clairement en Phyfique fans cela.

Pour derniere obfervation fur les notions, que
nous avons des corps & de la matiere, j'ay remarqué
que naturellement nous fommes portez à appeller
Corps, ce qui nous femble indivifible , & *Matiere*,
ce qui fe peut divifer, fans rien détruire. Ainfi ce que
nous nommons nôtre corps, eft en effet l'amas de
cent millions de corps; en un mot c'eft de la matiere; & cependant nous regardons cet affemblage
de tant de corps, comme fi ce n'en étoit qu'un, parce
que fes parties concourant toutes à mefme fin, font
rangées entr'elles d'une maniere fi convenable à cette
fin, qu'on ne les fçauroit divifer, fans rompre toute
l'œconomie qui les y rend propres. Par la même raifon les Jurifconfultes appellent *Corps* dans le droit
tout ce qui ne fe peut divifer, fans être détruit, comme un cheval, un efclave ; & ils appellent *quantité*
tout ce qui n'eft qu'un amas de chofes qui fubfiftent,
fans dépendance les unes des autres, comme le bled,
le vin, l'huile, &c. Enfin dans toutes les rencontres
où l'on voit de la matiere, dont l'arrangement doit
neceffairement produire un certain effet, qui feroit

détruit, si cet arrangement l'étoit par la division des parties de cette matiere, on luy donne le nom de *Corps*, parce qu'on la regarde comme indivisible. Au lieu que, quand on voit la matiere simplement entassée, liquide, ou en masse, & qu'elle se peut diviser en plusieurs portions semblables les unes aux autres, sans détruire aucun effet résultant de leur arrangement, on luy laisse le nom de *matiere*. Tant il est vray que naturellement l'idée, que chacun a du corps, luy represente une chose indivisible, & que l'idée de la matiere represente une chose sujette à être divisée.

Ainsi nous avons des preuves, & par les lumieres naturelles, & par les consequences, que les corps ne sont pas divisibles. Par les lumieres naturelles; puisque chaque corps est une même substance, il faut qu'il soit indivisible; & il ne faut point dire que l'on en peut concevoir le haut, sans en concevoir le bas: car encore que vous puissiez penser à une de ses extrémitez, sans penser aux autres, vous ne sçauriez concevoir qu'elle n'en ait qu'une, dés que vous la concevez étenduë. Et bien loin de conclure qu'un corps soit divisible, parce qu'il a differentes extrémitez, vous conclurez que toutes ses extrémitez differentes sont inseparables, parce qu'elles sont les extrémitez d'une même étenduë, & pour tout dire, d'une même substance.

Quant aux consequences, j'ay fait voir que si chaque corps est divisible, il est impossible de concevoir un corps en repos entre d'autres corps, & moins en-

core de concevoir fon mouvement, c'eft à dire qu'il
eft impoffible de concevoir rien en la nature. Au lieu
que l'on rend raifon de tout, fi l'on pofe chaque
corps comme une fubftance indivifible : car, outre
qu'on fatisfait à l'idée naturelle qu'on a de chaque
fubftance, par ce moyen on explique parfaitement
le mouvement & le repos de chaque corps.

Cependant il eft évident que fi l'une de ces opinions n'eft vraye, l'autre l'eft neceffairement. Car
enfin, il faut que chaque corps foit divifible, ou qu'il
ne le foit pas. S'il eft divifible, la nature ne peut fubfifter comme elle eft ; & j'ay montré qu'on ne peut
expliquer ni le mouvement, ni le repos : au lieu que
s'il ne l'eft pas, on explique tres-commodement ce
que l'on apperçoit du repos & du mouvement. Je ne
penfe pas qu'il puiffe fe trouver une preuve plus con-
vaincante d'aucune verité.

6. Le plus où le moins de corps, dont les tas, les liqueurs, & les maffes font compofez, s'appelle *leur
quantité* : & leur grandeur ou leur petiteffe vient
du plus grand ou du moindre nombre de corps,
qui s'y rencontrent.

Ainfi chaque corps n'eft point une quantité, quoy
qu'il foit une partie de la quantité, comme l'unité
n'eft pas un nombre, quoy qu'elle faffe partie du
nombre. Tellement que la quantité & l'étenduë font
deux chofes, dont l'une convient proprement au
corps, & l'autre convient proprement à la matiere.

7. Les corps, qui compofent les tas, les liqueurs &
les maffes, ne font pas par tout fi prés les uns des
autres, qu'ils ne laiffent quelques intervalles en
divers endroits.

Lors qu'on apperçoit ces intervalles, on les appelle *Trous*. Et, quand on ne les apperçoit pas, on
les appelle *Pores*.

8. Il n'eft pas neceffaire que ces intervalles foient rem-
plis; & l'on peut concevoir qu'il n'y ait aucun
corps entre des corps, qui ne fe touchent pas.

De dire qu'on ne peut concevoir ces intervalles
fans étenduë, & que par confequent il y a des corps
qui les rempliffent, cela n'eft point veritable. Et bien
que l'on puiffe dire qu'entre deux corps, qui ne fe
touchent pas, on pourroit mettre d'autres corps de
la longueur de tant de pieds, on ne doit pas conclure qu'il y en ait pour cela. On doit feulement
dire qu'ils font fituez de forte qu'on pourroit placer
entr'eux des corps, qui joints enfemble compoferoient
une étenduë de tant de pieds. Ainfi l'on conçoit feulement qu'on y pourroit placer des corps: mais on
ne conçoit pas pour cela qu'ils y foient. Et, comme
nous pourrions avoir l'idée de plufieurs corps, encore
qu'il n'y en eût aucun ; nous pouvons auffi concevoir qu'on en pourroit mettre quelques-uns entre des
corps, entre lefquels il n'y en a point encore.

Quelques-uns foûtiennent que, fi tous les corps
qui rempliffent un vafe, étoient détruits, les bords
du vafe feroient reünis. J'avoue que je n'entends pas

B iij

ce raifonnement; & je ne puis concevoir ce que fait
un corps à la fubfiftance de l'autre. Il pourroit bien
être que les corps qui entourent le vafe , pouffans
fes bords, le brifaffent, s'ils n'étoient fouftenus au
dedans par d'autres corps. Mais de dire que, dés qu'on
auroit ofté tous les corps du dedans, les bords fe deuf-
fent raprocher , fans que rien pouffaft ces mefmes
bords, & de faire un argument contre le vuide par
cette fuppofition, j'avoüe, fi c'eft un bon argument,
que je n'en connois pas la force; & je crois voir tres
clairement que deux corps pourroient fubfifter , fi
loin l'un de l'autre, qu'on en pourroit mettre entre
eux un tres-grand nombre, ou n'y en mettre aucun,
fans que cela les raprochaft ny reculaft.

9. Comme les figures des corps font fort diverfes, leur
rencontre fait que les portions perceptibles ou imperceptibles, qu'ils compofent, peuvent être de
tres-differentes figures.

10. Mais, comme entre les corps plufieurs font de même figure, il y a auffi bien des portions, qui font
de figures femblables.

11. Même plufieurs corps de differentes figures mêlez
en nombre égal & de même façon, peuvent faire
differentes portions toutes de même figure, &
ayant les mêmes proprietez; & ce qui refulte de
l'affemblage de ces portions, eft ce qu'on appelle
une telle matiere, ou, fi vous voulez, *matiere feconde,*

Tellement que la matiere premiere peut être bien définie (fuivant ce qui a été dit) *un affemblage de corps :* & l'on voit que chaque corps eft une partie de cette matiere premiere.

De même la matiere feconde feroit bien définie, *un affemblage de plufieurs portions de même nature ;* & chacune de ces portions eft une veritable partie de cette matiere feconde.

Et, parce que chaque portion d'une certaine nature peut être jointe à quelque portion d'une autre nature, dont il refultera une troifiéme forte de portions, on voit que plufieurs de ces dernieres portions compoferoient une matiere que l'on pourroit appeller *matiere troifiéme ;* & ces portions mixtes feroient les veritables parties de cette matiere troifiéme, qui feroit mixte des deux autres.

De la même façon les chofes peuvent aller d'une troifiéme à une quatriéme nature ; & pour garder un ordre qui rende ces changemens intelligibles, les portions en quoy fe refout d'abord chaque matiere, doivent être appellées les parties de cette matiere.

Il faut remarquer qu'autant qu'on a pû connoître ces differens états, on leur a donné des noms ; & cela a été fort à propos. Mais il a été fort mal à propos de feindre qu'à chaque mutation il arrive un nouvel être, qu'on appelle *qualité* ou *forme.* Ce n'eft pas que ces mots ne foient propres à exprimer le different arrangement des parties de la matiere, mais ils ne peuvent raifonnablement fignifier autre chofe.

12. Il n'y a que les effets, qui nous puiſſent faire juger des differentes figures, que peuvent avoir les differentes parties de chaque matiere.

Ainſi, quand on propoſe une maſſe ou quelque liqueur, dont les parties ne ſe peuvent diſcerner, on doit examiner quels en ſont les effets : enſuite on doit conſiderer quelles figures ſont les plus propres à produire de tels effets ; & l'on doit croire qu'on a bien ſuppoſé la figure des parties qui compoſent une maſſe, ou une liqueur, quand on en aſſigne une, qui peut rendre raiſon de tous leurs effets.

DU
MOUVEMENT
ET DU REPOS
DES CORPS.

Qu'il n'arrive aucun changement en la matiere,
qu'on ne puiſſe expliquer par
le Mouvement local.

II. DISCOURS.

TOUT le monde demeure d'accord qu'il
n'y a rien de ſi contraire au Mouvement,
que le Repos.

Or il eſt certain que, quand on dit
qu'un corps eſt en repos, on n'entend autre choſe,
ſinon que ce corps eſt toûjours en même ſituation.

Ainſi, ſuivant la regle des contraires, quand on
parle du mouvement d'un corps, on ne doit entendre autre choſe, ſinon que ce corps eſt tranſporté de
ſorte qu'il ne demeure pas un ſeul moment en une
même ſituation.   C

On pourroit demander ce qui eſt cauſe de ce tranſ-
port : mais ce ſeroit ſortir de la queſtion, dont le but
n'eſt pas d'expliquer les cauſes du mouvement des
corps , mais ſeulement d'en connoître la nature, c'eſt
à dire , de trouver une définition, qui puiſſe convenir à toutes les manieres de ſe mouvoir, que nous
connoiſſons dans les corps.

Je penſe que l'on accordera aiſément celle que j'ay
apportée du Repos , & conſequemment celle du Mouvement, puiſqu'elle eſt tirée ſuivant une regle toûjours infaillible.

Il reſte donc à faire voir que cette définition convient à tous les mouvemens, qui nous ſont connus.

Quelques perſonnes , en avoüant qu'elle eſt tres
propre à expliquer ce changement, auquel on donne le nom de mouvement local , diſent qu'elle ne
peut convenir qu'à celuy-là , & qu'elle ne peut s'appliquer à ces changemens de la *quantité*, qu'on appelle *accroiſſemens* ou *décroiſſemens* ; à ceux de la *qualité*,
qu'on appelle *alterations* ; & à ceux de la *forme*, qu'on
appelle *generation*, ou *corruption*. Mais, ſi je montre que
tous ces changemens n'arrivent que par le mouvement, auquel on avoüe que ma définition convient,
il s'enſuivra qu'elle convient à tous les mouvemens,
qui nous ſont connus.

Quant aux changemens de la *quantité*, ſi une maſſe
augmente, n'eſt ce pas que de nouveaux corps ſe joignent à ceux qui compoſent déja la quantité de cette
maſſe ? Si elle diminuë, n'eſt ce pas que quelques-uns
de ces corps en ſont ſeparez ? Et peuvent-ils être ajoû-

Quan-
tite'.

tez ou féparez fans ce mouvement local, que nôtre
définition explique fi bien?

. Qu'un morceau de terre, qui étoit déja proche d'une
pierre, foit tellement remué par la chaleur du foleil, ou par d'autres caufes, que ce qu'il y aura de plus
humide, en exhale, & que ce qu'il y aura de parties
plus folides, s'embaraffent de forte par leurs figures
irregulieres, & fe ferrent tellement les unes contre
les autres, qu'enfin il paroiffe dans un état tout à fait
femblable au refte de cette pierre. Il eft certain que
cette exhalaifon de quelques parties, & ce rapprochement de quelques autres, n'eft qu'un mouvement
local; & qu'ainfi cette augmentation de quantité, qui
s'appelle communement *Juxta-pofition*, peut être expliquée par nôtre définition.

Pour cette autre augmentation, qui fe fait par *In-
tuffufception*, elle ne differe en rien de l'autre, finon
qu'en la premiere les parties qui s'accumulent, font
jointes par les extrémitez aux parties de la maffe qui
accroît; & dans la feconde efpece ces parties qui arrivent de nouveau, gliffent entre les moindres efpa-
ces, que font entre elles les parties de cette maffe, jufqu'à ce qu'elles ayent trouvé des endroits un peu plus
étroits, qu'il ne faudroit pour les admettre. De forte
que, faifant effort pour y paffer, elles font fouvent
dans un mouvement affez puiffant, pour s'y faire entrée. Mais, fouvent auffi ce mouvement n'étant pas
affez fort pour les faire paffer outre, elles y demeurent engagées, & accroiffent ainfi la maffe.

Comme il arriveroit à une fleche, qui feroit lancée dans un faiſſeau fait de pluſieurs autres : on ſçait que quelque étroite que fût leur union, il y auroit toûjours des eſpaces entre elles, où cette fleche s'introduiroit ; & qu'encore qu'elle eût aſſez de force, pour les écarter un peu les unes des autres, elle pourroit auſſi, aprés avoir perdu tout ſon mouvement par cet effort, demeurer engagée entre les autres, & accroître ainſi le faiſſeau, qui pourroit augmenter d'autant de fleches, qu'on en pourroit tirer entre celles qui le compoſent.

Il en arrive de même aux Plantes, qui ne prennent de nourriture, que parce que la chaleur du ſoleil faiſant mouvoir dans les entrailles de la terre differens ſucs (c'eſt à dire differentes petites particules, dont les figures ſont diverſes) il les éleve enfin, & les fait couler par une infinité de petits conduits, dans leſquels ces particules venant à rencontrer quelques grains de ſemences, dont les pores ſont approchans de leur figure, elles s'y donnent entrée, parce qu'il leur eſt plus commode de continuer ainſi leur mouvement en ligne droite ; & ayant conſommé une partie de leur impetuoſité à s'en faire l'ouverture, elles y demeurent engagées, pour en augmenter la ſubſtance.

Que ſi elles conſervent aſſez de mouvement pour paſſer outre, elles ne ſervent de rien à la nourriture. D'où vient que trop de chaleur, donnant trop de mouvement à ces particules, fait ſecher les ſemences dans le ſein d'une terre, qui les feroit germer, ſi elle étoit moins échauffée. Et même un trop grand mouvement peut être cause que des particules plus grosses que celles qui doivent servir d'aliment à certaine plante, s'y frayent des passages, qui ruïnant la figure & l'arrangement des pores de cette plante, la mettent en état de ne pouvoir plus retenir celles qui luy seroient propres. Comme au contraire, le défaut de mouvement peut faire qu'aucun suc ne puisse avoir assez de force, pour s'introduire dans les semences, qu'il pourroit augmenter; & qu'ainsi elles deviennent inutiles.

De là encore on peut conjecturer que tous les petits sucs n'ayant pas des figures semblables, tous ne sont pas propres à s'insinuer dans toutes sortes de semences; mais que chacun, après avoir heurté vainement contre celles où il ne peut entrer, peut enfin être emporté en des endroits où il rencontre des semences, dont les pores soient assez ajustez à sa figure, pour l'arrêter. De sorte que la mesme terre en peut contenir à la fois, & le même soleil en peut émouvoir en même temps assez de differens, pour nourrir une plante, dont le jus sera mortel, tout proche d'une autre, qui pourra servir d'antidote à ce poison : étant certain que jamais l'une ne recevra ce qui sera propre à la nourriture de l'autre ; par la même raison que deux cribles diversement percez, n'admettront jamais que les grains, qui seront proportionnez à la figure de leurs trous.

Quant aux changemens de *qualité*, qu'on appelle Quali-
alterations, il est facile de faire voir qu'ils arrivent tous TE.
par ce mouvement, auquel nôtre définition se raporte.

C iij

Pour cela, il faut d'abord examiner ce qu'on entend par le mot *d'alteration*.

On entend, fans doute par ce mot, tous les changemens qui peuvent arriver en un corps compofé de plufieurs parties, fans augmenter ou diminuer fa maffe, & fans détruire cette conftitution de parties, en laquelle on fait confifter fa nature particuliere; c'eft à dire, ce qui le rend different des autres corps.

Je dis fans augmenter ni diminuer fa maffe, parce que cette forte de changement eft de quantité, comme nous l'avons déja remarqué.

J'ajoûte que l'alteration ne doit poit détruire dans le corps, auquel elle arrive, cette conftitution particuliere de parties, qui fait toute fa nature, & le rend different des autres corps; parce que ce grand & dernier changement regarde la forme, dont nous devons parler dans l'article fuivant.

Cela pofé, je dis que l'alteration ne peut arriver fans mouvement local : car un corps compofé de plufieurs parties, n'étant ce qu'il eft, que par la conftruction de fes parties, il ne peut recevoir de changement, que par fes parties.

Or il eft conftant que, fi les moindres de fes parties demeurent toûjours en même fituation, fans s'éloigner, fans s'approcher, fans paffer les unes dans les autres, & fans en admettre d'autres entr'elles; il eft conftant, dis-je, qu'il n'arrivera point de changement, & que tant que ce repos de toutes les parties d'un corps durera, on pourra affurer qu'il eft toûjours de même, c'eft à dire, qu'il n'eft point altcré.

Donc, si l'on y apperçoit du changement, il faut conclure, qu'il est arrivé, parce que les parties se font ou ferrées, ou écartées, ou que les unes ont passé dans les autres, ou qu'elles en ont admis d'autres entr'elles : ce qui ne se peut faire, que par le mouvement local ; & consequemment c'est par luy que les alterations ou changemens de qualité arrivent.

Si nous descendons aux choses particulieres, nous verrons, par exemple, que le pain, sans cesser d'être pain, peut avoir indifferemment, ou la qualité de tendre, ou la qualité de rassis : mais qu'il ne peut être ni tendre ni rassis, que par un mouvement & une situation differente de ses parties.

En effet, il n'est tendre, que parce que ses parties, étant encore imbibées des parcelles de l'eau, dont il est composé, font plus pliantes, & resistent moins au toucher : d'ailleurs elles ont un reste de mouvement, qui les tenant plus séparées les unes des autres, font que l'on peut facilement y introduire les dents, & qu'elles maltraitent moins le palais, & les autres parties de nôtre bouche.

De même, il ne devient sec aprés quelques jours, que parce que les parcelles de l'eau excitées, ou par leur mouvement propre, ou par celuy de l'air, s'évaporent de forte, que les parties plus grossieres de la paste, qui demeurent avec un mouvement beaucoup moindre, se serrent davantage les unes contre les autres, & laissent le pain en tel état, qu'à peine y peut on introduire le coûteau. Cependant il est toûjours appellé pain, parce que ses parties gardent encore assez de cet arrangement, dans lequel on fait consister sa nature.

Ainsi l'on voit que ce n'est pas mal définir l'alteration, que de dire que c'est un changement tel, que le corps auquel il arrive, peut affecter quelquesuns de nos sens, autrement qu'il ne les affectoit auparavant; non toutefois de telle sorte, que nous n'y reconnoissions plus rien de tout ce qui nous paroissoit en luy: car en ce cas (& nous le verrons par la suite) nous dirions qu'il y auroit corruption de sa forme, & generation d'une autre. Mais ce que nous devons considerer icy, est que l'*alteration*, que nous avons expliquée dans le pain, n'a eu pour cause, que l'évaporation de certaines parties, & le rapprochement de quelques autres: ce qui est un mouvement suivant nôtre définition.

FORME. Il reste à voir les changemens de *forme*, qu'on appelle *generation*, ou *corruption*.

On dit qu'il y a corruption, & ensuite generation dans une certaine portion de la matiere, lors que l'on n'y reconnoît plus rien de son premier arrangement. Et nos sens sont tellement les maîtres de nos creances, que quand il ne nous paroît plus rien en une chose, de ce qui nous y paroissoit auparavant, non seulement nous commençons à luy donner un nom, qui puisse répondre à la nouvelle idée que nous en avons; mais nous panchons à croire qu'elle n'est plus la même, & souvent nous disons que c'en est une autre.

Sans

Sans doute que nous parlerions plus proprement, si nous difions fimplement qu'elle eft toute autre, c'eft à dire qu'elle eft tout à fait alterée. Mais quoy ? on eft accoûtumé à faire deux ordres, ou efpeces de changemens, quoy qu'il n'y ait de difference en-tr'eux, que du plus au moins. On veut, quand une chofe n'eft pas changée jufqu'à être méconnuë, qu'elle foit feulement alterée. Mais, quand fon chan-gement eft tel, qu'il n'y paroît plus rien de tout ce qu'elle avoit, on affure que ce n'eft plus la même.

Cependant, fi l'on confulte la raifon plûtôt que les fens, on trouvera que cette chofe eft toûjours le même corps, qui a toûjours autant de parties, & ne peut avoir été changé, que parce que fes moin-dres parties font difpofées tout autrement, qu'elles n'étoient : fi bien qu'elles n'ont plus rien, qui appro-che de leur premiere conformation.

Et pour montrer que le mouvement, que nous avons défini, eft la caufe de ce dernier effet, auffi bien que des autres ; il ne faut qu'examiner un de ces extrêmes changemens, que l'on appelle changemens de forme.

Un tas de bled nous paroît divifé en plufieurs pe-tites portions : les parties de chaque grain font pref-fées d'une maniere, qui le fait prefque rond ; & une écorce affez délicate pour ne le point fouler, mais affez forte pour le conferver, repouffe vers nos yeux la lumiere d'une façon, qui nous le fait paroître d'un gris jaunâtre, & marqué de blanc en quelques en-droits.

D

Si vous expofez ce bled à la meule, vous verrez que les grains qui font au-deffus, s'embaraffant dans les creux, que l'on fait exprés en cette pierre, font contraints de fuivre fes mouvemens. Et, comme la premiere couche de ces grains a plufieurs pointes engagées dans les entre-deux, que font entr'eux les grains de la feconde, cette feconde eft en même temps obligée de fuivre, emportant par même raifon la troifiéme, & celle-là celle qui fe trouve au deffous, tant qu'enfin toute la maffe tourne. De forte que le poids de la machine joint à l'effet des mouvemens, froiffe les grains, brife leur écorce, & fait que chacune des particules qu'elle enfermoit, fe débarraffant de celles, dont elles étoient environnées, pour fe mefler avec d'autres, toutes commencent à compofer un certain tout, d'une couleur fi differente, & d'une conftitution fi diverfe de la premiere, que n'y reconnoiffant plus aucune des apparences du bled, nous commençons à l'appeller farine.

Jufqu'icy, il me femble qu'il n'y a rien, qu'on ne puiffe affez facilement expliquer par le mouvement que j'ay défini.

Si pour en faire du pain, on fépare les petits éclats de l'écorce, qui font le fon, d'avec les particules, qui font la plus belle farine ; on voit que cela fe fait par les loix du même mouvement.

Si l'on vient à mefler ces parties de la plus délicate farine avec celles de l'eau, de forte que les unes s'embarraffant dans les autres, elles commencent à devenir plus liées entr'elles ; je croi que per-

fonne n'en cherchera la caufe, que dans le même
mouvement.

Si l'on expofe cette maffe paîtric, à la chaleur d'un feu renfermé dans quelque lieu capable
d'en réünir toute l'activité, elle fe levera d'abord;
& la plûpart des parcelles de l'eau s'évaporeront. Les
parties du dedans, étant excitées, s'éloigneront les
unes des autres : celles de la fuperficie, étant rafées
par l'air, & par les autres petits corpufcules environnans, feront plus polies, plus ferrées, plus feches &
plus colorées, que le refte de cette maffe. Enfin, fi,
après le temps neceffaire, vous la retirez de ce lieu,
vous la verrez en cet état, que vous appellez pain.
N'eft-ce pas toûjours la même maffe, qui a fouffert
tous ces differens changemens? & ne luy font-ils
pas tous arrivez par le mouvement, que nous avons
défini? Cependant on dit qu'il a changé de forme,
qu'il y a eu corruption de celle du bled, & generation de celle du pain.

Je ne puis trouver étrange qu'on appelle mutation de forme cet extrême changement, qui fait qu'on
ne reconnoît plus rien de ce qui paroiffoit en une
maffe, pour le diftinguer de ces moindres changemens, qu'on appelle fimples alterations de qualitez.
Mais je ne puis concevoir ce qui fait imaginer à plufieurs, qu'une forme periffe, & qu'une autre s'engen-
gendre, ni moins encore qu'il faille paffer par la pri-
vation, pour aller de l'une à l'autre. Ce milieu m'a
toûjours femblé auffi chimerique, que les deux extrémitez, dont on veut qu'il foit le lien ; & il me

femble, que pouvant rendre raifon des plus grands
changemens, qui arrivent en la matiere par l'arrangement, par les figures, & par le mouvement que
l'on y reconnoît, il ne faut point former de nouveaux êtres, que l'on n'y connoît point.

Je fçay bien que plufieurs, qui n'ont point coûtume d'alleguer les formes, tant qu'ils s'en peuvent
paffer, ne vont point chercher d'autres caufes des
changemens d'un corps, que le mouvement de fes
parties, & la diverfité de leurs figures, tandis qu'ils
peuvent appercevoir ce mouvement & ces figures.
Mais toutes les fois que les parties, dont le mouvement ou la figure caufe quelque changement, font
trop petites pour être apperçûës, c'eft alors qu'ils re-
clament la forme; & afin de fauver l'honneur des
formes, qu'ils ont inventées, & de leur donner toute
la gloire des generations, ils difent que tout changement, qui arrive par la figure, ou par le mouvement, n'eft point une generation.

Mais il eft facile au contraire, de montrer qu'on
peut rendre raifon de tout ce qu'on appelle generation, par le mouvement & la figure des petites parties, foit qu'on les puiffe appercevoir, ou qu'elles
foient imperceptibles.

Premierement, il eft certain que les corps, pour
échapper à nos fens, n'en font pas moins des corps:
ils n'en ont pas moins leurs figures particulieres,
ils n'en font pas moins fufceptibles de mouvement.
Cela étant, fi nous rendons raifon des changemens,
qui arrivent dans la matiere, par la figure & le mou-

vement de certaines parties, lors que nous appercevons ces parties; il s'enfuit (puifque nous fommes
convaincus que les plus imperceptibles ont de toutes
ces chofes) que nous devons croire qu'elles agiffent
comme les plus groffes, & même qu'elles caufent de
plus grands changemens; puifque plus toutes les parties d'une portion de matiere font petites, plus auffi
eft-elle fufceptible des changemens, qui peuvent être
caufez par les figures & par les mouvemens.

La nature n'a point fait de loix pour les parties
que nous voyons, aufquelles celles que nous ne
voyons pas, ne foient affujetties; & ces regles que
la Mecanique fçait être fi certaines pour les unes, font
infaillibles pour les autres.

En effet, fi voyant les boüillons d'une eau émûë
par la chaleur du feu, & ces tourbillons de fumée,
qui en exhalent, quelqu'un fe perfuade que, quand
la vague de l'air les aura affez diffipez, pour faire
que chaque particule ne foit plus apperçûë, elles
n'auront plus de figure ni de mouvement, ne fera-
t-il pas trompé dans fa conjecture?

Ou bien, fi croyant (comme il le faut croire)
qu'elles gardent encore leur figure & leur mouvement, il vient à penfer, que ces figures & ces mouvemens ne fuivent plus la loy des autres; ne s'abu-
fera-t-il pas dans fon raifonnement?

Mais ne fera-t-il pas convaincu de fon erreur,
quand il verra que le froid d'une plus haute region
venant à calmer le mouvement de ces petites particules, & à les refferrer, elles retomberont en eau

D iij

comme auparavant? S'il étoit vray qu'elles ne fui-
viffent plus la loy des autres corps, qui les y auroit
pû foûmettre une feconde fois? Et, fi elles euffent
échappé un feul moment à cette puiffance, qui eût
pû les remettre fous le joug?

Ainfi, on voit qu'il eft plus raifonnable de conclure, que tant qu'une chofe eft corps, pour petite
qu'elle foit, elle agit comme les autres corps. Et fi
nous trouvons dans la figure & le mouvement la raifon de tout ce qui arrive dans ceux que la groffeur de leurs parties foumet à nos fens; nous devons
affurer que c'eft cela même, qui caufe le changement de ceux dont les parties font trop déliées, pour
être apperçûës.

Mais, afin que l'exemple d'un de ces mouvemens,
où l'on dit qu'il y a generation de nouvelle forme,
nous ferve de fecond moyen; voyons fi cette maffe,
qui a paffé de bled en pain par des mouvemens fi bien
expliquez en nôtre définition, pourra paffer en la
fubftance d'un homme, & prendre (pour parler avec
l'Ecole) la forme de chair, par les mêmes mouvemens, qui ont rendu raifon de tout le refte.

Déja celuy qui en coupe un morceau, doit demeurer d'accord qu'il ne le fépare du refte, que par
un de ces mouvemens.

Si, le mettant dans la bouche, il le rompt en parcelles plus déliées, afin qu'elles puiffent paffer dans
l'œfophage, & fi quelque falive s'y mêlant, fert à
mieux faire cette premiere divifion, on voit que tout
cela n'arrive que par le mouvement.

Si , étant paſſé dans l'eſtomach , & trouvant certaine liqueur , dont les moindres parties coupantes ,
comme celles de l'eau forte , ſont excitées par la chaleur des entrailles , il eſt encore plus diviſé qu'auparavant , & réduit à peu prés au même état , que des
lambeaux de tant de diverſes couleurs aſſemblez ſous
les martelles d'un moulin à papier , leſquels pour
être ſeulement imbibez d'une eau qui y court ſans
ceſſe , ſe diviſent en tant de parcelles , qu'elles compoſent une liqueur blanchâtre comme de la colle :
cela arrive-t-il par d'autres cauſes , que par le mouvement ?

Si , lors que cette liqueur eſt deſcenduë de ce viſ-
cere dans ceux qui entourent le menſentére , le preſ-
ſement continuel du bas ventre , vient à en exprimer les plus délicates parties à travers les pores , qui
répondent aux petits conduits , qu'on nomme les veines lactées , & à repouſſer les plus terreſtres parties
de cette même liqueur dans les gros inteſtins , pour
en décharger le corps comme d'un faix inutile ; ne
doit-on pas encore attribuer cet effet au même mouvement ?

Si de là , le plus délicat & le plus précieux de
cette liqueur , paſſant dans les conduits que les yeux
n'ont pû ſuivre par tout , & dont la ſeule adreſſe de
Monſieur Pequet a ſçû démêler les détours , il devient plus excité qu'auparant , ſoit qu'une portion de
bile s'y mêle , pour luy donner plus d'action , ſoit
que , forçant des paſſages trop étroits , ſes parties en
acquierent davantage ; & à cauſe de cela commen-

cent à repouffer autrement qu'elles ne faifoient la lumiere contre nos yeux ; on verra que tout cela fe
fait par le mouvement.

S'il fe mêle avec le fang , qui coule déja dans
les veines , & que , fuivant fon cours dans les vaiffeaux , que la nature a méchaniquement difpofez à
cet ufage , il va jufqu'au cœur, où il acquiert encore
plus de chaleur & d'action , pour paffer enfin dans
les arteres ; cela fans doute eft encore un effet du mouvement , & de la difpofition de toutes fes parties.

S'il eft pouffé dans les arteres avec un effort ,
qui les faffe enfler jufqu'aux extrémitez , en forte
que leurs peaux s'étendant, & que leurs pores s'ou-
vrant, il puiffe échapper des particules de ce fang
par ces pores, qui font ajuftez à leurs figures; cela
n'arrive-t-il pas par le mouvement?

Si ces particules , qui s'échappent , étant de differentes figures , & moins folides les unes que les
autres , felon les diverfes préparations qu'elles ont
reçûës , & les differens endroits où elles ont paffé,
elles vont , ou plus loin , ou plus prés fe mêler entre les fibres droits ou courbez, qui compofent déja
les chairs, en forte qu'elles y faffent croître la maffe
des parties, qui leur font femblables; tout cela ne fe
fait-il pas par le mouvement? Et cette affimilation,
dont la raifon peine tant ceux qui la vont chercher
où elle n'eft pas , eft-elle fi difficile à concevoir de
cette maniere?

Par cette fuite, on a pû , ce me femble , appercevoir que la même maffe, qu'on difoit avoir dans un
certain

certain arrangement la forme de pain, a paſſé, lors que ſes mêmes parties ont été plus diviſées, & autrement ajuſtées les unes aux autres, en une liqueur, à qui dans ce nouvel arrangement on a aſſigné une autre forme. Enfin, on a pû obſerver que cette même liqueur, dont toutes les gouttes paroiſſoient uniformes, quand ſes particules étoient bien mêlées, n'étoit pourtant pas compoſée de parties toutes ſemblables, puiſque la diverſité de leur figure & de leur groſſeur, leur a donné moyen de paſſer par des endroits ſi differens, & de former en l'un de la chair, en l'autre de la graiſſe, en un autre des cheveux, & en un autre une autre choſe; en ſorte qu'aucune de toutes ces parcelles n'eſt perie: mais a tellement changé ſa figure, ſa ſituation & ſon mouvement, qu'à voir ce qu'elle eſt en l'homme, on a peine à croire ce qu'elle a été dans le pain. Et cela arrive, parce qu'ordinairement on ne ſuit pas aſſez exactement dans ſon progrés la cauſe du changement de chaque particule; & ne conſiderant pas que c'eſt par le mouvement qu'elle paſſe peu à peu d'un état en l'autre, on vient tout à coup à conſiderer celuy où elle a été autrefois, & celuy où l'on la voit pour lors, comme deux choſes ſi étrangement differentes, qu'on s'imagine que ce changement doit avoir une cauſe toute autre que le mouvement; & pour l'aſſigner, on dit qu'il y a nouvelle forme.

Au reſte, il ſeroit facile, en ſuivant toûjours ces petites particules, que j'ay laiſſées en differens endroits de nos membres, d'expliquer pourquoy, leurs

E

mouvemens étant trop grands, elles fortent du corps
fans s'y arrêter, de maniere qu'il en devient prefque
fec. Je pourrois auffi expliquer quelle eft la figure
des parties qui font la graiffe ; comment, faute d'un
affez grand mouvement, ou pour être trop abon-
dantes, elles s'embarraffent; comment enfuite elles
s'épuifent. Et enfin, quel eft le cours different des particules, que les arteres pouffent hors d'elles, fuivant
la difference des âges, des lieux, & des faifons. Mais
je pafferois les bornes, que je me fuis prefcrites ; &
il me fuffit d'avoir tenté d'expliquer tous les mouvemens qui nous font connus, par une feule définition,
ou (ce qui eft la même chofe) de montrer que tous
les mouvemens font d'une même efpece, & que c'eft
plûtôt la diverfité de leurs degrez, ou de leurs effets fenfibles, que la difference dé leur nature, qu'on
a voulu marquer, quand on leur a donné, tantôt le
nom de *mouvement local*, ou *changement de lieu*, &
tantôt celuy *de changement de quantité, de qualité*, ou
de forme.

Du Re-
pos.   Le même fe doit dire du *Repos* : car, tant qu'une
maffe demeurera appliquée aux mêmes parties des
corps environnans, on appellera cet état un *repos de
lieu.*

    Que fi, les parties de cette maffe étant un peu en
mouvement, on ne voit point que pour cela elles fe
quittent, ni qu'elles admettent entr'elles aucune nouvelle partie, qui leur foit femblable, on dira qu'elle
n'augmente ni ne diminuë ; & cet état s'appellera *un
repos de quantité.*

Enfuite, tant qu'on verra que les parties de cette même maſſe garderont toûjours aſſez d'une certaine ſituation, pour produire toûjours un certain effet ſur nos ſens, quoyque d'ailleurs elles ſe meuvent, on nommera cet état *un repos de qualité*.

Et enfin, tant qu'il luy reſtera aſſez de cet arrangement de parties, auquel on fait conſiſter ſa nature particuliere; on appellera cet état *le repos de forme*.

Donc, ſi une maſſe demeure en même état, c'eſt que ſes parties n'ont point changé leur ſituation; & ſi cette maſſe change d'état, c'eſt parce que ſes parties ne ſont plus en même ſituation.

E ij

DES
MACHINES NATURELLES
ET ARTIFICIELLES.

Qu'elles n'ont toutes qu'une même cause de
leur mouvement. Et quelle est cette cause,
à ne considerer que les corps.

III. DISCOURS.

Tout ce que nous admirons dans les
ouvrages de l'Art, ou de la Nature, est
un pur effet du mouvement & de l'arrangement, qui, selon leurs diversitez, font
que les choses sont propres à differens usages. Mais,
afin que nous puissions connoître cela par des exemples, je pense n'en pouvoir choisir qui nous puissent
mieux convaincre, que la Montre & le Corps de
l'homme.

On est assez persuadé que l'arrangement des parties d'une Montre est la cause de tous ses effets : &
soit qu'elle marque les heures, soit qu'elle les sonne;
soit qu'elle désigne les jours, les mois, & les années;

où qu'elle fasse des choses encore plus difficiles & plus rares ; on ne cherche point de *forme*, de *facultez*, de *vertus occultes*, ni de *qualitez* en elle. On assure même, qu'elle n'est point animée, parce que l'on peut rendre raison de tout ce qu'elle fait, par le mouvement & la figure de ses parties.

Ce n'est pas toutefois qu'il y ait d'argument pour montrer qu'elle n'a point d'ame ; & à peine pourroit-on convaincre un homme, qui pour prouver qu'elle auroit une faculté, une ame, ou une forme, diroit, que si-tôt que ses diverses parties sont ajustées d'une certaine façon, ce qui doit l'animer, s'y introduit, par la regle : *Dispositionem habenti non denegatur forma.* Qui est une loy, que certaines gens tiennent si infaillible, que celuy qui s'étoit flatté de disposer une masse comme le corps d'un homme, esperoit que l'ame ne manqueroit pas à sa machine ; & il en étoit si persuadé, que quand il se proposoit de la faire, il ne disoit pas qu'il feroit un corps semblable au nôtre, il disoit tout franc qu'il feroit un homme comme nous.

A un tel Philosophe, il seroit bien difficile de persuader qu'une Montre n'eût point d'ame, s'il s'avisoit de soûtenir qu'elle en eût. Mais à des gens raisonnables, & qui sçavent qu'il ne faut pas multiplier les êtres sans necessité, il suffit, pour croire qu'elle n'en a point, de voir que tout ce qu'elle fait, se peut expliquer par le corps.

Comme je suppose que chacun sçait quelle est la composition d'une Montre, & que l'on en connoît

toutes les pieces ; je ne m'arrêteray point à expliquer comment une roüe emporte l'autre, ni comment chacune, felon qu'elle rencontre les diverfes pieces de la machine, leur donne les diverfes directions,
qui la rendent propres à la fois à tant d'ufages differens. On fçait par quel artifice on a reglé tous fes
mouvemens ; & je ne m'amuferay pas à examiner
comment la corde ou la chaîne, qui fert à contraindre
le reffort, fait que toutes les pieces fuivent fon mouvement. Mais je penfe qu'il eft utile à nôtre deffein
de nous arrêter, pour confiderer quelle eft la caufe
d'un tel reffort.

Toute l'Ecole dit que cela fe fait par une vertu
élaftique, c'eft-à-dire, en langage vulgaire „qu'il y a
quelque chofe qui a le pouvoir ou la vertu de faire
le reffort : mais ce n'eft pas expliquer cette chofe.

Pour moy, je me fuis imaginé, que comme tout
ce qui fe paffe dans la Montre entre le reffort & l'é-
guille, fe fait parce qu'un corps en meut un autre;
il y avoit grande apparence que les parties du reffort (qui n'eft qu'une lame d'acier tournée autour
d'un arbre, ou pivot) étoient auffi pouffées par quelque autre corps.

Et je ne me pouvois payer de la penfée de ceux
qui difent, que s'il a eu befoin d'un autre corps,
pour être contraint, il n'a befoin que de luy-même
pour fe détendre. Car il eft certain que cette force,
qu'il faudroit qu'il eût de fe remettre, ne peut être
qu'un mouvement, que je ne conçois pas qu'un corps
puiffe avoir de luy-même : d'où il fuit , que ,

* On en
peut voir les
raifons dans
le quatrié-
me difcours.

si un corps doit perseverer en l'état où on le met, tant que rien ne survient qui le change ; lors que cette lame d'acier, qui étoit droite, a été courbée, elle a dû demeurer en ce dernier état, & non pas retourner au premier : puisque, pour demeurer au dernier état, il ne falloit rien changer ; & pour retourner au premier, il a fallu un mouvement, dont je ne conçois pas que la cause puisse être en cette lame. Au contraire, je vois qu'avant que d'être courbée, elle étoit en repos : ensuite je vois que le mouvement qui l'a courbée, luy a été donné par la rencontre & à l'occasion d'un autre corps ; & que ce mouvement cessant d'être en elle, il faut, ou qu'elle demeure en l'état où elle se trouve, quand il cesse, c'est-à-dire, il faut qu'elle demeure en repos & pliée; ou il faut que la rencontre de quelque autre corps, luy donnant occasion de se mouvoir de nouveau, la fasse retourner en sa premiere situation. Et, encore que nos sens ne nous fassent pas appercevoir le corps, qui luy communique le mouvement, par lequel elle se redresse, comme ils nous font appercevoir le corps qui luy communique celuy par lequel elle a été pliée, néanmoins la raison de tous les deux étant également évidente, nous ne devons pas rester moins convaincus de l'un que de l'autre. Mais, parce que nos sens ont souvent servi à nous assurer de la presence des corps, nous les implorons toûjours; & quand leur secours nous manque, à peine nous pouvons-nous resoudre à croire ce que la nature même nous persuade.

Toutefois nous pouvons nous tirer de cette difficulté, si nous prenons garde à deux choses. La premiere est, qu'avant que les Microscopes eussent été inventez, nous n'avions pas le moyen de connoître par les sens mille particularitez de la figure & des mouvemens de plusieurs petites parties de nos corps : & il est certain que si, parce que nous ne pouvions alors sentir ces petites parties, nous eussions voulu nier, ou seulement, si nous eussions eu peine à croire qu'il y en eût de telles, nous aurions manqué de raison.

La seconde est, que, puis qu'une fois nous avons été convaincus qu'il y a des choses plus petites que celles que nous appercevions, lors que nos yeux n'étoient point aidez par les lunettes ; nous pouvons conjecturer qu'il y en a encore de plus petites que celles que ce nouvel artifice nous a fait appercevoir. Et en cela le raisonnement, qui doit s'étendre audelà du sentiment, nous doit secourir ; & nous devons considerer, que s'il faut à une portion de matiere une certaine grosseur, pour émouvoir les nerfs, par l'entremise desquels nous sentons, il ne faut que la moindre étendue pour faire un corps. D'ailleurs, s'il est vray que le moindre corps doit avoir une figure, & peut être mû ; & s'il est vray enfin, que les loix de la nature soient les mêmes à proportion pour les petites & pour les grandes masses, on peut raisonner de la figure & des mouvemens des corps, que l'on ne voit pas, parce que l'on connoît des figures & des mouvemens des masses, que l'on apperçoit.

Par

Par exemple, comme on voit que les doigts d'un gant, étant affaiſſez les uns ſur les autres, ſe peuvent ſeparer & s'enfler, quand on y met la main, ou quelque autre corps viſible ; de même on doit conjecturer, quand on les voit s'enfler par quelque ſoufle, que cette enflure s'eſt faite par l'entrée de quantité de petits corps, dont le nombre eſt ſi grand, qu'encore qu'aucun ne ſoit viſible, néanmoins tous enſemble renfermez dans le gant, le font élever de ſorte, que tant qu'ils reſteront dedans, il demeurera auſſi tendu, que ſi quelque main le rempliſſoit.

Si cela eſt vray d'un gant, dont on voit les cavitez, cela peut être vray de toute autre choſe, dont on ne voit point les pores. Ainſi, encore que l'acier, qui fait le reſſort d'une Montre, ait les pores trop petits pour être apperçûs, quand les yeux ne ſont point aidez de microſcopes : néanmoins nous ne devons pas avoir de peine à entendre, que tout petits que ſoient les pores de la lame d'acier, ils donnent paſſage à une matiere aſſez ſubtile, pour s'y pouvoir inſinuer, lors que la lame eſt toute droite. Car, en ce cas, trouvant chaque pore égal à l'entrée & à la ſortie, rien n'arrête ſon cours en tout ſens. Mais, quand cette lame vient à être courbée, comme ſes parties s'écartent du côté de la ſuperficie convexe, & ſe rapprochent en la concave, il s'enſuit que les pores s'étreſſiſſent en l'une, & s'élargiſſent en l'autre. De ſorte que la matiere ſubtile, qui y coule inceſſamment, rencontrant le côté de chaque pore, qui eſt le plus ouvert, s'y inſinuë abondamment,

F

& trouvant l'autre côté plus étroit, elle fait un effort continuel, pour écarter les parties ainſi rapprochées, & continuer ſon cours en ligne droite. Ce qui ne ſe peut faire qu'en redreſſant cette lame, c'eſt-à-dire, en remettant toutes ſes parties en leur premiere ſituation.

Et il eſt à remarquer que cela arrive tout d'un coup, ſi la force, qui a plié cette lame, ceſſe tout d'un coup : parce que, comme chacun de ſes pores eſt enfilé par une ligne de cette matiere ſubtile ; toutes conſpirant à la fois, & forçant chaque endroit de la lame, la remettent en même inſtant en ſon premier état. Ce qui au contraire n'arrive que peu à peu, ſi la force, qui retient la lame pliée, n'eſt qu'un peu moindre que celle avec laquelle les parties de la matiere ſubtile tendent à s'inſinuer dans les pores de cette lame.

On me dira peut-être, que ſi cette matiere ſubtile eſt commode pour l'explication du reſſort, elle n'eſt pas ſi facile à ſuppoſer, que l'on en doive admettre la ſuppoſition ſans l'examiner.

A cela je réponds en premier lieu, que comme celuy qui voit enfler un gant, doit raiſonnablement ſuppoſer, qu'il y entre de la matiere, quand même elle eſt trop délicate pour être apperçûë. De même, nous qui ſçavons qu'il y a des pores dans la lame d'acier ; que ſa courbure ne conſiſte, qu'en ce que ſes pores s'élargiſſent en l'une des ſuperficies, & ſe rétreſſiſſent en l'autre ; que les parties de cette lame ne peuvent ſe remettre en leur premiere ſituation, ſi

chacun de ſes pores n'eſt remis en ſon premier état;
& qu'enfin cela ne peut arriver, ſi quelque matiere
ne s'y inſinuë, nous devons de neceſſité conclure,
qu'il y a une matiere aſſez ſubtile pour cela. Ainſi,
la ſuppoſition eſt non ſeulement facile, mais elle eſt
neceſſaire.

En ſecond lieu, je réponds, que l'on peut aiſément reconnoître qu'il y a une matiere, dont les
parties ſont tres-ſubtiles, & toûjours dans un tres-
grand mouvement, qu'elles communiquent (tout
imperceptibles qu'elles ſont) aux parties des maſſes
ou des liqueurs ſenſibles.

Qui met la main dans de l'eau, reconnoît bien
que les parties de cette eau ſont en mouvement, &
que les unes ne ſont point attachées aux autres : car
autrement elles ne cederoient pas ſi facilement aux
parties de la main. Et en effet, quand l'eau vient à
ſe geler, & que toutes ſes parties ſont en repos, il
n'eſt plus permis d'y enfoncer la main ; & ſi vous
en retirez quelque bâton, elles ne ſe rapprochent
point, pour remplir l'endroit dont vous l'avez tiré.
D'où peut donc venir que les parties de cette eau
ont quelquefois du mouvement, & que d'autres
fois elles n'en ont pas ? Il faut bien que ce ſoit parce
que d'autres corps agitent quelquefois ſes parties, &
que d'autres fois ils ne les agitent pas, ainſi que l'on
voit qu'une balle, ou toute autre maſſe viſible, remuë quand elle eſt pouſſée, & ne remuë pas, quand
on ne la pouſſe point.

Au reſte, il ne faut pas penſer que les parties de

l'eau foient fi étroitement jointes , qu'elles n'admettent rien entr'elles : car il paroît que ce qui fait la
lumiere , paffe au travers de l'eau , même quand elle
eft geléc ; & les fçavans ne doutent plus , que ce qui
excite en nous le fentiment de la lumiere , ne foit de
la matiere. D'ailleurs , cette rigidité des parties de
l'eau glacée marque bien que , quand elles deviennent plus pliantes , cela ne leur arrive , que parce
qu'elles ont à l'entour d'elles de petits corps bien plus
émûs que ceux de la lumiere , & fi fubtils , que non
feulement ils peuvent couler entre les parties de l'eau,
mais encore pénétrer les pores de chacune , & la re-
dreffer , quand la rencontre de celles qui la preffent
par les bouts , l'ont obligée de fe plier : ce qui arrive continuellement , tantôt à l'une , & tantôt à
l'autre. Enfin , il eft fi vray que les parties de l'eau
font tantôt plus , & tantôt moins agitées , felon la
matiere fubtile qui les entoure , que fouvent elles le
font moins que les parties de nos mains ; ce qui fait
que nous les fentons froides ; & fouvent elles le font
beaucoup davantage , ce qui fait que nous les fentons chaudes.

On m'objectera peut-être , que comme je ne veux
pas que les parties du reffort d'une Montre , ou celles de l'eau , fe meuvent , fi elles ne font agitées par
celles d'une matiere plus fubtile ; je dois admettre
une autre matiere encore plus fubtile que celle-là ,
pour la mouvoir , & que , fuivant mon principe , il
faudroit chercher à l'infini.

Il eft vray que les corps , qui compofent cette

matiere fubtile dont je parle, ne doivent pas, comme corps, avoir le mouvement d'eux-mêmes; & je montre dans le difcours fuivant, où j'explique ce que c'eft que le mouvement des corps, quelle en eft la premiere caufe, & comment il eft confervé: mais il fuffit, pour lever la difficulté préfente, de faire deux obfervations.

La premiere, qu'il y a du mouvement, & que ce qu'il y en a, peut bien fe communiquer d'un corps à l'autre, mais non pas fe perdre.

La feconde, qu'il y a certaines portions de la matiere bien plus propres à le conferver que les autres: qu'entre toutes, les plus petites & les moins rameufes font les plus propres à cela; & que quand les corps fimples ne font point accrochez les uns aux autres, ils font plus en état de garder leur mouvement, que toutes les portions compofées, pour petites qu'elles foient. Car enfin, puifqu'en general chaque portion de matiere, & chaque corps garde fon mouvement, tant qu'il ne le communique point à d'autres; les corps qui ne font point accrochez, le doivent mieux conferver que les portions, & les plus petites portions, mieux que les plus grandes. *Joint à cela, que les corps, pouvant paffer dans de moindres intervalles que les portions, font moins fujets à s'embarraffer qu'elles; & par la même raifon, les moindres portions y font moins fujettes que de plus grandes, pourveu que la figure ne change rien à l'effet de leur groffeur.

* Toute proportion gardée.

D'où il fuit, que ce qui eft le plus petit, peut mieux

F iij

conferver le mouvement, & que la matiere la plus
fubtile fera la plus propre à cela. Et, ce qu'il y a de
remarquable, eft que plufieurs corps, ou plufieurs
petites portions, qui font en mouvement autour
d'une groffe maffe, la touchant en divers endroits,
la peuvent quelquefois ébranler jufques dans le fonds,
& en divifer toutes les paties : ainfi qu'il arrive aux
parties d'un pain de fucre, que celles de l'eau, ou
des autres liqueurs, diffoudent fi facilement.

D'autres fois auffi, quand les parties de la maffe
font bien jointes, les parties de la liqueur, qui l'environnent, la rencontrant, peuvent toutes enfemble
(quoyque chacune en eût rejalli, fi elle l'eût heur-
tée toute feule) avoir affez de force pour l'emporter,
ou en piroüettant, ou en ligne droite, felon que
leurs differentes directions fe peuvent plus facilement accorder, c'eft-à-dire, de la façon qui change
le moins de l'état de chacune.

Or, tandis que les liqueurs ébranlent ainfi les
maffes, comme leurs parties font en un mouvement beaucoup plus grand que celuy qu'elles donnent à ces maffes ; chacune fait divers retours entre les
autres, ou fur elle-même ; & puis celles qui fe rencontrent d'un côté de la maffe, ne pouvant pouffer
les autres, qu'elles n'en foient repouffées, il y a toûjours occafion à chacune de recevoir du mouvement,
auffi-bien que d'en donner.

Cela pofé, il n'y a perfonne de bon fens, qui ne
juge bien que, fi de l'eau eft une liqueur à l'égard
d'un brin de paille ; l'air eft une liqueur à l'égard

d'une partie d'eau ; & comme celles de l'eau peuvent faire tourner la paille, ou l'entraîner, sans cesser de se mouvoir, de même les parties de l'air entraînent souvent celles de l'eau, & les enlevent, en les faisant tourner. De même aussi, les parties de la matiere, qui cause la lumiere, font une liqueur à l'égard d'une partie d'air, qu'elles peuvent agiter en divers sens. Et de même encore, une autre matiere plus subtile pourra être une liqueur, qui ébranlera chaque partie de celle, qui cause la lumiere.

Mais il ne faut pas croire pour cela, que le progrés en soit infini ; pour deux raisons. L'une, qu'à present il a suffi d'assigner une liqueur, dont les parties fussent plus subtiles, que celles de la matiere qui cause la lumiere, pour rendre raison de tout. L'autre que, quand il faudroit en assigner beaucoup d'autres, on conçoit bien que cela ne seroit pas infini, puisque la matiere n'est qu'un assemblage de corps, dont chacun étant indivisible, comme je l'ay montré dans le premier Discours, il suit qu'on ne sçauroit concevoir de matiere, ou de liqueur plus subtile, que celle qui ne seroit composée que de corps détachez les uns des autres.

De toutes ces choses, il resulte necessairement que les grandes masses sont moins susceptibles de mouvement ; & que l'ayant reçû, elles le gardent moins, que les portions dont les liqueurs sont composées : & qu'entre les liqueurs, celles dont les portions sont le moins composées, sont les plus susceptibles de mouvement, & les plus capables de le

garder. De forte qu'il n'y a rien de fi propre à entretenir le mouvement dans toutes fortes de matieres, que la plus fubtile liqueur, c'eft-à-dire, celle qui
n'eft compofée que des corps fimples, qui coulent
les uns entre les autres, fans s'attacher. Ainfi, quand
on ne veut point chercher au-delà des corps, quelle
eft la premiere caufe de leur mouvement; & que l'on
veut feulement fçavoir quelle eft la matiere, qui excite toutes les autres, & qui entretient tout le mouvement de la nature, il faut affigner celle-là.

Je penfe maintenant que ce que j'ay dit, pour
expliquer les mouvemens de la Montre, ne fera pas
difficile à admettre. Nous avons bien entendu celuy
de l'aiguille par celuy d'une roüe, celuy de cette
roüe par une autre, & de toutes par la corde; tant
qu'enfin, parvenus à cette lame d'acier pliée, nous
avons reconnu, que le mouvement qu'elle avoit, en
fe redreffant, devant proceder de quelque corps, ne
pouvoit provenir que de quelques corps affez déliez pour traverfer fes pores, & affez émûs pour les
élargir en celle de fes deux fuperficies, où l'effort,
qu'on avoit fait pour la plier, les avoit contraints.
Sur quoy il eft bon de remarquer, que ces petits
corps tendent toûjours à continuer leur mouvement
en ligne droite, & que la contraction de la lame
en la fuperficie concave, interrompt cette ligne.

Il feroit inutile icy de montrer, que tout mouvement tend à continuer en ligne droite : car, outre
que chacun en fçait les raifons, l'experience de tous
les mouvemens des corps fenfibles nous convainc

de

de cette verité. La pierre, qui s'échape de la fronde,
que l'on tourne en rond, & les parties qui s'échapent d'une roüe, qui tourne avec effort, le font affez
voir. Mais il n'eft pas hors de propos de remarquer
que, quand j'affigne le mouvement de la Montre à
une matiere, dont les parties font tres-fubtiles, toûjours émûës, & tendantes en lignes droites, je ne dis
rien, qui ne foit tres-intelligible, qui ne foit reconnu par experience, & même qui ne foit neceffairement vray.

Il eft bon auffi de faire encore une feconde remarque, qui eft que la Montre a tant de rapport
à cette matiere fubtile, que, s'il étoit poffible de l'empêcher de couler dans les pores de la lame d'acier,
il n'y auroit plus de reffort; & la Montre refteroit
fans mouvement.

Voyons maintenant, s'il eft ainfi des mouvemens
de nôtre corps.

Comme je fuppofe que l'on fçait quelle en eft la
compofition, je ne m'arrêteray point à expliquer,
comment les os, qui font d'une conftitution plus
folide que le refte du corps, foûtiennent toutes les
autres parties; pourquoy ils font diverfement articulez; quels en font les liens, & les enveloppes;
de quelle chair ils font entourez; de quelle façon les
mufcles s'attachant à leurs extrémitez, fervent à les
tirer en divers fens; quelle communication ces mufcles ont avec le cerveau par les nerfs, qui ne font
que des fuites & des alongemens du cerveau même;
comment ces nerfs font quelquefois pleins, & quel-

G

quefois vuides des efprits, qui y font coulez du cerveau ; comment les efprits, qui ne font que les plus
fubtiles parties du fang , & les plus échauffées, montent du cœur dans le cerveau par les arteres carotides ; ni enfin, que c'eft dans le cœur que le fang
s'échauffe , & qu'il eft en l'homme ce que le reffort
eft dans la Montre.

Mais il me femble que , comme on ne fçait pas
communément quelle eft la caufe du reffort de la
Montre, on ne fçait pas auffi fort communément,
quelle eft la caufe de ce grand mouvement , qui
arrive aux parties du fang , quand il eft dans le
cœur.

Pour moy , je penfe , que la même matiere, qui
caufe le reffort de la Montre , caufe auffi le mouvement du cœur.

J'ay déja montré , ce me femble, que la matiere
fubtile eft caufe de tous les mouvemens , que nous
voyons dans les maffes , ou dans les liqueurs fenfibles.

Maintenant il faut remarquer , que cette matiere
fubtile fe rencontre en deux fortes d'états. Ou elle
fait corps à part , c'eft-à-dire , qu'elle fe trouve en
quelque quantité , fans mélange d'aucune matiere
plus groffiere ; ou bien elle fe trouve mêlée avec les
parties des matieres groffieres.

Dans le premier état , elle eft caufe de cet éclat,
que nous appellons *lumiere* ; & en effet , nous voyons
que toutes les manieres de produire la lumiere aux
endroits où il n'en paroît point , ne confifte qu'à

trouver les moyens de féparer les matieres groffieres, & de faire, en les écartant les unes des autres,
un foyer de la matiere la plus fubtile. Ainfi, lors
qu'à l'aide d'un miroir ardent, on affemble plufieurs
rayons vers un même point, les parties qui les compofent, étant fort émûës, tendent fortement à fe chaffer de l'endroit où elles fe rencontrent; enforte qu'il
fe remplit de la matiere la plus fubtile, qui formant
un petit tourbillon, pouffe toute la matiere qui l'environne, & recontrant celles dont les parties peuvent
émouvoir nos yeux, excite en nous par leur moyen
le fentiment de la lumiere.

De même, lors qu'on frappe deux cailloux l'un
contre l'autre, leurs parties étant fort roides, celles
qui fe rencontrent en leur fuperficie à l'endroit du
coup, fe rabattent avec effort fur celles qui font au
deffous, d'où elles rejalliffent avec une telle violence, que fe féparant en petits éclats, & piroüettant en
l'air, elles en écartent les parties; enforte que n'étant
plus entourées que de la plus fubtile matiere, toutes
leurs extrémitez en font fi ébranlées, que rencontrant cette matiere, qui nous fait fentir la lumiere,
elles la pouffent contre nos yeux d'une façon fi forte,
qu'elle nous fait voir quelque chofe de plus rouge
& de plus vif que la lumiere ordinaire. Et ces parties du caillou, ainfi excitées par la matiere fubtile
qui les entoure, peuvent, en communiquant leur
mouvement aux maffes, aufquelles elles font appli-
quées, caufer de grands embrafemens.

Que fi cette matiere fubtile coule dans les pores

G ij

de quelque maſſe, qu'elle diſcute en ſi petites parties, que chacune d'elles n'ait pas aſſez de force, pour communiquer ſon mouvement aux parties des maſſes voiſines ; mais ſeulement aux parties de la matiere, qui peut exciter les nerfs de nos yeux, elle pourra cauſer de la lumiere, ſans brûler : comme il arrive au bois pourri, dont les parties amenuiſées par cette matiere ſubtile, n'ont pas la force d'ébranler les corps auſquels elles s'appliquent, quoy qu'elles puiſſent émouvoir les particules qui excitent le ſentiment de lumiere en nous : d'où vient qu'elles ne brûlent pas , quoyque ſouvent elles luiſent.

Mais au contraire, il y a des feux qui conſument ſans briller ; & c'eſt l'effet de la matiere ſubtile, conſiderée dans le ſecond état, c'eſt-à-dire , quand elle eſt mêlée aux parties des matieres groſſieres.

Quelquefois elle fait une ſi grande diſcuſſion dans certaines maſſes, par exemple, dans des fruits , ou de la chair; que (quoyqu'en les touchant on ne les ſente pas chaudes, parce que leurs parties ſont trop diviſées, pour rendre leur mouvement ſenſible) néanmoins on les voit ſe quitter ; & c'eſt ce qu'on appelle gangrene, ou pourriture.

Quelquefois, en verſant certaines liqueurs ſur certaines maſſes, elles s'inſinuënt dans leurs pores: mais, comme elles ne les rempliſſent pas exactement, & que les parties de l'air, ni des autres matieres environnantes, n'y peuvent couler avec elles; il s'y coule de la matiere ſubtile , qui les entourant de toutes parts, leur communique un ſi grand mouvement,

qu'elles ébranlent toutes les parties entre lesquelles
elles sont engagées, & les font boüillir pele-mêle.
Ce qui dure autant de temps, qu'il en faut à ces liqueurs, pour s'insinuer dans tous les pores des masses ; & voilà ce qui arrive à la chaux vive, quand
on y verse de l'eau.

Quelquefois aussi la matiere subtile est cause,
que deux liqueurs, qui nous refroidissent les mains,
avant que d'être mêlées, nous brûleroient, si nous
y touchions, quand on les a versées dans un même
vaisseau; & cela arrive toutes les fois que l'une des
deux liqueurs a les parties faites de sorte, qu'elles se
peuvent insinuer entre les parties de l'autre, sans laisser entr'elles, que ce qu'il faut d'espace à la plus subtile matiere. Car, dés le moment qu'elle les entoure,
elle leur communique son mouvement, les échauffe,
& les fait boüillir.

C'est de cette maniere que le sang s'échauffe dans
le cœur de l'homme : car, comme il ne chasse pas
dans les deux arteres, à chaque diastole, tout le sang,
dont il est plein, & qu'il en reste toûjours dans ses
cavitez, dont les particules s'attenuënt par la demeure qu'elles y font; le nouveau sang, qui y tombe des deux veines, ne s'y peut mêler, sans s'élever
incontinent, à cause que les parties qui étoient restées
dans le cœur, s'insinuant entre celles qui y survien-
nent, il ne reste entr'elles, que la plus subtile matiere, qui les échauffe si vîte, & si à propos, que le
cœur venant à se comprimer, fait qu'elles entrent
avec effort dans les deux arteres, dont elles poussent

tout le fang jufqu'aux extrémitez du corps. Ce qui
ne fe peut faire, fans qu'il entre du fang des arteres
dans les veines, à caufe de la communication qu'elles ont enfemble; & fans que le fang, qui entre dans
les veines par leurs extrémitez, repouffe tout le fang
dont elles font pleines, vers le cœur. Or, pendant
que ces chofes fe font, un peu de fang refté dans le
cœur s'attenuë & fe fermente, pour exciter celuy que
les deux veines y laiffent t mber.

Ainfi, l'action du cœur continuë : il envoye toûjours du fang chaud aux extrémitez, qui repouffe
celuy des extrémitez vers le cœur, pour s'y réchauf-
fer; & comme les arteres font poreufes, leur mouvement, qui répond à celuy du cœur, fait qu'en
certains momens leurs pores s'ouvrent, & laiffent
échapper des parties du fang, qui fe joignant à celles des chairs, des os, ou des mufcles, en font la
nourriture.

Il y en a même qui s'échappent, fans qu'on s'en
apperçoive, & d'autres qui, au fortir de la peau,
fe joignent & paroiffent comme de l'eau. Ainfi, c'eft
par la matiere fubtile, que le fang eft échauffé : c'eft
par elle, qu'il eft en état de nourrir le corps; & (ce
qui fait le plus à nôtre fujet) c'eft par elle que le
fang monte dans les carotides, & puis dans le cerveau, où les plus fubtiles parties, paffant en des endroits, où les autres ne fe peuvent infinuer, elles fe
démêlent des plus groffieres, & font cette foule
de petits corps, que leur agilité fait nommer les
efprits, & qui coulant par les nerfs dans tous les

mufcles, font mouvoir nôtre corps en tant de façons admirables. Ce font ces mêmes efprits, dont
une partie coulant par une branche du nerf de la fixiéme conjugaifon, dans les fibres qui compofent les
chairs du cœur, font caufe de fes battemens. De
forte que le cœur eft tout à la fois un vaiffeau, où
le fang s'échauffe, & un mufcle qui pouffe le fang
vers toutes les extrémitez, aprés qu'il eft échauffé;
&, comme le cerveau reçoit de luy le fang, dont fe
forment les efprits, il reçoit du cerveau les efprits,
qui luy fervent à chaffer le fang vers toutes les parties du corps.

Je n'explique pas plus à fond toutes ces chofes :
il me fuffit d'avoir montré, par les exemples de la
Montre, & du corps de l'homme, que les Machines
artificielles & les naturelles n'ont qu'une même caufe
de leur mouvemement; & qu'à ne confiderer que les
corps, cette caufe eft la plus fubtile matiere.

DE LA
PREMIERE CAUSE
DU
MOUVEMENT.

IV. DISCOURS.

A NE confiderer que les corps, on ne doit chercher la caufe de tous les mouvemens, que dans la matiere la plus fubtile. Mais elle n'a pas le mouvement d'elle-même; &, fi l'on en veut trouver la veritable caufe, il faut aller au-delà des corps. Et, comme cette découverte eft l'une des plus importantes & des plus difficiles que l'on puiffe tenter, il n'y faut aller que pas à pas. C'eft pourquoy, fuivant la methode des Géometres, j'expliqueray d'abord quelques termes, dont je me veux fervir, & qui pourroient faire équivoque. Enfuite je poferay quelques Axiomes : puis je feray mes propofitions. Ainfi, chaque chofe étant féparée, fe pourra mieux examiner ; &, s'il y a du paralogifme, on le pourra plus facilement

facilement connoître, que si je faisois un discours, dont toutes les parties eussent plus de liaison.

DEFINITIONS.

1. Causer le mouvement des corps, ne signifie autre chose, que mouvoir les corps.

2. Avoir du mouvement, ne signifie autre chose qu'être mû.

AXIOMES.

1. On n'a pas de soy, ce qu'on peut perdre, sans cesser d'être ce qu'on est.

2. Tout corps pourroit perdre de son mouvement, jusqu'à n'en avoir plus, sans cesser d'être corps.

3. On ne peut concevoir que deux sortes de substances, sçavoir *l'Esprit* (ou ce qui pense) & *le Corps*. C'est pourquoy on les doit considerer comme les causes de tout ce qui arrive; & ce qui ne peut venir de l'une, se doit necessairement attribuer à l'autre.

4. *Mouvoir*, ou causer le mouvement, est une action.

5. Une action ne peut être continuée, que par l'agent, qui l'a commencée.

H

CONCLUSIONS.

I.

Nul corps n'a le mouvement de foy-même.

Preuve.   Par le premier Axiome, on n'a pas de foy ce qu'on peut perdre, fans ceffer d'être ce qu'on eft.

Or, par le fecond, tout corps peut perdre fon mouvement, fans ceffer d'être corps.

Donc nul corps n'a le mouvement de foy-même.

II.

Le premier moteur des Corps n'eft point Corps.

Preuve.   Si le premier moteur des Corps étoit corps, il s'enfuivroit qu'un corps auroit le mouvement de foy-même.

Or, par la premiere propofition, nul corps ne l'a de foy.

Donc le premier moteur des Corps n'eft point corps.

III.

Ce ne peut être qu'un Efprit, qui foit premier moteur.

Preuve.   Par le troifiéme Axiome, il n'y a que deux fortes de subftances, fçavoir le Corps & l'Efprit; & ce qui ne peut appartenir à l'un, fe doit neceffairement attribuer à l'autre.

Or, par la feconde propofition, un corps ne peut être premier moteur.

Donc ce ne peut être qu'un efprit, qui foit premier moteur.

IV.

Ce ne peut être que le même Efprit, qui a commencé à mouvoir les Corps, qui continuë de les mouvoir.

Pofé que, fuivant le IV. Axiome, mouvoir les *Preuve.* corps foit une action, & que, fuivant le cinquiéme, une même action ne puiffe être continuée, que par l'Agent qui l'a commencée : il s'enfuit que, fi un efprit a commencé à mouvoir les corps, le même efprit doit continuer de les mouvoir.

Or, par la troifiéme propofition, c'eft un efprit, qui a commmencé à mouvoir les corps.

Donc ce ne peut être que le même efprit, qui continuë de les mouvoir.

On peut trouver plus de difficulté en cette derniere propofition, que dans les precedentes : parce que l'on eft perfuadé qu'un corps en peut mouvoir un autre ; & l'on s'imagine que, pourveu que l'efprit, qui a été reconnu dans la troifiéme propofition, pour premier moteur, ait une fois agité cer-

taines portions de la matiere, elles en ont pû mouvoir d'autres. On croit même avoir reconnu dans
toutes les experiences des choſes ſenſibles, que c'eſt
toûjours un corps, qui en fait mouvoir un autre.

Mais, pour ne ſe pas tromper, il faut ſoigneu-
ſement diſcerner ce qu'on a effectivement reconnu,
d'avec ce qu'on a ſeulement conjecturé : car c'eſt
de la confuſion de ces deux choſes, que viennent
toutes nos erreurs ſur ce point.

Lors qu'on dit, par exemple, que le corps B a
chaſſé le corps C de ſa place ; ſi on examine bien
ce qu'on reconnoît de certain en cela, on verra ſeulement que B étoit mû, qu'il a rencontré C, qui
étoit en repos ; & que depuis cette rencontre, le premier ceſſant d'être mû, le ſecond a commencé de
l'être. Mais que l'on reconnoiſſe que B donne du
mouvement à C, cela n'eſt en verité qu'un préjugé,
qui vient de ce que nous ne voyons pour lors que
ces deux corps ; & que nous avons coûtume d'attribuer tous les effets qui nous ſont connus, aux choſes que nous appercevons : ſans prendre garde que
ſouvent ces choſes ſont incapables de produire de
tels effets, & ſans conſiderer qu'il peut y avoir mille
cauſes, qui, tout imperceptibles qu'elles ſont, peuvent produire des effets ſenſibles.

Cependant, nous ſommes déja convenus qu'une
cauſe imperceptible peut produire un effet ſenſible ;
puiſque nous avons été obligez dans la troiſiéme
propoſition, d'admettre un eſprit, que nous ne
voyons pas, pour cauſe du mouvement, que nous ap-

percevons dans les corps. Ainſi, il reſte à voir ſi,
lors que nous diſons que B a chaſſé C de ſa place,
nous avons raiſon de penſer, que le mouvement de
l'un ait pû être produit par l'autre. Car, au cas que
nous reconnoiſſions que le corps B, qui, de toutes
les choſes qui nous paroiſſent pour lors, eſt la ſeule
que nous jugeons capable de cet effet, ne le puiſſe
produire; il faudra conclure que la cauſe en eſt ca-
chée aux ſens, & tâcher de la découvrir par la raiſon.

Premièrement, quand on a dit que B étoit mû,
ſi l'on n'a pas penſé à ce qui le faiſoit mouvoir, on
a entendu, qu'il étoit en un certain état; & en ce
ſens, on n'a pas dû croire, qu'il pût communiquer
ſon mouvement à C : car l'état d'un corps ne paſſe
point dans un autre.

Secondement, ſi, lors qu'on a dit que C a commencé d'être mû, on a penſé à ce qui le faiſoit mouvoir; on n'a pû croire que ce fût B, parce que
luy-même n'étoit plus en mouvement, & commen-
çoit d'être en repos.

Ainſi puiſque, de quelque façon qu'on prenne
le mouvement, celuy du corps C ne peut avoir été
cauſé par le corps B ; il faut conclure que la cauſe
en eſt inſenſible. Et enfin, puiſque nous ſommes aſſurez par la troiſiéme propoſition, qu'un eſprit eſt
premier moteur, ſi nous ſuppoſons que B ait été
mû par cet eſprit, juſqu'à ce qu'il ait rencontré C ;
nous ne devons point douter, lors que C commence
d'être mû, que ce ne ſoit par le même eſprit. Il eſt

H iij

capable de mouvoir C , comme il l'étoit de mouvoir B ; & nous voyons que B en repos, n'eft pas
capable de mouvoir C.

Mais, dira quelqu'un , fi B garde la moitié de
fon mouvement, aprés avoir rencontré C; ne pourroit-on pas affurer, s'ils continuoient d'aller enfemble, que B feroit mouvoir C? Non , ce me femble ;
& quand on dit que B , qu'on fuppofe être mû par
le premier moteur, garde la moitié de fon mouvement; on doit entendre que , fi cet efprit le mouvoit
comme huit , il ne le meut plus que comme quatre,
aprés la rencontre de C ; & que C commence d'être
mû comme quatre par le même efprit.

On doit auffi prendre garde que chacun de ces
corps, quand il eft mû , a tellement fon mouvement à
foy , qu'iln'en a jamais que pour foy. Ce qui paroî-
troit , fi l'on fuppofoit (comme on fçait que cela peut
arriver) que le corps B rejallît du corps C, en même
temps que C feroit mû à fa rencontre. Car , encore
qu'en ce cas, on pût dire que le fecond feroit mû, par
ce qui auroit mû le premier, & qu'on dût rabattre fur
le mouvement de celuy-cy , les degrez dont celuy-là
commenceroit d'être mû ; néanmoins on ne pourroit dire que les degrez , qui feroient reftez à l'un,
ferviffent à l'autre : puifqu'ils iroient également, aprés
être féparez. Et , par la même raifon, on ne doit pas
dire , quand ils continuënt d'aller enfemble , que
l'un aille par l'autre; mais feulement, qu'étant dirigez en même fens, & avec autant de degrez de mouvement, ils doivent aller également vîte, & ainfi ne
fe point quitter.

Ce qui eſt dit du corps B , & du corps C , ſe doit entendre de tous les corps , qui ſe peuvent rencontrer. Et l'on doit concevoir, quelque coûtume qu'on ait de croire le contraire, que ce qui a mû les premiers, doit mouvoir tous les autres, puiſque ce qui produit, conſerve ; & que la même action, qui a commencé le mouvement, le doit continuer.

Donc ce qu'on doit entendre, quand on dit que que les corps meuvent les corps c'eſt, qu'étant tous impenetrables , & ainſi, les mêmes ne pouvant toûjours être mûs, du moins avec égale vîteſſe, leur rencontre eſt une occaſion à l'eſprit, qui a mû les premiers, de mouvoir les ſeconds. Or , comme nous ne conſiderons pas toûjours cette premiere cauſe , qui fait mouvoir, & que nous ne nous arrêtons qu'à ce qui ſe voit , parce que ſouvent cela ſuffit pour nous faire entendre ; nous nous contentons, lors que nous voulons dire, pourquoy un certain corps , qui étoit en repos , commence à être mû , d'expliquer comment il a été rencontré par un autre corps , qui étoit en mouvement : alleguant ainſi l'occaſion pour la cauſe.

Aprés avoir montré qu'un corps n'en peut mouvoir un autre, & que c'eſt quelque eſprit , qui les fait mouvoir, il faut rechercher quel eſt cet eſprit.

Pluſieurs s'arrêtant en eux-mêmes, & voyant que les mouvemens de leurs corps ſuivent de ſi prés leurs volontez, croyent n'avoir point à rechercher d'autre cauſe du mouvement de leur corps , que leur volonté propre.

Cette erreur est semblable à l'erreur de ceux, qui pensent qu'un corps en peut mouvoir un autre. Car, comme ces personnes, ne voyant que deux corps, se persuadent, à cause que le transport du second est toûjours arrivé, si-tôt que le premier mû en a été approché, que c'est en effet l'un qui a fait mouvoir l'autre; sans considerer, qu'un corps ne sçauroit produire l'effet qu'ils luy attribuënt : de même, plusieurs voyant que dés qu'ils veulent qu'une partie de leur corps soit mûë vers un certain côté, elle y est aussi-tôt portée; s'imaginent, à cause qu'ils ne s'apperçoivent pour lors que de leur volonté, & du transport de leurs corps, qui la suit de si prés, que ce transport ne peut être causé que par elle; sans prendre garde, qu'elle n'en peut être la cause.

Mais, pour le connoître, il faut considerer premierement, que les corps étoient mûs, avant que nous voulussions : d'où il suit, que c'est une autre volonté que la nôtre, qui a causé leur mouvement. Que si l'on dit que les mouvemens de nos corps ne sont que depuis que nous voulons; je répondray que l'effet montre manifestement le contraire, & que le mouvement est dans la matiere, qui compose nos corps, avant qu'ils soient animez, c'est-à-dire, avant que ce qui veut, y soit uni. D'ailleurs, nos ames n'abandonnent nos corps, que parce qu'il n'y a plus de ces mouvemens, qui sont necessaires à la vie; & pour connoître que leur durée ne dépend pas de nôtre volonté, il ne faut que considerer qu'ils cessent toûjours

jours plûtôt que nous ne voulons.

Que, si quelquefois nôtre malheur est tel, qu'il nous fasse desirer la mort; nous avons beau vouloir que ces mouvemens cessent en nous : ils dépendent si peu de nous que, si nous nous contentions de le vouloir, ils ne cesseroient pas pour cela. Mais si, nous armant contre nous-mêmes, nous faisions couler hors de ses vaisseaux le sang qui entretient la vie, alors nous verrions exhaler en fumée ces mêmes parties, dont le mouvement sert à transporter nos corps; &, si le desespoir nous pouvoit permettre de philosopher, nous connoîtrions que, puisque nôtre sang se meut bien hors de nous, sans que nôtre volonté luy cause ce mouvement, ce n'est point nôtre volonté, qui le faisoit mouvoir en nous.

Secondement, si nous pouvions à nôtre gré faire de nouveaux mouvemens, il s'ensuivroit que le mouvement pourroit croître en la nature, & qu'ainsi, l'ordre en seroit troublé. Car, s'il n'a fallu de mouvement, que jusqu'à un certain point, pour établir cet ordre; il n'en faut justement que la même quantité, pour le conserver.

En troisiéme lieu, si nos volontez pouvoient produire des mouvemens, elles les conserveroient; & nous avons déja montré, par un exemple bien visible, qu'elles ne peuvent conserver celuy dont elles souhaiteroient le plus ardemment la durée.

En quatriéme lieu, si les mouvemens de ces particules délicates & subtiles, qui agitent nos membres,

I

venoient de nôtre volonté, ils feroient ou plus vî-
tes ou plus tardifs, felon qu'il nous plairoit. Mais un
vieillard a beau vouloir marcher vîte, un yvrogne
a beau vouloir marcher droit ; & celuy dont la main
eft gelée, a beau vouloir remuer les doigts : des gens
en cet état ne témoignent que trop, que fi ces petites particules peuvent être tantôt plus & tantôt moins
émûës, ce n'eft jamais felon nôtre volonté ; mais
toûjours felon la difference des matieres dont elles
font compofées, felon celle de nos âges, & des
lieux où nous vivons.

D'ailleurs, la veille, qui n'eft autre chofe qu'un
mouvement de ces particules, qui courent dans le
cerveau, pour en tenir les pores ouverts, & dans les
nerfs, pour en tenir le filets tendus, arrive fouvent
en nous malgré nous ; & continuë fouvent plus que
nous ne voulons : ce qui ne feroit pas, fi elles atten-
doient leurs mouvemens de nôtre volonté. Et le
fommeil ne nous accableroit pas fi fouvent contre
nos fouhaits, fi nous pouvions continuer le mouvement de ces particules, autant qu'il nous plairoit.
Enfin, tous ces mouvemens convulfifs, & ces tranf-
ports fubits & mortels, qui nous affaillent le cerveau, marquent bien que nôtre volonté ne donne
pas le mouvement à ces particules (que leur fubti-
lité fait nommer les efprits) & même qu'elle n'eft
pas la maitreffe de leur route ; puifque dans ces occafions, elle ne les peut empêcher de courir, où leur
impetuofité les emporte.

Au refte, on fçait qu'il n'y a rien, qui dépende

moins de nous, que les mouvemens de nôtre cœur;
& pour peu qu'on ait obfervé la difference de fes battemens à l'approche des lieux chauds ou froids, on verra qu'il ne fe meut, que par la communication qu'il
a avec les autres corps de l'Univers. Enfuite, fi l'on
prend garde que c'eft du mouvement du cœur, que
fuivent tous les autres mouvemens, on ne penfera
plus que nôtre ame excite celuy des petites particules, que l'on nomme les efprits : on connoîtra,
que ces efprits ne font autre chofe, que les plus délicates parties du fang échauffé, c'eft-à-dire, émû
dans le cœur. On verra, qu'il en monte plus ou
moins, felon que cette chaleur eft plus ou moins
grande; & enfin que ces parties, étant arrivées au
cerveau, coulent dans les nerfs, & de là dans les
mufcles, de forte qu'elles n'ont point befoin de l'ame,
pour être mûës. Il eft bien vray, qu'étant déja émûës,
lors qu'elles paffent dans le cerveau, quelques-unes
d'elles peuvent être dirigées felon fes fouhaits; c'eft-
à-dire, que fi-tôt qu'elle defire que le corps, auquel
elle eft unie, fe porte vers un côté, la puiffance, qui
meut toutes ces particules, les meut d'une façon répondante à ce defir.

Donc, s'il refte quelque lieu de dire que l'ame
meuve le corps; c'eft au même fens, qu'on peut dire
qu'un corps meut un corps. Car, comme on dit
qu'un corps en meut un autre, lors qu'à caufe de
leur rencontre, il arrive, que ce qui mouvoit le premier, vient à mouvoir le fécond ; on peut dire,
qu'une ame meut un corps, lors qu'à caufe qu'elle

le fouhaite, il arrive que ce qui mouvoit déja ce corps, vient à le mouvoir du côté vers lequel cette ame veut qu'il foit mû. Et il faut avoüer que c'eft une façon commode de s'expliquer dans l'ordinaire, que de dire qu'une ame meut un corps, & qu'un corps en meut un autre; parce que, comme on ne cherche pas toûjours l'origine des chofes, il eft fouvent plus raifonnable, fuivant ce qui a déja été remarqué, d'alleguer l'occafion, que la caufe d'un tel effet.

Aprés avoir tâché de répondre à ceux, qui difent, que nos efprits peuvent mouvoir nos corps par leur feule volonté, je dois répondre à ceux qui, paffant d'une extrémité à l'autre, doutent qu'il y ait aucun efprit, qui puiffe mouvoir les corps par fa feule volonté.

Cette erreur vient, à mon avis, de ce que fouvent nous voulons plus que nous ne pouvons; &, comme nous ne faifons rien, que par le fecours d'une puiffance qui n'eft point de nous, nous panchons toûjours à croire que toute volonté eft impuiffante d'elle-même, ou (ce qui eft la même chofe) que que tout efprit, outre fa volonté, a befoin de quelque puiffance, pour operer ce qu'il defire.

Ainfi, la coûtume que nous avons de juger de tout par ce que nous éprouvons en nous-mêmes, fait qu'encore que nous reconnoiffions par des raifons évidentes, qu'un efprit doit faire mouvoir les corps; néanmoins, quand nous venons à conclure que c'eft par fa feule volonté, & à confiderer combien la nôtre nous paroît foible en tout, nous ne pouvons croire, quel que foit cet efprit , que la fienne foit affez puiffante pour cela.

Mais, fi nous confiderons que ce défaut perpetuel de nôtre efprit ne vient que de ce qu'il n'eft pas par luy-même, & que s'il étoit par luy-même, rien ne luy manqueroit, en forte que tout ce qu'il voudroit, feroit ; nous connoîtrions aifément, qu'il y a un premier Efprit, qui étant par foy-même, n'a befoin que de fa volonté pour tout faire ; & que rien ne luy manquant , dés qu'il veut que ce qui eft capable d'être mû, foit en mouvement, cela doit neceffairement arriver.

Nous nous perfuaderons affez aifément cette verité, fi nous faifons un peu de réfléxion fur les chofes, dont nous fommes déja convaincus. Premierement, nous fommes affurez en general que quelque efprit doit faire tout ce que le corps ne peut operer. En fecond lieu, nous fçavons, au fujet particulier du mouvement, qu'encore que le corps foit feul capable d'en recevoir l'effet, il n'en peut toutefois être la caufe. Enfin, nôtre foibleffe nous apprend que ce n'eft point nôtre efprit qui fait mouvoir. Que refte-t-il donc ? qu'un autre Efprit, à qui rien ne manque, le faffe, & qu'il le faffe par fa volonté.

Mais , dira quelqu'un, encore que nos efprits ne puiffent caufer le mouvement, s'enfuit-il qu'il faille recourir au premier Efprit, pour en trouver la caufe ? Et ne pourroit-il pas y avoir un efprit entre ce premier & les nôtres, qui le pût caufer ?

Je répons que, si cet esprit, de quelque ordre qu'on le veüille feindre, n'est pas le premier, il n'est pas par luy-méme; & s'il n'est pas par luy-méme, il n'a rien qui ne luy vienne d'ailleurs : de sorte qu'il n'est la veritable cause de quoy que ce soit. Nous pourrions bien concevoir qu'un esprit auroit la direction de tous les mouvemens de cet Univers, comme nous l'avons de quelques-uns des mouvemens de nos corps : ce qui arrive seulement parce que la premiere puissance les dispose selon nos volontez. Cet esprit néanmoins, quelque excellent qu'il fût, ne produiroit aucuns mouvemens ; & ce qui le rendroit d'un ordre superieur au nôtre, c'est que la premiere puissance disposeroit plus de choses selon la volonté de cet esprit, qu'elle n'en dispose selon la nôtre. Mais aucune de ces choses ne seroit produite par luy; & si l'on en vouloit trouver la veritable cause, il faudroit toûjours remonter à Dieu.

On a bien dit, quand on a dit qu'il s'étoit tellement enchassé dans ses ouvrages, qu'on ne les peut considerer, sans le connoître. En effet, on ne peut connoître la nature, sans avoir connu le mouvement; & vous voyez que nous n'avons pû connoître le mouvement, que nous n'ayons reconnu la divine puissance qui le cause.

Nos sens nous faisoient assez voir que les corps pouvoient être mûs : mais nos raisonnemens nous ont appris qu'ils ne le pouvoient être par d'autres corps, ni par des ames foibles comme les nôtres, ni même par aucun esprit créé, pour excellent qu'il

fût. Ainſi, nous ſommes parvenus à ce premier Eſprit ; & nous avons été obligez, non ſeulement d'a-
voüer qu'il a commencé le mouvement, mais nous
avons évidemment reconnu qu'il le continuë. Nous
avons appris que ſa ſeule puiſſance en eſt capable ;
& nous la devons admirer, ſur tout en ce point,
qu'ayant poſé des loix entre les corps, ſuivant leſquelles elle les meut diverſement, à cauſe de la diverſité de leurs rencontres, elle a auſſi poſé entre nos
ames & nos corps, des loix qu'elle ne viole jamais.
Et tandis que ces corps ſont conſtituez d'une certaine
façon, elle en dirige toûjours certains mouvemens
ſelon nos deſirs : ce qu'elle fait avec tant de promptitude, & ſi conformément à nos volontez, que ceux
qui précipitent leurs jugemens, croyent qu'ils ont
operé d'eux-mêmes ce qu'ils ont ſimplement deſiré,
parce que cette premiere puiſſance l'a fait, dés l'inſtant même qu'ils l'ont deſiré.

DE
L'UNION
DE L'ESPRIT
ET DU CORPS.

Et de la maniere, dont ils agiffent l'un
fur l'autre.

V. DISCOURS.

CE merveilleux rapport de nos mouvemens & de nos penfées, me donne occafion de parler de l'union de nôtre corps
& de nôtre ame, & de la maniere dont
ils agiffent l'un fur l'autre. Ce font deux chofes, que
l'on a toûjours admirées, fans les expliquer. Je n'ofe
dire que j'en aye découvert le fecret : mais il me femble n'avoir plus rien à defirer fur ce point ; & quelques-uns de mes amis, à qui j'ay communiqué plufieurs fois mes penfées fur ce fujet, depuis fept ou
huit

huit ans, me veulent perfuader qu'elles font veritables. Si toutefois je me trompe en quelque chofe
dans la premiere partie de ce difcours, où je parle
de l'union du Corps & de l'Ame, & dans la feconde, où je parle de leur action, il fera facile de connoître mon erreur : car je ne donne en chacune que
deux définitions, un Axiome & une propofition à
examiner.

PREMIERE PARTIE.

De l'union de l'Efprit & du Corps.

DEFINITIONS.

1. Deux corps font unis, autant qu'ils le peuvent être,
quand leurs étenduës fe touchent mutuellement,
& avec un tel rapport, que l'un fuive neceffairement les déterminations de l'autre.

   Et il faut obferver que, fans examiner par
quelle puiffance ils font ainfi difpofez, on fe contente, pour affurer que leur union continuë, de
voir continuer ce rapport entr'eux.

2. De même on diroit que deux Efprits feroient unis,
fi leurs penfées fe manifeftoient mutuellement,
& avec un tel rapport, que l'un fuivît neceffairement les déterminations de l'autre.

   Et, fans qu'il fût befoin d'examiner par quelle
puiffance ils feroient ainfi difpofez, on pourroit
affurer qu'ils feroient unis, tandis que ce rapport
dureroit entr'eux.   K

AXIOME.

L'union des chofes ne fe fait que par ce qu'elles ont de rapportant; & confequemment, fi un Corps & un Efprit font unis, ce n'eft pas par le raport de deux étenduës, car l'Efprit n'en a point, ni par le rapport de deux penfées, car le Corps n'en a point.

CONCLUSION.

Mais fi cet efprit, dont la nature eft de penfer, a quelques penfées, aufquelles le corps puiffe avoir du rapport par fon étenduë, par fon mouvement, ou par autre chofe de fa nature : par exemple, fi de ce que cet efprit voudra que ce corps foit mû en certain fens, ce corps eft tellement difpofé, qu'en effet il y foit mû; ou, fi de ce qu'il y aura de certains mouvemens en ce corps, il vient de certaines perceptions en cet efprit, on pourra dire (par quelque puiffance qu'ils ayent été ainfi difpofez) qu'ils font unis. Et, tandis qu'ils auront ce rapport entr'eux, on pourra dire que leur union continuë.

Cette union, fi l'on y prend garde, eft bien plus grande & plus parfaite que celle de deux corps : car deux corps ne font unis qu'en la fuperficie, c'eft-à-dire, ils n'ont rapport que par leurs extrémitez, fans que leurs autres parties s'uniffent. Au lieu qu'il n'y a fi petite partie du corps, auquel un efprit eft uni, avec laquelle cet efprit n'ait du rapport : puifque les changemens, qui arrivent en chaque endroit du corps, peuvent être apperçûs de cet esprit, ou luy exciter de nouvelles penfées; & qu'il n'y a pas une partie, qui ne ferve à entretenir dans ce corps l'admirable œconomie, qui le rend propre à toutes les chofes, que cet esprit veut qu'il opere.

Au refte, l'on connoît affez, par ce qui a été ob- Cy-devant fervé fur la fin du quatriéme Difcours, quelle eft la p. 68. & puiffance, qui tient l'efprit & le corps toûjours dif- fuiv. pofez à recevoir divers changemens à l'occafion l'un de l'autre. Mais il n'a pas été befoin d'examiner icy quelle puiffance entretient ce rapport entr'eux. C'eft affez d'avoir reconnu que ce rapport eft veritable, & que c'eft en cela que confifte leur union.

Ces chofes pofées, il eft aifé de voir en quel fens on peut dire que nos efprits font dans le lieu; & ce qu'on doit entendre, quand on dit qu'ils font tranfportez. Car, fi d'un côté il eft vray de dire qu'ils ne puiffent être tranfportez, parce que cela fuppofe l'étenduë qu'ils n'ont pas; d'un autre côté, les confiderant unis à nos corps de la maniere qui vient d'être expliquée, on peut dire qu'ils font par tout, où eft la matiere, dont les mouvemens font dirigez fuivant leur volonté, & dont les divers changemens peuvent exciter en eux des fentimens differens. Et enfin, puifqu'en quelque lieu que cette matiere foit tranfportée, elle a des mouvemens qui répondent à leurs penfées, & qu'ils ont des penfées qui répondent neceffairement aux changemens de cette ma-

K ij

tiere, on peut dire qu'ils font tranfportez avec elle.

Les mêmes chofes pofées, on a raifon de dire qu'un efprit eft tout en tout le corps qu'il anime, & tout en chaque partie : puifque ce tout peut fuivre fes volontez, ou luy donner des fentimens, & que chaque partie de ce tout fert à entretenir ce qui le rend propre à cela.

Par là on entend auffi comment Dieu eft par tout, fans eftre étendu. Car, puifque chaque partie de la matiere ne fubfifte & n'eft mûë que parce qu'il le veut, cette action de fa volonté s'étend par tout.

Néanmoins il n'eft pas uni à la matiere, comme nos ames font unies à nos corps : car il eft fans dépendance de la matiere; & ce qui arrive en elle, ne peut caufer en luy les alterations, que nôtre ame reffent par les changemens du corps. La raifon de cette difference eft, qu'il n'arrive rien en la matiere, que ce qu'il plaît à cet Efprit fouverain. Ainfi la caufe des changemens de la matiere eft fa volonté, qu'il fçavoit avant que ces changemens fuffent : de forte qu'ils ne peuvent luy donner aucune penfée qu'il n'eût point. Au lieu que nos ames ne connoiffent les changemens de la matiere, que quand ils arrivent; & elles peuvent recevoir de nouvelles penfées par les mouvemens du corps, fuivant le rapport & la dépendance que Dieu a mis entr'eux.

On peut concevoir enfuite qu'un Ange, ou un autre efprit, peut diriger les mouvemens d'une certaine portion de matiere, fans toutefois qu'on puiffe dire qu'il l'anime, comme nos efprits animent nos corps. Car ces efprits ne font point fujets aux changemens de la matiere, à laquelle ils s'appliquent. Et encore qu'elle puiffe agir fur eux en un certain fens, puifqu'ils font capables d'appercevoir ces changemens, & ainfi d'avoir de nouvelles penfées à leur occafion ; néanmoins ils ne font point affectez de plaifir, de douleur, & de ces divers fentimens, que nôtre ame éprouve, dés qu'il arrive dans nôtre corps des changemens capables de rétablir ou de ruïner cette difpofition, par laquelle il luy eft uni.

D'autre côté, on peut concevoir qu'un Démon, ou un autre efprit, peut être affecté de douleur par union à une certaine portion de matiere, fans que la direction d'aucun mouvement de cette matiere foit foûmife à fa volonté : en forte que, Dieu ayant difpofé cet efprit à fouffrir, autant que cette matiere à mouvoir, le mouvement perpetuel de l'une faffe le fupplice éternel de l'autre.

SECONDE PARTIE.

De l'action des Efprits fur les Corps, & de celle des Corps fur les Efprits.

DEFINITIONS.

1. On dit qu'un corps agit fur un autre, quand à fon occafion, cet autre corps commence d'être arrangé ou mû autrement, qu'il ne l'étoit auparavant.

K iij

2. De même on dit qu'un efprit agit fur un autre efprit, quand à fon occafion cet efprit conçoit, imagine, veut, ou penfe, en quelque façon que ce foit, autrement qu'il ne faifoit auparavant.

Ainfi les corps agiffent l'un fur l'autre, autant qu'ils le peuvent, quand ils fe caufent quelque changement convenable à l'étenduë ; & les efprits agiffent l'un fur l'autre, autant qu'ils le peuvent, quand ils fe caufent quelque changement convenable à la penfée.

AXIOME.

D'où il refulte qu'une chofe n'agit fur l'autre, qu'autant qu'elle y peut apporter de changement fuivant fa nature. Et confequemment, fi un corps agit fur un efprit, ce ne peut être en luy caufant aucun changement de mouvement, de figures, ou de parties ; car cet efprit n'a point toutes ces chofes : non plus que, fi cet efprit agit fur un corps, ce ne peut être en luy caufant aucun changement de penfée, car ce corps n'en a point.

CONCLUSION.

Mais fi ce corps, ou fon mouvement, ou fa figure, ou autre chofe dépendante de fa nature, peut être apperçû de quelque efprit, en forte qu'à fon occafion, cet efprit ait des penfées qu'il n'avoit pas auparavant, on pourra dire que ce corps a agy fur cet esprit, puisqu'il luy a causé tout le changement, dont il étoit capable suivant sa nature.

Sans doute il n'est pas plus mal-aisé de concevoir l'action des esprits sur les corps, ou celle des corps sur les esprits, que de concevoir l'action des corps sur les corps. Et, ce qui nous rend plus inconcevable la premiere que la derniere, c'est que nous voulons concevoir l'une par l'autre, sans considerer que, chaque chose agissant selon sa nature, nous ne connoîtrons jamais l'action d'un agent, quand nous voudrons l'examiner par les notions, que nous avons d'un autre agent de nature toute differente.

Mais ce qu'il y a de remarquable en cecy, est que, quoy que l'action des corps sur les corps ne nous soit pas mieux connuë, que celle des esprits sur les corps, ou des corps sur les esprits ; la plûpart néanmoins n'admirent que celle-cy, croyant connoître l'autre. Et j'ose dire que, quand on aura bien examiné ce qui se rencontre dans l'action d'un corps sur un corps, on ne trouvera pas qu'elle soit plus concevable, que celle des esprits sur les corps.

Et afin de le reconnoître, considerez encore ce Cy-devant p. 60. que fait le corps B sur le corps C, quand on dit qu'il le chasse de son lieu. Tout ce qui est clair en cela (comme il a été dit dans le quatriéme Discours) c'est que B étoit mû, que C l'est maintenant ; & que le premier demeure à l'endroit que le second occupoit avant luy : nous ne voyons que cela, tout le reste nous le conjecturons.

De même considerez ce que fait l'esprit sur le

corps , quand on dit qu'il l'agite. Tout ce qui eſt clair , c'eſt que l'eſprit veut que le corps ſoit mû en un ſens , & que ce corps en même temps eſt mû d'un mouvement conforme au deſir de cet eſprit : nous ne nous appercevons que de cela ; tout le reſte nous le conjecturons. Mais juſqu'icy les choſes ſont égales : car ſi dans le premier exemple, les corps B & C nous ont paru & en mouvement & en repos ; c'eſt qu'ils ſont capables de ces deux états. Et dans le ſecond exemple , ſi nous diſons que l'eſprit a voulu qu'un certain corps, qui ſe mouvoit déja, fût dirigé d'une certaine façon , c'eſt qu'il pouvoit le vouloir; & ſi le corps a été ainſi dirigé , c'eſt que cela étoit ſuivant ſa nature.

　　Voyons le reſte, & tâchons d'en bien juger. Quant au premier exemple , ſuivant ce qui a été dit dans les Remarques ſur la quatriéme propoſition du quatriéme Diſcours, encore qu'on voye que C , qui étoit en repos, commence à ſe mouvoir, & que B qui ſe mouvoit, ſoit maintenant en repos, on ne peut pas dire que le mouvement de l'un ſoit paſſé dans l'autre ; parce qu'il eſt évident que le mouvement de chacun à ſon égard, n'eſt qu'une façon d'être, qui n'étant pas ſeparable de luy, ne peut en façon quelconque paſſer dans l'autre. D'où il ſuit, qu'il y a autre choſe que le corps B (qui eſt maintenant en repos) laquelle meut le corps C. Or nous ne ſerons pas bien en peine de trouver cette choſe, ſi nous nous ſouvenons des concluſions du quatriéme Diſcours. Ainſi , puiſqu'il eſt vray que ce n'eſt point B qui meut C, s'il

Cy devant
Pag. 61.

nous

nous reste quelque lieu de dire que le corps B agisse sur
le corps C, c'est seulement parce que, si-tôt qu'ils se
sont approchez, l'un cesse & l'autre commence d'être
mû. De même dans le second exemple, nous appercevons que, dés que l'esprit veut que le mouvement du corps soit dirigé en certain sens, cela arrive. Pourquoy donc n'aurons-nous pas la même occasion de dire que l'esprit agit sur le corps? puis qu'encore que ce ne soit pas effectivement nôtre esprit qui
cause le mouvement, il est certain toutefois que le
mouvement de nôtre corps dépend autant & en même façon de nôtre volonté, que le mouvemeut d'un
corps dépend de la rencontre d'un autre corps.

A considerer la chose exactement, il me semble
qu'on ne doit plus trouver l'action des esprits sur les
corps plus inconcevable, que celle des corps sur les
esprits : car nous reconnoissons que, si nos ames ne
peuvent mouvoir nos corps, les corps ne peuvent
aussi mouvoir d'autres corps. Et, comme on est obligé de reconnoître que la rencontre de deux corps est
une occasion à la puissance qui mouvoit le premier,
de mouvoir le second; on ne doit point avoir de
peine à concevoir que nôtre volonté soit une occasion à la puissance qui meut déja un corps, d'en diriger le mouvement vers un certain côté répondant
à cette pensée.

L

DE LA
DISTINCTION
DU CORPS
ET DE L'AME.

Que l'exiſtence de l'Ame eſt plus aſſurée que
celle du Corps.

Des operations de l'une & de l'autre en particulier.

Et des effets de leur union.

VI. DISCOURS.

QUELQUES-UNS diſent que, ſans ce
que la foy nous apprend de l'Ame, on
auroit de grands ſujets d'en douter ; &
que s'ils n'étoient fort ſoûmis au Chriſ-
tianiſme, ils ne croiroient abſolument que le corps.

Pour moy, bien que l'autorité de l'Egliſe ſerve
beaucoup à me confirmer dans la créance que j'ay

de l'Ame, je diray franchement que, n'eſtimant pas qu'il y ait rien de plus certain à l'eſprit, que l'eſprit même, je m'étonne des doutes qu'on en peut concevoir, & comment on peut dire que ſans la foy on ne croiroit pas qu'il y eût autre choſe en l'homme que le corps.

Néanmoins, puiſque ce point eſt une difficulté pour quelques-uns, je penſe que pour le bien examiner, il faut avant tout, convenir de ce qu'on entend par ces mots de *Corps* & d'*Ame* ; & voir enſuite, ſi on ne donne point ces deux noms à la même choſe.

Qui dit *Corps* en cette rencontre, entend un amas de pluſieurs parties étenduës juſqu'à certain terme, en ſorte qu'elles en excluënt neceſſairement toute autre choſe étenduë comme elle.

1. Cette *excluſion* eſt ce qu'on appelle *impenetrabilité*.
2. Ce *terme* eſt ce qu'on appelle *figure*.
3. Ce *rapport*, qu'il a aux autres corps par ſa ſituation, eſt ce qu'on appelle ſon *lieu*.
4. Quand ce rapport change, on dit que le corps à l'occaſion duquel il change, eſt en mouvement; & quand il continuë, on dit que le corps eſt en *repos*.

Qui dit *Ame* ou *Eſprit*, entend ce qui *penſe* à quelque choſe.

1. Cette choſe eſt ce qu'on appelle *objet*, ou *idée*.
2. On nomme *perception*, la premiere vûë ou connoiſ-

fance, que l'ame a de l'objet ; *attention*, quand elle le confidere quelque temps ; & *memoire*, quand, aprés avoir ceſſé de le voir, elle recommence.

3. Si l'on aſſure, ou fi l'on nie quelque choſe de l'objet, cela s'appelle *jugement*.

4. Quand on reſout aprés ce jugement, cela s'appelle *volonté*.

Tout cela poſé, je voy nettement que ce que j'entens par le mot d'*Ame*, n'a rien de ce que j'entens par celuy de *Corps*. Et ainſi j'ay lieu de juger que ce ce ſont deux choſes toutes differentes. Je voy même que, quand je voudrois douter de toutes les choſes que je conçois, quand je penſe au corps ; je ne pourrois en même temps douter de ma penſée. Car, qu'il ſoit faux, fi vous voulez, qu'il y ait aucun corps au monde ; il ne peut être qu'il n'y ait aucune penſée, tandis que je ſeray penſant. Or, comment puis-je croire que ma *penſée* ſoit la même choſe que ce que j'appelle *corps* ? veu que je puis ſuppoſer qu'il n'y a point de corps, & que je ne puis ſuppoſer que je ne penſe pas, la ſuppofition même étant une penſée.

Ainſi je connois premierement que l'ame, ou ce qui penſe, eſt different du corps.

Secondement, je voy que l'argument de l'ame eſt indubitable, & que juſqu'icy il n'y en a point qui m'aſſure du corps. Car enfin, pourquoy me perſuader que j'ay maintenant un corps étendu de cinq pieds ? J'ay ſongé quelquefois, que j'en avois un compoſé de tant de parties, que leur étenduë étoit

de plus de cent pieds , & même qu'il touchoit aux
nuës. Qui m'assurera donc maintenant du peu , qui
me semble rester de ce grand corps ?

C'est (me direz-vous) que vous le sentez ? Mais
je sentois les cent pieds , comme je sens les cinq. Et
enfin , pour ne point trop écouter mes rêveries , ceux
qui sentent encore du mal au bout des doigts , quand
on leur a coupé la main , ne s'imaginent-il pas (quoy
que tout éveillez) qu'ils ont des parties étenduës ,
où ils n'en ont point. Cela étant , je demande encore un coup , où est la certitude que j'ay de l'étenduë , où je croy maintenant en avoir ; si toute la raison que j'ay de le croire , est que je le sens.

Je suis bien assuré que je pense avoir un corps , dont
les parties sont étenduës jusqu'à certains termes , mais
je ne suis pas convaincu de l'avoir , comme je suis
convaincu que je le pense. Ainsi ma pensée demeure
certaine , tandis qu'à parler en Philosophe , ce que
je croy de mon corps reste fort douteux ; & quand
même ce corps que je m'imagine avoir , ne seroit
point , je ne cesserois pas d'être quelque chose , tandis que je serois pensant. Car , de même que celuy à
qui l'on a coupé la main , conserve les mêmes pensées
qu'il avoit à l'occasion de ses doigts , puisqu'il les sent
comme s'il les avoit encore ; je pourrois avoir perdu
tous les membres l'un après l'autre , & continuer de
croire que je les ay tous encore.

Il peut être donc que je pense avoir un corps ,
sans avoir effectivement aucune étenduë : mais il ne
peut être que je le pense , sans avoir effectivement
une pensée.   L iij

J'en ay, ce me femble, affez dit, pour montrer que l'on peut bien plus raifonnablement douter du corps, que ceux dont j'ay parlé, ne doutent de l'ame. Mais, afin de ne me point broüiller avec eux, comme ils m'ont dit fouvent qu'ils ne vouloient point s'arrêter à ce qui les faifoit douter de l'ame, & que fans tant pefer tout ce qui la regarde, ils s'en vouloient tenir à la foy toûjours plus feure que les raifonnemens; je veux de mon côté ne plus penfer à ce qui m'a fait douter du corps, & me reprefenter continuel-lement ce que la foy me dicte, pour m'en affûrer.

Par exemple, je me reprefenteray que Dieu s'eft fait homme comme moy; & comme il eft de foy qu'il avoit un veritable corps, je croiray que j'en dois avoir un, puis qu'autrement il n'auroit pas été hom-me comme moy : & au lieu que l'ame eft à quelques-uns un article de foy, je m'en veux faire un du corps, & raifonner fur ce fondement plus feur que tous les autres.

Je diray donc à l'avenir que j'ay une ame, parce que cela m'eft évident par la lumiere naturelle, & parce que la foy m'en affûre. Pour le corps, je diray que j'en ay un, parce qu'encore que cela ne me foit pas évident par la lumiere naturelle, il me fuffit de la foy, pour m'empêcher d'en douter.

1. Mais ce n'eft pas affez de fçavoir que j'ay un corps & une ame, pour me bien connoître. Il faut que je tâche à bien démêler toutes les chofes, qui m'appar-tiennent comme ayant un corps, d'avec celles qui m'appartiennent comme ayant une ame.

2. Il faut que j'examine comment je fuis tout ce que je fuis par leur union; & comment ils agiffent l'un fur l'autre.

3. Puis je verray, fi entre les corps qui entourent le mien , il y en a quelques uns, aufquels je doive juger que des ames foient unies ; & s'il y en a quelques autres, aufquels je ne fois pas obligé d'en attribuer.

I. P o u r commencer par l'examen de moy-même; *La penfée.* & voir ce qui m'appartient comme ayant une ame, ce que j'ay déja obfervé de la nature & des avantages de l'ame, me fait connoître que , fi je penfe de quelque façon que ce foit ; c'eft que j'ay une ame.

Si je conçois diverfement les differens objets. Si dés *Les perceptions.* l'abord j'en apperçois quelque chofe; fi pour les mieux *L'attention.* connoître , je les confidere plus long-temps ; fi aprés *La memoire.* avoir difcontinué, je recommence. En un mot , fi j'ay des *preceptions* , de *l'attention* , & de la *memoire* ; c'eft que j'ay une ame.

Si je confidere mes penfées, ou celles des autres, *L'intelligence.* par quelque raifon qu'elles me foient manifeftées ; fi je confidere la verité , & tant d'autres chofes, qui ne tiennent rien de l'étenduë, de la figure , ni du mouvement. En un mot, fi je fuis capable de *concevoir les chofes purement intelligibles* ; c'eft que j'ay une ame.

Si au contraire je confidere les chofes qui dépen- *L'imagination.* dent de l'étenduë , de la figure, & du mouvement : En un mot fi je fuis capable d'*imaginer* ; c'eft que j'ay une ame.

Si en confiderant un objet, ou corporel , ou fpiri- *Les jugemens.*

tuel, j'affûre que certaines chofes luy conviennent, ou fi je le nie : En un mot, fi je fais des *jugemens*; c'eft que j'ay une ame.

Les dou- Si, ne connoiffant pas tout ce qu'il faut connoître
tes. des chofes, je n'ofe en juger, & demeure en fufpens, jufqu'à ce que je les connoiffe : En un mot, fi je *doute*; c'eft que j'ay une ame, & une ame à laquelle il manque quelque chofe.

Les erreurs. Si, me precipitant, & fans que je connoiffe tout ce qu'il faudroit connoître de la chofe, je juge qu'elle eft ce qu'elle n'eft pas, ou qu'elle n'eft pas ce qu'elle eft en effet : En un mot, fi je fuis fujet à l'*erreur*; c'eft (comme je l'ay dit) que j'ay une ame, & une ame à laquelle il manque quelque chofe.

La liberté Que fi d'autres fois, pour éviter les erreurs, je
des juge- m'empêche de juger des chofes, jufqu'à ce que je les
mens. connoiffe parfaitement : fi j'éprouve d'un côté que je ne puis tout connoître, & qu'en cela il manque quelque chofe à mes lumieres naturelles ; & fi par des experiences continuelles, j'éprouve d'un autre côté que j'ay la force d'arrêter mes jugemens, jufqu'à ce que je fois parfaitement inftruit, ou de n'en point donner du tout, quand je ne le puis être : En un mot, fi je fuis *libre dans mes jugemens*, c'eft que j'ay une ame.

Les volon- Si je refous aprés mes jugemens, de faire ou de ne
tez differen- pas faire; de faire une chofe ou l'autre; & d'agir d'une
tes. maniere, ou conforme, on contraire à ce que je fçay que je dois faire : En un mot fi j'ay une *volonté* capable du bien ou du mal; c'eft que j'ay une ame.

La liberté S'il y a mille chofes que je ne puis entendre, &
s'il

s'il n'y en a point de si excellente, ni de si grande que *de volonté.*
je ne puisse vouloir : si dans cette disproportion,
qu'il y a entre le pouvoir que j'ay de vouloir, & celuy que j'ay d'entendre, j'éprouve en moy la force de
ne vouloir qu'aprés que j'ay bien connu, ou de vouloir, avant même que d'avoir bien connu. Tout cela
m'apprend (outre bien des choses que je n'explique
pas icy) que j'ay de la *liberté dans mes volontez*, aussi
bien que dans mes jugemens. Et je n'ay cette liberté
que parce que j'ay une ame.

Si, considerant une chose comme bonne, je m'unis *L'amour.*
à elle de volonté, c'est-à-dire, si je veux tout ce qui
couvient à cette chose : En un mot, si *j'aime* ; c'est que
j'ay une ame.

Si, considerant une chose comme contraire à celle *La haine.*
que j'aime, je m'en separe de volonté ; c'est à-dire, si
je veux tout ce que luy est contraire : En un mot, si je
hais ; c'est que j'ay une ame.

Si, voyant que tout est le mieux qu'il puisse être, *La joye.*
pour la chose que j'aime ; & que tout est le plus mal
qu'il puisse être, pour celle que je hais, j'éprouve un
extreme plaisir : En un mot si j'ay de la *joye* ; c'est que
j'ay une ame.

Si, voyant que tout, ou du moins quelque chose est *La tristesse.*
contraire à ce que j'aime ; & que tout, ou quelque
chose arrive convenablement à ce que je hais, j'éprouve quelque déplaisir : En un mot si j'ay de la *tristesse* ;
c'est que j'ay une ame.

Si l'amour me faisant tout vouloir convenablement *Les desirs.*
à ce que j'aime ; & si la haine me faisant vouloir tout *La Crainte.*

M

ce qui eſt contraire à ce que je hais , je viens à conſiderer qu'il ſeroit bon pour ce que j'aime , & fort mauvais pour ce que je hais , que certaine choſe qui n'eſt
pas encore, fût , & qu'une autre choſe qui eſt ou qui
peut être , ne fût pas , je viens à ſouhaiter que cela
arrive, ou n'arrive pas : En un mot, ſi j'ay *des deſirs ou
de la crainte*; c'eſt que j'ay une ame.

Ainſi je reconnois que, ſi j'ay des idées, des perceptions, de l'attention , de la memoire, de l'intelligence, de l'imagination ; ſi je forme des jugemens ;
ſi j'ay des doutes ; ſi je ſuis ſujet à l'erreur; ſi j'ay des
volontez differentes ; ſi je ſuis capable du bien & du
mal ; ſi je ſuis libre ; ſi j'ay de l'amour, de la haine ,
de la joye, de la triſteſſe, des deſirs, & de la crainte,
c'eſt que j'ay une ame ; & je ſuis aſſûré que ces choſes
m'appartiendroient toutes , quand je ne ſerois qu'une
ame.

II. Aprés avoir examiné ce qui m'appartient à cauſe de l'ame, il faut voir ce qui m'appartient à cauſe
du corps.

La figure.
Le mouve-
ment.
Et les orga-
nes en gene-
ral.

Ce que j'ay déja obſervé des appanages du corps,
me fait connoître que, ſi je remarque de la figure, du
mouvement, & des organes differens en moy, c'eſt
parce que j'ay un corps.

La nourri-
ture.

Si j'ay un cœur, où le ſang s'échauffe; ſi j'ay des
arteres où il coule; ſi ces arteres ont des pores par
où des parties de ce ſang s'échapent ; ſi j'ay des chairs
où ces particules s'arrêtent, pour en accroître la maſſe :
En un mot, *ſi je me nourris*; c'eſt que j'ay un corps.

Le cours des
eſprits au
cerveau.

Si des parties de ce ſang plus mûës & plus ſubti-

les que les autres, montent comme une fumée, de
l'endroit que j'appelle mon cœur, à celuy que je
nomme mon cerveau, par une arterre qui les empêche
de se dissiper en allant de l'un à l'autre.

S'il y a des cavitez dans mon cerveau, où cette *Leur passa-*
foule de petits corps, que l'on nomme *les esprits*, *ge dans les nerfs.*
tourne en mille façons diverses, jusqu'à ce que quel-
que chose leur faisant ouverture, ou déterminant
leur cours plus fortement d'un côté que d'autre, leur
donne moyen de s'ouvrir un passage dans mes nerfs,
c'est-à-dire entre ces filets déliez, qui, composez de
la substance de mon cerveau, s'allongent jusqu'aux
extrémitez de mes membres, avec les mêmes enve-
lopes, qui servent à les conserver dans la tête.

Si mes nerfs, rassemblez comme des cordons en *Leur passa-*
quelques endroits, & comme des tissus en d'autres, *ge dans les muscles.*
se divisent pour se mêler à certaines chairs rétenduës *Le mouve-*
en filets très-déliez, & se rejoindre vers l'extrémité *ment des membres.*
opposée à celle par laquelle ils s'y sont introduits
pour y répandre les esprits; & si les esprits répandus
dans tous les filets de ce composé de nerfs & de chair,
que l'on appelle *Muscle*, les racourcissent; de sorte
que les deux extremitez, se rapprochant vers le milieu, elles tirent les membres ausquels elles sont attachées.

Enfin, si tous mes Muscles sont disposez de telle *Le transport*
façon, que l'un d'eux ayant toûjours communica- *de tout le corps.*
tion avec un autre, ce qu'ils ont d'esprits passe de
l'un à l'autre, selon qu'ils y sont determinez par de
nouveaux esprits, qui descendent incessamment du

cerveau : en forte que par ces tours & ces retours, quelquefois lents, & quelquefois précipitez, ils tirent l'un de mes membres, & fouvent tout mon corps, tantôt vers un côté, & tantôt vers un autre. En un mot, *fi je fuis transporté d'un lieu en un autre* ; c'eft que j'ay un corps.

La veille. Si ce cours des efprits étant affez abondant, tient les cavitez de mon cerveau fi bien ouvertes, & les filets de mes nerfs fi bien tendus, que ce qui touchera les extrémitez de mon corps, en pouffant un de ces filets, remuë mon cerveau à l'endroit d'où naît ce même filet ; & qu'à l'occafion de ce mouvement, d'autres efprits foient déterminez à paffer à des endroits, où ils n'auroient pas paffé fans cela : En un mot, fi je *veille*, c'eft que j'ay un corps.

Le fommeil. Si quelquefois ces mêmes efprits étant épuifez, & ne montant plus, ni avec affez de force, ni en affez grande quantité, les parties de mon cerveau viennent à s'affaiffer, & les filets de mes nerfs à fe détendre ; en forte qu'il n'y ait plus que ceux, qui envoyent des efprits aux mufcles, qui fervent à entretenir ces battemens, par lefquels la poitrine fe hauffant & fe baiffant, fait entrer l'air dans les poulmons, ou l'en chaffe, c'eft-à-dire, *fi je dors, & fi en dormant je refpire* ; c'eft que j'ay un corps.

L'affoupiffement. Si quelquefois ces gros nerfs, dont les filets fe répandent dans le fond de mon œil, étant plus détendus que ceux qui vont aboutir à mon oreille, foit parce qu'ils ont été plus exercez, foit parce que le cœur, commençant d'envoyer moins d'efprits, qu'il n'en faut, pour enfler un nerf auffi large que le nerf optique, en envoye encore affez pour tenir tendus les filets du nerf de l'oreille, qui eft bien plus étroit; il arrive que ce qui touche mon oreille, tranfmette fon action jufques dedans mon cerveau, tandis que mes paupieres déja fermées, & tous les nerfs de mon œil affaiffez, ne tranfmettent plus aucun mouvement au cerveau par cet organe : En un mot, fi quelque-fois *je dors à demy*; c'eft que j'ay un corps.

Si quelquefois l'abondance des efprits, la figure *L'yvreffe.* qu'ils ont, ou la matiere dont ils font formez, leur *Les convul-* donnant plus de force à pouffer les cavitez de mon *fions, &c.* cerveau, qu'il n'en a pour les retenir, ils vont teme-rairement heurter tout-à coup mille endroits du cer-veau, forcer les entrées des organes, & couler dans les mufcles, où confervant la même impetuofité, ils entrent & reffortent de l'un dans l'autre, tirant tu-multuairement mes membres en mille façons, qui n'ont rien de déterminé. Enfin, *fi j'ay des convulfions, fi je fuis yvre, fi j'ay la fievre*, ou quelque autre mal violent; c'eft que j'ay un corps.

Si mon cœur ou les autres vaiffeaux, qui contien- *La mort.* nent mon fang, ou mes efprits, font ouverts, de forte qu'ils ne puiffent plus arrêter cette liqueur ou cette fumée. Si je manque des alimens qui les peuvent reparer, ou fi je me rencontre en des endroits, où les corps voifins trop émus, ou trop arrêtez, don-nent trop ou trop peu de mouvement au fang ou aux efprits : En un mot, *fi je meurs* d'une bleffure, de faim, de froid, ou de chaud; c'eft que j'ay un corps.

Ainſi, je reconnois que, ſi je me nourris, ſi j e ſuis
remué, ſi je veille, ſi je dors , ſi je me porte bien
ou mal, enfin, ſi je meurs, c'eſt que j'ay un corps.

Cette diſcution eſt capable toute ſeule de me perſuader : car il ſuffit de rendre compte exactement de
toutes ces choſes par mon corps, pour m'aſſurer qu'elles arrivent par luy ſeulement. Mais outre cela je voy
qu'il n'y a que luy, à qui tout ce que je viens d'e-
xaminer, puiſſe convenir, & que l'ame n'y a point
de part.

Veritablement, elle s'intereſſe fort à tout ce qui
concerne le corps , c'eſt-à-dire, elle ſouhaite qu'il ſoit
toûjours en état d'être mû facilement : mais je connois bien que cet état ne dépend point de ma volonté. Le cours de mes eſprits n'eſt pas toûjours auſſi
reglé , que je le voudrois. Je dors quelquefois ,
& quelquefois je veille contre mon gré ; & ces
tranſports ou d'humeurs, ou d'eſprits, qui ſe font
ſouvent avec des revolutions ſi dangereuſes & ſi ſu-
bites, apprennent à mon ame qu'elle n'eſt pas la
maîtreſſe de leur mouvement. Ils finiront peut-être
plûtôt qu'elle ne voudra ; & quand le deſeſpoir la
pouſſeroit à ſouhaiter la diſſolution de mon corps,
il ne luy ſuffiroit pas de la ſouhaiter, il faudroit expoſer mon corps à d'autres corps, dont le mouvement pût ruiner cet arangement de parties ou ſo-
lides, ou liquides, qui fait durer ma vie, autrement
elle dureroit malgré moy.

Plus j'y penſe, & plus je reconnois que ce merveilleux rapport de tant de parties , qui compoſent

mon corps, ne dépend pas de ma penſée : il dépend
des autres corps qui l'environnent, & fait une partie
ſi neceſſaire de l'Univers, qu'il dépend abſolument
du cours de toute la matiere.

Je voy bien qu'il eſt fait d'une maniere à ſe pouvoir conſerver quelque temps. J'ay des os aſſez ſoli-
des, pour ſoûtenir ſa maſſe contre le poids de l'air
ou de l'eau ; & j'ay un cerveau dont la conſiſtence
& la diſpoſition ſont telles, qu'à l'aſpect des objets
qui luy ſeroient nuiſibles, & des lieux, où des corps
plus peſans que l'air & l'eau, le pourroient opprimer,
il s'ouvre par des endroits qui laiſſent couler des eſprits dans les muſcles, qui ſervent à le reculer de
ces lieux & de ces objets dangereux. Mais je voy bien
auſſi que, quand mon ame ne s'appercevroit pas de
ces choſes funeſtes, toutes les parties de mon corps
ſont arrangées de ſorte que, ſuivant les loix de la Mecanique, cela arriveroit auſſi neceſſairement, qu'il
arrive à un Aymant de ſe reculer d'un autre Aymant,
lors qu'on luy en preſente un certain côté. J'éprouve
même quelquefois que j'ay bien de la peine à ne pas
ceder aux mouvemens, auſquels la diſpoſition des
organes les fait tous conſpirer, pour le ſalut de toute
la machine à laquelle je ſuis uni, & de laquelle je
ne ſuis maître que d'une façon ſi empruntée, que
cette puiſſance m'échappe preſque à tous momens,
& m'oblige ſouvent à reconnoître, & même à recla-
mer une puiſſance ſuperieure.

III. Mais, pour ne point ſortir de moy-même, aprés
avoir examiné ſeparément ce qui m'arriveroit, quand

je ne ſerois qu'un corps , & ce qui m'arriveroit ,
quand je ne ſerois qu'un eſprit ou une ame (car, comme je l'ay déja remarqué , c'eſt icy la même choſe)
il me reſte , pour achever de me bien connoître,
d'examiner ce qui m'appartient à cauſe de leur union.

J'ay reconnu par d'autres méditations , que deux
choſes ſont unies , dés qu'elles ont entr'elles un rapport ſi neceſſaire, que l'une ſuive les déterminations
de l'autre.

J'ay reconnu , par exemple , que deux corps ſont
unis , autant qu'ils le peuvent être, quand leurs étenduës ſe touchent mutuellement , & avec un tel rapport , que l'un ſuive neceſſairement les déterminations de l'autre.

J'ay auſſi reconnu que deux eſprits ſeroient unis ,
autant qu'ils le peuvent être, ſi leurs penſées ſe ma-
nifeſtoient mutuellement, & avec un tel rapport, que
l'un ſuivît neceſſairement les déterminations de l'autre.

Et, ayant enfin reconnu par ces exemples , que
l'union des choſes ne ſe fait que par ce qu'elles ont
de rapport ; il m'a été facile de juger que , ſi un corps
& un eſprit ſont unis , ce n'eſt pas par le rapport de
deux étenduës , puiſque l'eſprit n'en a point , ni par
le rapport de deux penſées , puiſque le corps n'en a
pas.

Mais , ſans repeter icy ce que j'en ay dit plus préciſément dans le cinquiéme Diſcours ; je m'arrêteray
ſimplement à la concluſion que je tirois de ces ob-
ſervations , qui eſt que , ſi un eſprit dont la nature
eſt

eſt de penſer, a quelques penſées auſquelles un corps puiſſe avoir du rapport par ſon étenduë, ſon mouvement, ou autre choſe de ſa nature : par exemple, ſi de ce que cet eſprit veut que ce corps ſoit mû en certain ſens, ce corps eſt tellement diſpoſé , qu'en effet il y ſoit mû ; ou ſi de ce qu'il y aura certains mouvemens en ce corps, il vient de certaines perceptions en cet eſprit, on pourra aſſûrer (par quelque puiſſance qu'ils ayent été ainſi diſpoſez) qu'ils ſont unis ; & tandis qu'ils auront ce rapport entr'eux, on pourra dire que leur union continuë.

Or je n'ay maintenant qu'à m'appliquer toutes ces choſes. Et, comme je reconnois qu'il y a un certain corps entre les autres , qui eſt mû, dés que mon ame ſouhaite qu'il le ſoit ; que d'ailleurs il n'arrive preſque aucun changement en ce corps , dont mon eſprit ne s'apperçoive ; & que je ne me puis empêcher d'avoir ces perceptions, je dois conclure que ce corps eſt uny à mon eſprit ; & tant que ce rapport, qui ſe trouve entre quelques-uns de ſes mouvemens & de mes penſées, durera, je devray croire que leur union dure.

Cela poſé, je n'ay plus qu'à faire réfléxion ſur ce qui m'arrive à cauſe de cette union. Et, pour le connoître, il faut que j'examine ſi certaines choſes que j'éprouve tous les jours en moy, & que je n'ay point miſes au rang de celles qui m'appartiennent , comme étant un eſprit, ou de celles qui m'appartiennent comme étant un corps, ſont telles, qu'en effet elles ne me puſſent convenir , ſi je n'avois à la fois un

N

corps & une ame. Car, fi entre toutes celles que je
n'ay pas encore examinées, il s'en trouve quelqu'une
qui pût m'appartenir, fi je n'avois qu'un corps, ou
fi je n'avois qu'une ame; il ne faudroit point croire
qu'elle me vint de ce que j'ay l'un & l'autre enfemble.
Mais, fi elles font telles, que le corps feul ou l'ame
feule n'en puiffe être la caufe toute entiere, il faudra l'attribuer à leur union.

Pour commencer cette difcution, & la faire auffi
exactement que le fujet le merite, je confidereray
qu'en obfervant les divers changemens qui arrivent
dans mon corps, j'ay reconnu qu'il n'a befoin que de
fon étenduë, de la figure de fes parties, de leur arrangement, & de la difpofition de fes organes, pour être
nourri, & pour être mû. En effet j'ay trouvé que la
nourriture du corps ne fe fait que par l'addition de
quelques parties du fang, qui s'étant échauffé dans
le cœur, eft porté par les arteres en differens endroits;
Que de tout le fang, qui coule dans les arteres, il n'en
demeure précifément en chaque membre, que celles
qui font propres à l'augmenter; & que fi ces parties
du fang s'arrêtent fi juftement où elles peuvent fervir,
ce n'eft pas par un choix qu'elles faffent, mais feulement parce qu'étant toutes de trés-differentes figures, & tendant à fortir des arteres, à caufe qu'elles
font inceffamment pouffées par le nouveau fang qui
fort du cœur, il faut neceffairement que chacune
s'échappe, dés qu'elle trouve des pores ajuftez à fa figure. Et, comme l'Auteur, à qui je dois la ftructure
de mon corps, a fait les pores de mes arteres diffe-

rens, felon la difference des membres où elles fe trouvent, il faut neceffairement, & felon les loix de la Mécanique, qu'il ne demeure en chacun que les particules qui luy font propres.

De même j'ay trouvé que le mouvement ne fe
fait que par les plus délicates parties de ce même
fang, qui étant plus échauffées que les autres, montent au cerveau, où, forçant des paffages étroits, &
fe démêlant de toutes celles qui font plus groffieres,
elles compofent les efprits qui coulent, felon qu'ils
font diverfement dirigez, tantôt par un nerf, & tantôt par un autre, dans les differens mufcles qui peuvent fervir ou à reculer mon corps, ou à l'approcher
de certains endroits, felon qu'il luy eft convenable.

Mais il me femble que, pour concevoir cela plus
diftinctement, j'ay befoin de faire encore icy quelques réfléxions. Et premierement, que mon cerveau
eft d'une fubftance affez molle, pour recevoir avec
facilité differentes impreffions : mais que cette fubftance, toute molle qu'elle eft, n'eft pourtant pas fi
fluide, qu'elle n'ait quelque confiftence.

Secondement, que mes nerfs, n'étant qu'un allon-
gement de mon cerveau, dont la fubftance & les
enveloppes font étenduës jufqu'aux extrémitez de
mon corps ; tout ce qui l'environne ne peut toucher
leurs bouts exterieurs, qu'auffi-tôt leurs autres bouts
interieurs ne foient ébranlez dans le cerveau, & que
cet ébranlement eft different au dedans, felon que les
objets pouffent diverfement, les parties au dehors.

En troifiéme lieu, que les efprits qui remuënt dans

N ij

mon cerveau , comme les vapeurs de quelque liqueur enfermée dans un Eolipile , font diverfement agitez , felon que le cerveau eſt diverfement ébranlé.

En quatriéme lieu, que felon que cette agitation des eſprits eſt differente, ils vont heurter tantôt un endroit du cerveau , & tantôt l'autre ; & que felon la diſpoſition des pores ils s'inſinuënt dans un nerf, ou dans un autre, qui les conduit dans les muſcles du bras , dans ceux du pied , ou de toute autre partie , qui répond aux endroits par où ils font fortis du cerveau.

Ce que c'eſt que voir, à ne conſiderer que le corps.

Ainſi , lors que les raïons du foleil , ou ceux d'un flambeau reflechiſſant d'un objet s'inſinuënt dans mes yeux, & vont ébranler les filets du nerf optique , qui font répandus dans la retine ; cet ébranlement de chaque filet paſſant de l'extrémité du dehors à celle du dedans, y remuë le cerveau diverfement, felon que l'objet eſt nuiſible ou convenable à mon corps.

De forte que, s'il eſt nuiſible, l'ébranlement eſt tel, que, fuivant la proportion, que fon admirable Ouvrier, a miſe entre luy & tous les autres corps , les eſprits dont il eſt plein, l'ouvrent par les endroits répondans aux muſcles , qui fervent à tranſporter mon corps de maniere qu'il fe détourne de l'objet. Au contraire , fi l'objet eſt utile , le cerveau s'ouvre par les endroits, qui laiſſent couler dans les muſcles des eſprits propres à tranſporter mon corps vers cet objet.

Ce que c'eſt qu'ouïr.

De même, fi l'air qui eſt diverfement agité, felon

la difference des corps, qui le pouffent en fe pouffant les uns & les autres, venant à rencontrer la membrane qui eft tenduë dans le fond de mon oreille, excite les nerfs qui y répondent d'une certaine maniere; mon cerveau s'ouvrira de forte, que les.efprits couleront, où il eft befoin qu'ils aillent, pour approcher ou reculer mon corps de ceux dont le frappement a donné cette agitation à l'air.

Je conçois auffi que, fi certaines petites particules fe détachant des rofes, s'infinuënt dant les narines, & vont émouvoir certaines parties du cerveau, qui répondent à l'os cribreux; le cerveau, les efprits, & les mufcles pourront être incontinent difpofez de forte, que tout le corps avancera vers les lieux, où font les rofes. *Ce que c'eft qu'odorer.*

Enfin il pourra être que, fans l'entremife de la lumiere, de l'air, ou des petites particules, les corps qui environnent le mien, en émouveront les parties par eux-mêmes; & en ce cas, felon les differentes émotions qu'ils cauferont au dehors,& qui fe continuëront par l'entremife des nerfs jufqu'au dedans du cerveau, il s'ouvrira diverfement, felon qu'il fera neceffaire, ou de s'unir plus fortement à ces objets, ou de les rejetter, foit que ces corps touchent à la langue & au palais, ou à quelques extremitez du corps. *Ce que c'eft que toucher.* *Ce que c'eft que goûter.*

Que fi les objets, qui agiffent fur le cerveau, n'y font aucune impreffion confiderable, cela ne changeant rien à la fituation de fes parties, il ne s'ouvrira en aucun endroit, qu'en ceux qui ont coûtume de l'être pour le chemin des efprits qui fervent à faire

N iij

battre le cœur & toute la poitrine. Et le reste des esprits demeurant dant les cavitez du cerveau, ils y
tourneront comme des vapeurs enfermées dans un
Eolipile, qui font toûjours prêtes à s'échaper par quelque ouverture qu'on leur faffe.

Et ces chofes font fi neceffaires, qu'elles doivent
toûjours arriver ainfi; fi ce n'eft que les particules du
fang, qui montent du cœur au cerveau, foient plus
folides, ou plus échauffées, ou d'une autre figure qu'il
ne faut. Car en ce cas les parties du cerveau en étant
trop ébranlées, ne les peuvent contenir; & les laiffant
couler tumultuairement dans un mufcle, & puis dans
un autre, agitent tout le corps d'une maniere, qui ne
l'approche ni ne l'éloigne plus des autres corps, felon qu'ils luy font nuifibles ou convenables, mais
felon que les efprits ont pris leurs cours, par les paffages du cerveau, qu'ils ont forcez, dans les mufcles
les plus proches.

Jufqu'icy, il me femble que tout ce que j'ay obfervé de mon corps, luy pourroit arriver par la feule
conftruction de fes parties, & par le rapport qu'il a
avec les autres corps de l'Univers.

Ainfi je pourrois *voir*, c'eft-à-dire, avoir le cerveau
émû par les raïons qui reflechiroient des objets.

Je pourrois *ouïr*, c'eft-à-dire, avoir le cerveau émû
par l'air, qui feroit pouffé par des corps qui le frape-
roient.

Je pourrois *odorer*, c'eft-à-dire, avoir le cerveau é-
mû par les particules, qui s'évaporeroient ou s'exhale-
roient de certains corps.

Je pourrois enfin *goûter* & *toucher*, c'eſt-à-dire, avoir le cerveau émû par ce qui remuëroit les parties de ma langue ou de ma main; & n'avoir que du corps.

Je pourrois auſſi *avoir faim*, c'eſt-à-dire, que cer- *Ce que c'eſt que la faim, à ne conſide- rer que le corps.* taines artéres pourroient laiſſer couler une eau cou- pante, comme de l'eau forte, dans le fond de mon eſto- mac, laquelle picottant ſes membranes, exciteroit le nerf qui y répond, & enſuite le cerveau, de la ma- niere qu'il le doit être, pour laiſſer couler des eſ- prits dans les muſcles propres à tranſporter mon corps du côté où ſeroient les alimens, qui d'ailleurs pourroient émouvoir en même temps mon cerveau par l'entremiſe des yeux ou du nez.

Je pourrois auſſi *avoir ſoif*, c'eſt-à-dire, que cer- *Ce que c'eſt que la ſoif.* taines exhalaiſons ſéches, ſortant des choſes qui ſont renfermées dans mon eſtomac, & quelquefois des artéres ſituées le long de l'œſophage, pourroient s'at- tacher à la membrane qui s'étend depuis la bouche juſqu'à l'eſtomac, & me deſſécher le goſier de ſorte, que les nerfs qui y répondent, agitez pendant cette ſéchereſſe d'une autre façon qu'il n'eſt convenable à mon corps, pourroient exciter mon cerveau aux endroits répondans aux muſcles, dont l'action le peut conduire vers l'eau, ou vers les autres liqueurs, qui peut-être en même temps émouveroient mon cerveau par l'ébranlement qu'elles cauſeroient aux nerfs des yeux, du nez, ou de quelque autre partie de mon corps.

Je pourrois, dis-je, avoir toutes ces choſes, & n'a- voir que le corps.

Mais il n'eſt pas poſſible (ce me ſemble) que je les ſente, & que je m'en appercoive, dés qu'elles arrivent, ſans avoir une ame, & ſans que cette ame ſoit unie au corps, que je nomme le mien.

Et, afin d'examiner bien cecy, je commenceray par les choſes, que je ſens le plus vivement & le plus diſtinctement, pour en appliquer les notions à celles qui pourroient être plus confuſes, & qu'ainſi je ſois moins en danger de me tromper.

La douleur. Si j'ay de la *douleur*, lors qu'on me pique au bout du doigt, je ne puis dire que cela vienne ſimplement de ce que je ſuis un corps. Car, ſi je n'étois que cela, je pourrois à la verité avoir le bout d'un doigt entr'ouvert ; le dérangement de ſes parties pourroit être aſſez grand, pour faire paſſage au ſang des veines & des arteres qui y aboutiſſent ; & les nerfs qui s'y étendent, en étant ébranlez, pourroient communiquer un mouvement violent & convulſif à mon cerveau, y troubler le cours des eſprits, & les faire couler dans des muſcles qui feroient faire d'étranges mouvemens en tout mon corps. Je conçois même que les eſprits pourroient enfler les muſcles de la poitrine, de ſorte que comprimant le poulmon, ils en chaſſeroient tout l'air par la trachée-artére, qui, ſelon qu'elle ſeroit plus ou moins ouverte, pourroit cauſer des ſons plus ou moins aigus. Mais cela n'eſt pas ſentir.

Auſſi ſi je n'avois qu'une ame, je pourrois bien m'appercevoir de tout ce qui ſe paſſe dans le corps, que je viens de décrire, ſans prendre aucune part à la deſtruction de ce corps ; & n'ayant aucun interêt à ſa conſervation,

conservation, j'en connoîtrois le desordre, comme celuy de quelque autre machine, sans en recevoir aucune alteration fâcheuse. Et cela n'est pas sentir de la douleur.

Mais, il est certain que, si par la puissance qui a fait ce corps & cette ame, ils sont en telle disposition, qu'il y ait un rapport necessaire entre les pensées de l'une & les mouvemens de l'autre, en sorte que cette ame ait interêt que les mouvemens de ce corps soient toûjours justes, & les organes qui y servent, bien ordonnez; elle ne pourra s'appercevoir de l'état violent ou contraire à l'œconomie de ce corps qu'avec douleur.

Ainsi, si je sens de la douleur, ce n'est pas parce que j'ay un corps seulement, ou que j'ay une ame seulement; mais parce que l'un & l'autre sont unis.

Il en est de même de la volupté par la raison con- *La volupté.* traire.

Quant au chatoüillement, la maniere dont il ar- *Le chatoüil-* rive, m'en fait connoître la cause: car je voy que, *lement.* quand la même pointe, qui en entrant dans l'une de mes lévres, me feroit de la douleur, passe dessus comme en coulant, & sans y appuyer; je sens cela avec des émotions telles qu'on les a, lors qu'on voit un mal fort prochain, mais dont on croit être à couvert. En effet cette pointe semble menacer le corps de le détruire par l'endroit auquel elle est appliquée; & le mouvement du cerveau, qui commence d'en être ébranlé, fait craindre à l'ame ce qui pourroit luy causer une extréme douleur: mais tout aussi-tôt cette

O

pointe , quittant l'endroit qu'elle menaçoit, pour paſſer à un autre , & ainſi de ſuite , eſt cauſe (par ces
petits ébranlemens qu'elle fait en differentes parties
du cerveau, au lieu de ceux que l'ame appréhendoit)
que l'ame conçoit une volupté contraire au mal dont
elle étoit menacée. Et c'eſt ce qu'on appelle *chatoüillement* , qui peut être cauſé , non ſeulement par une
pointe, mais par une humeur , ou autre liqueur qui
s'épandra ſur une membrane. Enfin toute matiere, dont les parties ont des figures & des mouvemens tellement proportionnez à l'état du corps,
qu'elle ne les pique ou ne les meut qu'autant qu'il
faut , pour faire craindre la douleur , & pour ne la
pas faire ſentir, cauſera le chatoüillement , qui n'eſt
autre choſe que le plaiſir,que l'ame a de voir que ce
qui meut le corps , pour lors n'agit pas auſſi fort, qu'il
ſeroit neceſſaire pour le détruire ; ou de ce que le
corps eſt aſſez robuſte pour y reſiſter. Souvent il arrive que,pour perpetuer ce plaiſir , on frotte l'endroit
où quelque humeur chatoüille : ce qui luy cauſant
un plus grand mouvement, cauſe d'abord un ſentiment un peu plus fort , c'eſt-à-dire, une volupté plus
ſenſible. Mais enfin le mouvement devenant trop
grand, va juſqu'à la douleur , d'où vient que dans
les demangeaiſons ſi on ſe gratte, on ne ſçauroit éviter une extréme cuiſſon.

*Le ſenti-
ment de la
faim & de
la ſoif.*   Maintenant il m'eſt aiſé de reconnoître de la faim
& de la ſoif, les mêmes choſes que j'ay reconnuës de
la douleur & de la volupté. Car il eſt certain que, ſi
je n'avois que le corps , cette liqueur qui coule des

arteres, pour picoter les membranes de l'estomac, ou ces exhalaisons qui desséchent le gosier, pourroient faire tous les effets qu'elles produisent sur le cerveau, & l'obliger à s'ouvrir vers les endroits les plus convenables, pour faire que les esprits passant dans les nerfs, allassent dans les muscles, dont l'action peut transporter le corps vers les alimens ou vers l'eau : mais cela n'est pas sentir. D'ailleurs une ame pourroit s'appercevoir de tous ces mouvemens, soit de l'estomac, soit des esprits, soit de tout le corps, sans y prendre part ; & cela n'est pas sentir la faim. Mais quand mon ame, qui prend tant d'interêt à tout ce qui peut conserver mon corps en état d'être mû commodement, s'apperçoit qu'il a besoin d'aliment pour reparer les esprits dissipez, ou de rafraîchissement pour les calmer, ou enfin d'une liqueur qui fasse couler certaines parties trop arrêtées ; elle ressent une espece de mal, qui est different selon qu'il est causé par le défaut du manger, ou par celuy du boire.

Or je dois d'autant plus considerer ces effets de la faim & de la soif, que je croy que les alimens sont les causes des premieres passions, que mon ame ait ressenties, depuis qu'elle a été unie au corps. Et, pour le connoître, il faut que je fasse un peu de reflexion en cet endroit sur toutes les choses, dont il me semble que celle-cy peut être déduite.

Il est certain en premier lieu, que l'union d'un corps & d'une ame ne consiste, qu'en ce qu'il y a un raport si necessaire entre certaines pensées de cette

ame , & certains mouvemens de ce corps, que les uns
doivent neceffairement fuivre les autres.

De cette premiere obfervation , il fuit que mon
ame n'a pû être unie à mon corps , que lors que mon
cerveau a eu déja la meilleure partie de l'arangement,
qui le devoit rendre propre à ces mouvemens.

Il eft certain en fecond lieu , qu'à ne confiderer
que le corps , il n'y a que deux chofes, qui puiffent
caufer les differens mouvemens du cerveau : fçavoir
la difference des efprits, qui y montent inceffamment
du cœur , ou celle des objets , qui en agitant les
nerfs des extremitez , tranfmettent leur action dans
le cerveau.

Par cette feconde obfervation , il eft évident que,
fi mon corps a été d'abord dans un lieu , où la difference des objets ne pût rien changer dans le cerveau
par leur action , (comme j'ay occafion de le croire par
des raifons, que je n'examine pas maintemant) mon
cerveau n'a pû être difpofé comme il l'étoit , quand
mon ame a commencé d'y être unie , que par le cours
des efprits ; & que ces efprits ne l'ont bien ou mal difpofé , qu'autant qu'ils ont été , ou convenables , ou
nuifibles à tout le corps.

Cela pofé, je conçoy nettement que, rien ne pouvant être plus convenable , ou plus nuifible à mon
corps, avant qu'il fût uni à l'ame, que ce qui fervoit
à le nourir ; mon cerveau n'étoit jamais mieux difpofé , que lors que quelque bon aliment , ou quelque
fang loüable paffoit dans le cœur. Car alors il verfoit
dans les arteres dequoy porter partout une bonne

nourriture, & n'envoyoit au cerveau que des efprits
convenables, qui y tournoyant, n'ont rencontré
aucun endroit dont les pores fuffent ajuftez à
leur figure, que ceux qui répondoient aux mufcles voifins des parties, d'où ce bon aliment ou
ce fang loüable venoit dans le cœur. Si bien qu'ils
ont coulé dans les mufcles, & les ont enflez comme
ils le devoient être, pour épraindre ces parties, &
faire couler vers le cœur le fuc dont elles étoient
pleines.

Je conçoy de même que, fi cet aliment ou ce fang
ont été mauvais, un effet tout contraire a dû arriver : c'eft-à-dire, que le cerveau, étant plein d'efprits
differens de ceux dont je viens de parler, foit par la
groffeur, foit par la figure, ou par l'agitation, étoit
ouvert en d'autres endroits, & laiffoit couler ces efprits en d'autres mufcles.

Enfin je conçoy que, quoy que ces effets fuffent
differens, felon que leurs caufes étoient differentes;
neanmoins toute la fabrique du cerveau fe rapportant à toutes les autres parties, autant qu'il eft neceffaire pour la confervation de tout le corps, les
efprits devoient couler vers les parties, d'où venoit l'a-
liment ou le fang : tantôt pour faire en les épraig-
nant, qu'elles en envoyaffent davantage, s'il étoit
bon ; & tantôt pour faire, en comprimant les paffages, qu'elles en envoyaffent moins, s'il étoit mauvais.

Et voilà ce qui devoit neceffairement arriver par *La caufe des premie-res paffions de l'ame.*
la feule conftruction du corps. Mais, quand l'ame a

O iij

commencé d'y être unie, il est évident que cette
bonne ou mauvaise disposition du cerveau n'a pû arriver, qu'elle ne l'ait sentie, & qu'en même temps
elle n'ait éprouvé une volupté ou une douleur telle que
maintenant elle la sent, lors qu'il arrive quelque chose
qui peut être utile ou nuisible au corps. Peut-être
même en a-t'elle eu pour lors un sentiment plus fort
qu'elle ne l'éprouve à present, parce qu'elle étoit
moins divertie par les objets. Outre cela, comme elle
s'est fort interessée en tout ce qui concernoit le corps,
dés les premiers momens de leur union, elle a sans
doute voulu, selon que cet état étoit bon ou mauvais, tout ce qui pouvoit faire qu'il continuât ou
qu'il cessât. Et, comme pour lors tous les mouvemens differens, à l'occasion desquels elle avoit de
fâcheuses ou d'agreables sensations, venoient seulement (comme je le vient de remarquer) de la difference des esprits, elle ne souhaitoit rien que ce qui
pouvoit, ou les changer, ou les entretenir ; & par
ce rapport si necessaire, qui se trouve entre ses volontez & les mouvemens du cerveau, il étoit disposé par la puissance qui les unit, comme il falloit qu'il le fût, pour laisser couler les esprits dans les
muscles voisins des parties, d'où l'aliment ou le sang
venoit au cœur, afin de l'en exprimer, ou de l'y retenir. Tellement qu'outre la disposition naturelle de
tout le corps, qui seule pouvoit produire cet effet,
& qui le produisoit avant que l'ame y fût unie ; cette volonté de l'ame qui y est survenuë, a été une nouvelle occasion au cerveau de s'ouvrir, & aux esprits

de couler dans les muscles des parties, d'où venoit l'aliment ou le sang, afin de presser ou de retarder son cours, selon qu'il étoit salutaire pour tout le corps. Ce doit être-là sans doute la veritable cause de ses premieres passions; & cela posé, je n'en vois aucune, dont il ne me semble facile d'expliquer la naissance & les effets.

Ainsi la premiere fois que mon ame a senti l'Amour comme une passion, depuis qu'elle est unie au corps, ç'a été lors qu'il a passé dans le cœur un nouvel aliment, dont les particules montant au cerveau, n'ont composé que des esprits loüables. Car alors elle s'est unie de volonté à cet aliment, c'est-à-dire, elle a voulu qu'il continuât de couler dans le cœur; & pour cet effet les esprits ont couru dans les muscles de l'estomac, des intestins, & de tous les conduits du chile, & l'ont fait couler abondamment vers le cœur. *L'Amour.*

Je ne pense pas me tromper, lors que je dis que c'est la premiere fois que mon ame a ressenti l'Amour comme une passion. Car je conçoy bien qu'étant separée du corps, elle pourroit aimer beaucoup, & même infiniment, sans que cela se dût appeller passion: mais je croy ne devoir icy donner ce nom qu'aux alterations, que mon ame souffre à cause du corps. Je croy même ne le devoir pas donner indifferemment à toutes les sensations, bien que toutes soient des changemens qui arrivent en elle, à cause du corps; & quoy que ce mot de *passion* doive, étant pris generalement, signifier jusqu'aux moindres chan- *Ce qu'on doit entendre par le mot de Passion.*

gemens ; neanmoins on ne l'entend ordinairement
que des plus confiderables, tels que font ceux qui
arrivent en l'ame par la fubite agitation des efprits.

D'ailleurs, je dis que quelque bon aliment a dû être
la premiere caufe de cette paffion, & non pas un fang
loüable : nommant icy aliment, ce qui paffe dans le
cœur pour la premiere fois ; & fang ce qui a déja circulé.

Et il ne faut pas s'étonner de ce qu'elle fouffre de
plus grands changemens, lors que les efprits font agitez, que quand les nerfs font fimplement excitez
par les objets. Car cette agitation des efprits inte-
reffe tout le corps, qui ne reçoit fes mouvemens que
d'eux ; & comme c'eft à ces mouvemens que les penfées de l'ame ont ce rapport, qui fait toute fon
union avec le corps, il n'eft pas étrange que les changemens, qu'elle fouffre à l'occafion des efprits, foient
les plus confiderables de tous ceux qui peuvent arriver en elle.

Mais, pour entendre cecy, il faut remarquer que tout
ce qui entre de nouveau dans le corps, n'en fait
point encore partie, tant qu'il demeure dans les vifceres, qui ne fervent qu'à préparer fa nourriture. Par
exemple, un boüillon ne fait non plus partie de l'eftomac, quand il y eft defcendu, qu'il le faifoit du pot
dont on l'a tiré ; &, s'il y reçoit quelque changement
par les matieres qui s'y mêlent, ou par la chaleur des
entrailles, il eft certain que la même chofe luy pourroit arriver en tout autre vaiffeau. On en peut dire

de

de même, lors qu'il a passé dans les veines lactées,
& enfin dans ce conduit, qui le méne jusqu'au cœur.
Mais, quand il a passé dans le cœur, & qu'il y a reçû
un dernier changement, qui l'a rendu propre à reparer les organes ou les esprits, il commence à devenir une partie necessaire & veritable du corps.
D'où il resulte que, tandis qu'il est dans l'estomac,
dans les veines lactées, & dans le conduit du chile,
on ne peut pas dire qu'il soit effectivement uni à
l'ame : mais elle peut bien s'unir de volonté à cet
aliment, c'est-à-dire, vouloir qu'il devienne effectivement une partie du corps, auquel elle est déja unie.
Au lieu qu'elle n'a pas occasion de vouloir la même
chose à l'égard du sang qui a circulé : car, comme
il luy est uni autant qu'il le peut être, elle n'a pas
sujet de s'unir à luy de volonté ; & ainsi, s'il est capable de luy causer quelque passion, ce doit être une
autre passion que l'amour.

. Je dis enfin, que s'étant unie de volonté à cet aliment, c'est-à-dire, (suivant la nature de l'amour,
qui fait que l'on veut toutes choses convenablement
à ce qu'on aime) ayant voulu que cet aliment, qui
étoit convenable au corps qu'elle aime, continuât
de couler dans le corps ; il est arrivé que les esprits
ont couru dans les muscles de l'estomac & des conduits, par où les choses qui arrivent de nouveau dans
le corps, ont coûtume d'aller au cœur, pour en faire
couler le suc avec plus d'abondance : ce qui me semble assez clair, pour n'avoir pas besoin de m'y arrêter
davantage. Mais je dois prendre garde que, comme ce

fuc n'étoit point encore entré dans le cœur, fes parties
étant plus groſſieres & moins atténuées, que celles du
fang qui a déja circulé, elles ont dû s'y mouvoir avec
plus d'effort. Ainſi la chaleur a dû croître en l'eſtomac,
& même en la poitrine, à cauſe des conduits par où
le nouveau fang eſt obligé de paſſer, ſuivant l'ordre
de la circulation, pour aller du ventricule droit, au
ventricule gauche du cœur.

Enfin, comme toute la liaiſon du corps & de l'ame
(ſuivant ce que j'ay dit, & qui ne ſe peut trop repeter) conſiſte dans le rapport des penſées de l'une, &
des mouvemens de l'autre; & que ce rapport eſt tel,
que dés qu'une penſée a été jointe à un mouvement
du cerveau, jamais l'ame n'a cette penſée, par quelque occaſion que ce ſoit, que ce mouvement ne ſoit
excité de nouveau : il s'enſuit que le premier amour,
ayant eu pour objet un ſuc alimentaire, dont le cours
ne pouvoit continuer ſans les mouvemens du cerveau,
de l'eſtomac, des inteſtins, du cœur & de la poitrine,
ces mêmes mouvemens ne manquent point d'être excitez dans le corps, dés que l'ame reſſent la même paſſion, pour quelque objet qu'elle la reſſente.

En effet, on ſent en cet état que le battement du
poux eſt plus grand & plus égal que de coûtume;
qu'une douce chaleur coule dans la poitrine; & que
la digeſtion ſe fait promptement dans l'eſtomac. Ce
qui arrive, parce que le nouveau ſuc étant pouſſé a-
vec force de l'eſtomac & des inteſtins, le cœur envoye du ſang, dont les parties ſont plus groſſieres & plus
agitées qu'à l'ordinaire dans toutes les arteres, d'où

vient que le poux eſt plus grand. Mais, comme les
parties de ce nouveau ſuc ſont plus égales que celles
du ſang ordinaire, par les raiſons que j'expliqueray
incontinent, le poux des arteres eſt égal. Enfin il eſt
évident que, le cœur envoyant pour lors des eſprits
plus forts & plus agitez vers le cerveau, ces eſprits
y doivent fortifier l'impreſſion de l'objet aimé :
c'eſt-à-dire, qu'étant propres à faire continuer
la diſpoſition du cerveau, qui accommmpagne la
paſſion, où eſt l'ame, quand elle aime quelque objet,
ils font que la penſée de l'objet ſe fortifie, & que l'ame
s'y arrête davantage. Ainſi, tant que l'ame eſt unie au
corps, elle ne peut aimer aucun objet, qu'auſſi-tôt les
eſprits du cerveau, & les autres parties du corps, qui
ont la premiere fois excité en elle une ſemblable penſée, ne ſoient excitez par cette penſée, & ne ſervent
enſuite à la fortifier.

Que ſi quelquefois, au lieu d'un bon aliment, il *La haine.*
eſt venu de l'eſtomac & des veines lactées, un ſuc
dangereux au cœur & au reſte du corps ; il faut conſiderer que, quand même il n'y a eu que le corps, le
cerveau s'eſt diſpoſé de ſorte, que quelques eſprits
ont coulé vers les muſcles de ces mêmes parties, non
plus comme il falloit pour les épreindre, & en faire
couler le ſuc vers le cœur ; mais au contraire, pour
empêcher que ce mauvais ſuc y fût porté, & ſouvent
pour faire que l'eſtomac s'en déchargeât en le vomiſ-
ſant (ce qui pourtant n'a pû arriver dans ces premiers
temps) tandis que d'autres eſprits ont coulé vers les
petits muſcles voiſins de la ratte, & vers la partie in-

ferieure, où eſt la bile. Tellement que le ſang & l'humeur de ces deux parties, en ſont ſortis avec abondance; & ſe mêlant au ſang du rameau de la veine-
cave, dansle cœur, ils ont cauſé de grandes inéga-
litez dans ſes battemens & dans le poux des arteres:
car le plus gros ſang de la ratte, s'échauffant difficilement, & celuy du fiel s'échauffant fort vîte, ils ont dû
produire des eſprits fort inégaux, & des mouvemens
extraordinaires dans le cerveau.

Or ces mouvemens qui, lorſqu'il n'y avoit que le
corps, étoient excitez dans le cerveau, à l'occaſion
d'un mauvais aliment, n'y ont pû être excitez, quand
l'ame a été unie au corps, qu'elle n'en ait eu une fâ-
cheuſe ſenſation, ou qu'elle n'ait eu de la haine
pour cet aliment, c'eſt-à-dire, qu'elle ne s'en ſoit ſe-
parée de volonté, & n'ait voulu tout ce qui pouvoit
empêcher,qu'il ne devint une partie du corps auquel
elle eſt unie. Ainſi, outre la diſpoſition naturelle du
corps, ſuivant laquelle le cerveau ſe devoit ouvrir
aux endroits par où les eſprits pouvoient couler dans
les muſcles, dont l'action pouvoit empêcher que ce
mauvais aliment ne vint juſqu'au cœur, ou faire que
l'eſtomac s'en déchargeât, & vers les viſceres, d'où
il pouvoit venir un aliment moins nuiſible; il eſt arrivé, lors que l'ame a été unie au corps, qu'elle a
voulu que cela fût: ce qui a fait que toutes choſes
s'y ſont plus fortement diſpoſées, à cauſe du rapport,
que les mouvemens du cerveau ont avec ſes volontez. Et cette penſée, qu'elle a euë en cette premiere
haine, s'eſt tellement jointe à tous les mouvemens

qui l'ont excitée, que jamais enfuite il n'eſt arrivé à l'ame de haïr aucun objet, que les mêmes mouvemens ne ſe ſoient excitez dans le cerveau, & dans tout le reſte du corps.

Auſſi eſt-il certain que dans la haine on a le poux inégal, plus petit & ſouvent plus vîte. On ſent des froideurs entremêlées de chaleurs âpres & piquantes; & loin de faire digeſtion, l'on ſe ſent preſque toûjours ſollicité à vomir.

Quant à la premiere joye, elle peut être arrivée *La joye.* de ce que le corps, n'ayant pas eu beſoin d'un nouvel aliment qui vint de l'eſtomac & des inteſtins, ni de celuy que la ratte ou la veſicule du fiel fournit lors qu'il y a diſette d'aliment, a pû ſubſiſter par le ſang, déja coulant dans les artéres, & dans les veines. Car en cet état, par la ſeule diſpoſition du corps, quelques eſprits, au lieu de couler du cerveau vers les endroits répondans à l'eſtomac, aux inteſtins, à la ratte & au foye, ont été vers les endroits des veines, & les ont preſſées au ſens qui étoit le plus propre, pour faire couler vers le cœur le ſang, dont elles étoient pleines: c'eſt ce qui eſt arrivé, quand il n'y a eu que le corps.

Mais, lors que l'ame y a été jointe, une ſi belle diſpoſition n'a pû être dans toute l'habitude du corps, & principalement du cerveau, que l'ame n'en ait eu de la joye, c'eſt-à-dire, qu'elle n'ait eu cette extreme ſatisfaction que l'on a, quand on ſçait que rien ne manque à ce qu'on aime parfaitement, & qu'il a en ſoy tout ce qui le peut conſerver dans un état convenable à sa nature. Et enfin cette penfée de l'ame a été fi bien jointe à cette difpofition interieure du cerveau, dans ce moment, que depuis l'ame n'a pû avoir de joye, qui n'ait excité une femblable difpofition dans le cerveau, & de-là dans tout le corps.

Auffi voyons-nous que dans la joye, les efprits, coulant vers les mufcles qui font auprés des veines & des parties exterieures, & non pas vers ceux des vifceres, de l'eftomac, du foye & de la ratte, pouf-fent tout le fang des veines vers le cœur, dont les ori-fices étant ouverts par d'autres efprits qui coulent par les nerfs qui y répondent, y laiffent entrer le fang avec abondance. Et, comme ce fang a déja paffé plufieurs fois des arteres aux veines, il fe dilate plus aifément dans le cœur; & les efprits que le cœur envoye au cer-veau, font plus égaux & plus fubtils. D'où vient que durant la joye le poux eft plus égal & plus vite qu'à l'ordinaire, fans être toutefois fi fort ni fi haut que dans l'amour; & l'on fent une chaleur agreable, non feulement dans la poitrine, comme en l'amour, mais par tout à l'exterieur, où le fang eft abondant. On a même pour l'ordinaire moins d'appetit, à caufe que fortant peu de chofes des inteftins & de l'eftomac, & le fang qui eft dans le corps, pouvant fervir à fa nourriture & à l'entretien des efprits, il n'y a pas oc-cafion d'appeter de nouveaux alimens.

La triftesse.   La trifteffe au contraire a pû venir de ce que le cœur ne recevant plus d'aliment de l'eftomac & des inteftins, parce qu'ils étoient vuides, ni du fang des veines, parce qu'il y en avoit peu dans tout le corps, les efprits ont coulé vers la ratte & vers la veficule du fiel, qui n'envoyant que des humeurs contraires à tout le corps, ont fait que quelques efprits coulant par les nerfs qui répondent au cœur, en ont retreffi les orifices, afin qu'il n'y entrât de ce mauvais fang, qu'autant qu'il en falloit pour entretenir la vie.

C'eft ce qui a pû arriver, quand il n'y a eu que le corps : mais, lors que l'ame y a été jointe, une fi mauvaife difpofition n'a pû être dans toute l'habitude du corps, & principalement du cerveau, que l'ame n'en ait eu de la triftelfe, c'eft à-dire, cette extréme fâcherie que l'on a, quand on voit que prefque tout manque à ce qu'on aime parfaitement, & qu'il n'a prefque rien en foy, qui ne luy foit nuifible.

Et enfin cette penfée de l'ame a été fi bien jointe à cette difpofition interieure du cerveau, dans ce moment, que depuis l'ame n'a pû avoir de triftelfe, pour quelque caufe que ç'ait été, qui n'ait excité une femblable difpofition dans le cerveau, & de-là dans tout le corps.

Auffi voyons-nous que dans la triftelfe les orifices du cœur font retreffis, & que fans qu'il vienne que peu de fang des veines, il n'y a prefque que la ratte ou la veffie du fiel qui envoyent leurs humeurs vers le cœur; & cependant les paffages de l'eftomac & des inteftins demeurent ouverts, en forte que ce qu'ils contiennent, coule promptement vers le bas, fans paffer en nourriture. D'où vient que, quand on eft trifte, le poux eft lent & foible : on fent comme des liens autour du cœur qui le ferrent, & quelquefoisdes glaçons qui le

gelent , & qui communiquent leur froideur à tout le
corps. Cependant on ne laiſſe pas d'avoir bon appetit,
& de manger beaucoup, ſans que l'on puiſſe engraiſ-
ſer : ce qui arrive, lors que l'on a ſimplement de la triſteſſe , & qu'il n'y a point d'autre paſſion mêlée à celle-
là , comme la haine.

Il eſt évident par l'examen, que j'ay fait de ces quatre paſſions , qu'elles n'ont été excitées la premiere
fois que par des choſes qui ſe paſſoient dans le corps
même. Car on voit que leurs premieres cauſes ont été,
ou bien un nouvel aliment , qui ſelon qu'il étoit convenable ou nuiſible , a diſpoſé les eſprits à courir aux
parties d'où il venoit ; ſoit pour luy faciliter un paſſage au cœur, comme dans l'amour ; ſoit pour le luy
fermer , comme dans la haine : ou bien le ſang des
veines qui , ſelon qu'il a été abondant , ou en petite
quantité, a cauſé le different cours des eſprits vers les
extremitez du corps , & vers les orifices du cœur, ſoit
pour les élargir , comme dans la joye , ou pour les
rétreſſir , comme dans la triſteſſe. Et par ce moyen je
vois clairement que les premieres cauſes de ces quatre
paſſions ſont dans le corps même, & qu'il peut , ſans
être tranſporté d'un lieu en l'autre, en reſſentir tous les
effets.

Le deſir.   Mais le deſir n'a pû naître, que de ce qu'il a été neceſſaire que le corps fût tranſporté du lieu où il étoit,
vers quelque autre , ſoit pour éviter quelque choſe
qui l'auroit détruit , ſoit pour l'approcher de quelqu'autre , qui pouvoit ſervir à ſa conſervation.
Et toutes les parties exterieures , ou quelques-unes
d'elles,

d'elles, ayant été ébranlées immediatement par les corps environnans, ou par d'autres plus éloignez, ont émû le dedans du cerveau par le moyen des nerfs. De sorte que les esprits ont cessé de couler vers les intestins & vers l'estomac, d'où vient le nouveau suc, & vers la ratte & le foye, d'où vient l'aliment au défaut de ce nouveau suc, & même vers les veines, d'où vient le sang le plus propre à l'entretien de la vie. Et ces esprits ont été portez avec effort & en abondance dans tous les muscles, qui servent à transporter le corps vers les endroits, où il luy est le plus utile d'être, ou à le mettre en la situation qui luy est la plus commode ; & cela a pû être ainsi, quand même il n'y a eu que le corps. Mais, depuis que l'ame y a été unie, elle n'a pû être avertie par les impressions interieures, qu'avoit fait dans le cerveau l'ébranlement des parties du dehors, qu'elle n'ait souhaité que le corps fût transporté vers les lieux, où il étoit besoin pour luy qu'il le fût, & qu'il quittât ceux où il ne pouvoit demeurer sans peril. On a nommé *Desir* la pensée, qu'elle a eu de suivre ce qui pouvoit servir au corps, & *Crainte* celle qu'elle a eu d'éviter ce qui luy pouvoit nuire : l'une & l'autre pensée n'étant pourtant que la même, à vray dire.

Et cette pensée de l'ame a été si bien jointe à la disposition interieure, où étoit tout le cerveau dans le premier moment qu'elle a été excitée en l'ame ; que depuis ce temps l'ame n'a pû avoir aucun desir pour quoy que ce soit, qui n'ait excité une semblable dispo-

Q

sition dans le cerveau, & de là dans tout le corps.
Aussi voyons-nous que dans le desir, les esprits coulent avec effort vers les muscles qui servent à mouvoir tout le corps. D'où vient que souvent, quoy
que l'on ne croye pas pouvoir obtenir la chose qu'on
souhaite, en allant vers l'endroit où l'on sçait qu'elle
est, neanmoins on est sujet à marcher comme pour
y aller ; ou si l'on se tient en une place, on sent d'ex-
trémes agitations au cœur, & les particules, qui exhalent du sang qui s'y échauffe extraordinairement,
montent avec tant d'impetuosité au cerveau, & coulent si vîte de là dans les muscles, qu'à peine se peut-
on contenir.

Ayant ainsi distingué dans la douleur, dans la volupté, dans le chatoüillement, dans la faim, dans la
soif, & dans toutes les passions principales, comme
sont l'amour, la haine, la joye, la tristesse, & le desir,
ce qu'il y a de la part du corps & de celle de l'ame ; il
me semble reconnoître évidemment, que s'il y a des
corps au monde, qui sans être unis à des ames, soient
mouvans & mobiles (ce que je sçay être possible, puis
que je sçay que mon ame ne cause ni la vie, ni les
mouvemens de mon corps) ces corps sans ames
pourroient avoir tous les mouvemens de la douleur,
de la volupté, du chatoüillement, de la faim, de la soif,
de l'amour, de la haine, de la joye, de la tristesse, du
desir, & de la crainte, sans qu'il fût besoin qu'ils en
eussent les sentimens. Mais, sans prévenir cette difficulté, qui commence à ne m'être plus considerable,
& sans sortir si-tôt de moy-même, je veux tâcher de

reconnoître dans les autres effets, qui proviennent de l'union du corps & de l'ame, ce qu'il y a précisément de l'un & de l'autre.

Dans *la vision*, par exemple, il est facile de concevoir, que s'il n'y avoit que le corps, les rayons du soleil, ou d'un flambeau, reflechissant des objets d'une maniere differente, pourroient exciter diversement les filets du nerf optique, qui sont répandus dans le fond de l'œil ; & que cet ébranlement, continuant jusques dans le cerveau, luy donneroit aussi un ébranlement tel que, suivant le rapport que l'Ouvrier admirable qui l'a composé, a mis entre le cerveau & les objets qui entourent le corps, il s'ouvriroit en differens endroits, selon qu'il seroit à propos de s'arrêter en la presence de ces objets, ou de s'en approcher ou de les fuïr ; & tout cela se feroit sans appercevance, sans sentiment, & sans choix.

Mais, lorsqu'une ame est unie au corps, comme il est de la nature de l'ame de penser, il est convenable qu'elle s'apperçoive des choses qui ont causé l'ébranlement du cerveau ; qu'elle sente même quelque alteration en elle, suivant que l'objet est utile ou nuisible au corps ; & que choisissant ce qui est plus expedient au corps, elle souhaite qu'il demeure, ou qu'il soit transporté proche ou loin des objets, qu'elle apperçoit par son entremise.

Et il est bon de remarquer icy, que la sensation de l'ame en la vision, est tellement jointe à certains mouvemens interieurs du cerveau, que s'il y a quelquechose qui arrête vers le milieu du nerf optique,

Q ij

le mouvement que les rayons de la lumiere ont caufé dans les bouts de ce nerf qui font au fond de l'œil,
en forte que les extrémitez du même nerf, qui font
au dedans du cerveau, n'en foient point ébranlées;
l'ame n'aura point de fenfation de lumiere. Et c'eft
tellement à l'ébranlement de ces parties interieures du
cerveau que la fenfation de la lumiere eft jointe, que
fi quelque chofe ébranle ces parties interieures du cerveau, tout auffi-tôt l'ame a les mêmes fenfations
qu'elle auroit en la prefence du foleil, d'un flambeau ou d'un feu. Et en effet, lorfque quelqu'un fe
frappe rudement contre un mur dans quelque lieu
fort obfcur, l'ébranlement que le coup donne à tout
le cerveau, venant à émouvoir les parties à l'occafion du mouvement defquelles l'ame a la fenfation
de la lumiere, fait qu'elle a les mêmes fenfations
qu'elle auroit en la préfence de mille chandeles.

Il faut encore obferver une feconde chofe, qui eft
que l'ame ne rapporte pas fa fenfation à ce qui la caufe immediatement: car fi cela étoit, il eft conftant
que toutes les fenfations luy arrivant à l'occafion des
mouvemens interieurs du cerveau, elle devroit toutes les rapporter aux parties interieures du cerveau.
Mais au contraire, il a été bon que l'ame rapportât
fes fenfations aux endroits, d'où ces ébranlemens ont
coûtume de proceder. Et, comme il eft utile au
corps que le cerveau puiffe être ébranlé de loin par
l'entremife des corps fubtils, qui font entre luy & les
objets, & d'être difpofé ou à les fuïr, ou à les aborder,
felon qu'ils luy font convenables: de même il eft

utile à l'ame de rapporter la senſation,qui luy eſt cau-
ſée par l'ébranlement des parties interieures du nerf
optique, aux objets qui les ont excitez par l'entremiſe des rayons.

Ce n'eſt pas que quelquefois cela ne ſoit fautif,
comme nous l'avons vû par l'exemple de ceux à qui
quelque grand coup fait voir des chandeles; & comme on le peut voir par l'exemple de ceux, qui en dormant voyent comme hors d'eux, pluſieurs objets, qui
ne leur ſont pas preſens. Car, encore que dans le premier exemple cela arrive parce que le cerveau eſt é-
branlé par le coup,comme il le ſeroit par des chandeles; & dans le ſecond, parce que quelques eſprits cou-
rant dans le cerveau, ont ébranlé les parties que les objets qu'on voit dans le ſonge,ébranleroient,s'ils étoient
preſens, il eſt certain que rien ne pouvoit être mieux
ordonné que de faire que l'ame n'eût ſes senſations,
qu'à l'occaſion des mouvemens interieurs du cerveau,
& qu'elle ne les rapportât qu'à ce qui les a cauſez.

Il étoit bon, dis-je, qu'elle n'eût ſes senſations, qu'à
l'occaſion des mouvemens du cerveau : car tout ce
qui agit ſur les extrémitez du corps, devant porter
ſon action juſques-là, avant que les eſprits puiſſent
prendre aucun cours pour tranſporter le corps, ſelon
qu'il luy eſt utile d'être tranſporté; il étoit raiſonnable que l'ame s'apperçût juſtement en cet inſtant de
ce qui affecte le corps, afin de pourvoir à ſes beſoins,
& qu'elle pût aider cette diſpoſition organique & naturelle qu'il a pour ſa conſervation. Enfin il eſt
bon qu'elle ne rapporte pas ſa senſation à la partie in-

Q iij

terieure du cerveau qui l'a excitée , mais à l'objet qui
en a été la premiere cause , comme en la vision ; ou
quelquefois à des parties du corps même , comme
nous le verrons dans la suite.

L'ouïe,   L'on peut connoître les mêmes choses dans *l'Ouïe* :
car il est certain que, s'il n'y avoit que le corps , l'air
battu d'une certaine façon par les corps qui se frois-
sent , ou sortant diversement de plusieurs trous , pourroit fraper diversement la membrane de l'oreille ; &
cette membrane pourroit exciter le nerf de la cinquiéme conjugaison , par un ébranlement , qui continuant
jusqu'aux parties les plus interieures du cerveau , le
disposeroit comme il seroit à propos qu'il le fût , pour
le salut de tout le corps , en le faisant ouvrir aux endroits par où les esprits pourroient couler dans les
muscles , d'une maniere à faire arrêter le corps , & à
l'approcher ou le reculer des objets , qui auroient été
les premieres causes de cet ébranlement dans le cerveau. Et tout cela se feroit sans appercevance , sans
sentiment , & sans choix.

Mais on conçoit que l'ame étant unie au corps ,
comme sa nature est de penser , il est convenable qu'elle s'apperçoive des choses qui ont causé cet ébranlement du cerveau ; qu'elle sente même quelque alteration en elle , selon que l'objet est utile ou nuisible
au corps ; & que choisissant ce qui est plus expedient
au corps , elle souhaite qu'il en soit approché ou reculé. Enfin on voit qu'il est plus expedient à l'ame en
cette sensation , aussi-bien qu'en la vision , de la rapporter plûtôt à l'objet , qui en est la premiere cause ,

qu'à l'ébranlement du cerveau, qui l'a immediatement excitée.

Cela se peut aussi appliquer à *l'Odorat* ; puisque L'Odorat,
l'on voit que les petits corps qui exhalent d'une rose,
ou d'un bourbier, étant differens, ils ébranlent diversement les parties du cerveau, qui aboutissent à l'os
cribreux ; & que cet ébranlement, passant dans le fond
du cerveau, le dispose comme il faut qu'il le soit, ou
pour faire que les esprits aillent dans les muscles qui
peuvent servir à éloigner le corps du bourbier, ou
pour le faire avancer vers la rose, selon que les odeurs
sont utiles ou nuisibles au cerveau. Et l'on conçoit aisément que tout cela pouvant arriver, quand il n'y
auroit que le corps, se feroit sans appercevance,
sans sentiment, & sans choix.

Mais on conçoit que l'ame étant unie au corps, il
est convenable qu'elle s'apperçoive des choses qui ont
causé l'ébranlement du cerveau ; qu'elle sente elle-
même quelque changement different, selon les differens effets que ces choses ont produits dans le cerveau;
& que choisissant ce qui luy est le plus propre, elle souhaite qu'il en soit approché ou reculé. Et l'on voit
qu'il est plus expedient à l'ame de rapporter cette sensation à l'objet qui l'a causée, qu'à aucune partie du
corps, ni même au dedans du cerveau, quoy que ce
soit par son ébranlement qu'elle soit excitée,

Il en est de même du *Goût* : car certaines particules Le Goût
de viandes s'insinuant dans les pores de la langue &
du palais, y ébranlent les nerfs de la troisiéme & de
la quatriéme conjugaison ; & cet ébranlement agitant

diverfement le cerveau , felon la diverfité des parties qui l'ont caufé , fait qu'il s'ouvre aux endroits,
d'où les efprits peuvent couler en même temps vers
les glandes , qui renferment une eau , dont les parties font telles , qu'en fe mêlant aux viandes , elles peuvent fervir,en les délayant,à faciliter leur paffa-
ge dans l'œfophage , & vers les mufcles deftinez à
remuer les machoires & les dents qui doivent fervir
à faire la premiere refolution des viandes folides. Il
peut auffi être que les viandes foient mêlées de petites
parties , dont les figures ébranleront les nerfs de la
langue & du palais , d'une maniere qui difpofe le cerveau à envoyer des efprits dans les mufcles , comme
il faut qu'ils y foient,pour faire rejetter les viandes
de la bouche. Et tout cela pourroit arriver , quand il
n'y auroit que le corps , & fans qu'il fût befoin d'appercevance , de fentiment , ou de choix.

Mais l'ame étant unie au corps , on voit qu'il eft
bon qu'elle s'apperçoive de l'aliment ; qu'elle le fente;
& que choififfant ou de le laiffer , ou de le prendre ,
elle fouhaite que le mouvement des efprits fe conforme à l'un ou à l'autre de ces effets.

Au refte, il eft fi vray que, fi elle n'étoit point
unie au corps, cette feule conformation feroit rejetter
les viandes de mauvais goût (c'eft-à-dire , celles dont
les parties , en mouvant les nerfs du palais & de la
langue, affectent mal le cerveau) que fouvent, quand
on veut abfolument fe forcer à manger certaines chofes , contre les difpofitions qu'elles ont caufées dans
le cerveau ; on voit qu'on a mille peines à le difpofer

poſer à laiſſer couler les eſprits où il faut qu'ils coulent, pour faire avaler ce qu'il étoit prêt à rebu-
ter. Et, ſi l'Ame (dont les ſouhaits ſont plus puiſſans
ſur les endroits du cerveau, qui répondent aux muſcles deſtinez à remuer certaines parties exterieures)
fait que cette viande entre dans le goſier, comme elle
peut beaucoup moins ſur les endroits répondans aux
muſcles interieurs, qui ne ſont que pour émouvoir
les viſceres; il arrive ſouvent que, dés que la viande
eſt dans l'eſtomac, les eſprits coulent abondamment
du cerveau vers tous les muſcles, dont l'action peut
en ſoûlevant le ventricule, l'obliger à s'en décharger
par le vomiſſement. A quoy l'Ame même conſent,
quand les mouvemens de l'eſtomac ont ébranlé le cerveau, d'une maniere, dont elle reçoit de fâcheuſes ſenſations : car alors, quoy qu'elle ait voulu que la viande entrât dans l'eſtomac, elle ne peut s'empêcher de
conſentir au cours, que prennent les eſprits pour les
faire ſortir, quand elle en reſſent de grandes douleurs.

Au reſte, il y a cela de notable, que l'Ame ne rapporte point cette ſenſation, non plus que les autres,
aux parties du cerveau, qui l'excitent en elle ; mais
aux parties de la langue & du palais, parce qu'il eſt
expedient qu'elle ſente comme en ces parties, afin
que s'il y a du mal, les viandes ne paſſent pas plus
avant.

Pour le *toucher*, on ſçait que, dés que les nerfs des   *Le toucher.*
extrémitez du corps ſont ébranlez par les corps environnans, chaque filet, continuant juſqu'au cerveau,
y cauſe un ébranlement qui fait couler les eſprits dans

R

les endroits, où il eſt utile à tout le corps qu'ils ſe répandent. Et cela doit arriver par la ſeule conſtruction
du corps, ſans ſuppoſer aucune perception, aucun
ſentiment, ni aucun choix. Au lieu que, quand l'A-
me eſt unie au corps, le cerveau ne peut plus être
ébranlé par l'action des objets qui touchent le corps,
qu'elle ne s'en apperçoive, & ne ſouhaite ce qui eſt le
plus expedient au corps.

Il faut obſerver que l'Ame rapporte ce ſentiment
aux parties du corps, qui ont été touchées les premieres, & non pas à celles du cerveau, qui l'ont excité
en elle.

On en a deux preuves indubitables : la premiere
eſt que, ſi on fait une forte ligature au milieu du
bras, & que l'on faſſe une inciſion à la main, on ne
ſentira pas l'inciſion, parce que l'ébranlement des filets des nerfs qu'on coupe à la main, étant arrêté à
la ligature, ne peut parvenir aux extrémitez que ces
mêmes filets ont dans le cerveau. Et, comme ce n'eſt
qu'à l'occaſion de l'ébranlement du bout que ces filets ont dans le cerveau, que l'Ame ſent ; il ne faut
pas s'étonner qu'elle ne puiſſe ſentir ce qui ſe paſſe
vers la main, quand le milieu eſt empêché.

La ſeconde preuve eſt, que ſi on coupe la main
d'un homme, il ſent encore long-temps aprés des
douleurs dans les doigts de cette main qu'il n'a plus.
Et, afin de parler plus correctement, il a les mêmes
ſenſations qu'il auroit, s'il avoit encore cette main,
& qu'elle fût bleſſée. Ce qui n'arrive que parce que
les filets des nerfs, qui s'étendoient juſqu'à cette main,

étant encore remuez dans le cerveau, de la même façon qu'ils le feroient, si la main étoit encore jointe au reste du corps; le cerveau en reçoit les mêmes impressions & les mêmes mouvemens. Et, comme ces mouvemens étoient instituez pour representer à l'Ame ce qui se passoit en la main, elle rapporte toûjours son sentiment à cette main, qu'elle n'a plus; & cela dure autant de temps qu'il en faut, pour joindre par raisonnement ce sentiment aux parties, qui par le retranchement de la main, sont devenuës les extrémitez du bras, c'est-à-dire, au poignet.

Et cela fait voir pourquoy l'Ame, qui n'est pas à dix lieuës du corps, voit ou entend ce qui en est à dix lieuës: car pourvû que l'air, ou quelque matiére plus subtile, poussée par des objets éloignez, touche les organes, & que le cerveau en reçoive les impressions, l'Ame qui en a les sentimens, les rapporte aux objets qui les causent. Et il n'est pas plus necessaire qu'elle sente à dix lieuës du corps, pour voir ou entendre ce qui s'y passe, qu'il est necessaire qu'elle sente dans sa main ce qui s'y fait. Or, comme ces deux exemples que j'ay rapportez, font voir nettement que ce n'est point dans la main que l'Ame sent, quoy qu'elle y rapporte son sentiment; il est aisé aussi de voir que ce n'est pas à dix lieuës du corps qu'elle sent les objets qui y sont, encore qu'elle rapporte là ses sensations.

Et, pour derniere conviction, il ne faut que considerer l'effet des songes, dans lesquels nous voyons souvent le ciel, la mer, & la terre, selon toute l'étenduë qui nous est si visible. Cependant nous avons

R ij

les yeux fermez; & il n'y a que les parties interieures du cerveau, qui soient ébranlées par le cours fortuit de quelques esprits. Et, comme le mouvement
de ces parties est institué pour exciter en l'Ame la
vision, si ces parties sont ébranlées par le cours des
esprits, comme elles le seroient par les objets mêmes,
nous avons les mêmes sensations, que leur presence
nous causeroit; & nous les rapportons aussi loin que
nous les rapporterions, si ces sensations étoient effectivement causées par les objets. De la même maniere nous entendons souvent en songe du bruit, nous
avons des goûts & nous sentons des odeurs, sans qu'il
y ait d'autre cause de toutes ces sensations, que l'ébranlement des parties interieures du cerveau. Ainsi, le
mouvement de ces parties du cerveau étant joint à
quelque sentiment de l'Ame, si-tôt que ce mouvement
arrive dans le cerveau par quelque cause que ce soit,
le sentiment, qui y répond, est toûjours excité dans
l'Ame; & elle ne manque point de le rapporter où il
est plus expedient qu'elle le rapporte, pour la conservation de tout le corps.

En effet, elle rapporte hors du corps la Vision, ou
la sensation qu'elle reçoit par l'ébranlement des
nerfs optiques; l'Ouïe, ou la sensation qu'elle reçoit
par l'ébranlement de ceux de l'oreille; & l'Odorat,
ou la sensation qu'elle reçoit par l'ébranlement des
parties du cerveau, qui aboutissent à l'os cribreux. Et
tout cela se fait, pour d'éviter les choses nuisibles, avant
qu'elles soient trop proches, ou pour aller chercher
celles qui peuvent servir, quand elles sont éloignées.

De même elle rapporte le goût & le toucher aux extremitez du corps ; parce que, les premieres fenfations pouvant être fautives, il eft bon de faire une derniere épreuve des chofes qui touchent à nôtre corps, ou qui y doivent entrer. Enfin elle rapporte à l'eftomac & au gofier les fenfations de la faim & de la foif, parce qu'il eft utile de rapporter à ces parties un fentiment, qui peut exciter l'Ame à fouhaiter que tout le refte du corps fe difpofe, comme il faut qu'il le foit, pour leur procurer ce qui leur manque.

Au refte, comme l'Ame n'a aucune fenfation, que quelque mouvement du cerveau n'en foit l'occafion ; & comme elle n'imagine aucun objet corporel, que par ce rapport aux parties du cerveau, il eft vifible que, tant qu'elle eft unie au corps, elle ne peut imaginer tout à la fois, que les objets, dont le cerveau peut recevoir les impreffions en même temps. Mais il eft aifé de concevoir qu'étant feparée du corps, elle pourroit imaginer à la fois tous les corps, & en voir les proprietez, fans que l'un empêchât la connoiffance de l'autre. Car, fi à prefent un corps folide empêche la vûë de celuy au devant duquel il eft, c'eft que la lumiere ne peut reflechir que de la fuperficie ; & que les rayons étant pouffez vers le nerf optique, dont l'ébranlement doit preceder la fenfation de l'Ame, tandis qu'elle eft unie au corps, il arrive qu'elle ne peut appercevoir que les objets qui reflechiffent la lumiere vers les yeux du corps qu'elle anime. Mais, fi elle étoit libre, cette raifon, en laquelle confifte toute fon union avec le corps, ceffant, c'eft à-dire, fes penfées n'étant plus necessairement jointes au mouvement d'un certain corps, il s'enfuit qu'il ne repugne pas qu'elle pût à la fois appercevoir tous les autres.

En effet, n'étant pas corps elle-même, elle ne doit pas être assujettie aux loix des corps, qui ne peuvent recevoir immediatement que l'action de ceux qui les environnent. Et il est certain, qu'encore que presentement elle ne soit excitée que par les mouvemens interieurs du cerveau, jamais elle ne les apperçoit, mais seulement les objets qui causent leur ébranlement, quelque éloignez qu'ils soient. D'où il suit que, quelque nombre de corps qui environnent celuy qu'elle voudra appercevoir, quand elle ne sera plus unie au corps, elle pourra l'appercevoir, sans que les corps environnans l'en empêchent. Et, si cela n'arrive pas dés à present, c'est que son union avec le corps ne consistant qu'en ce qu'elle ne doit appercevoir les autres, qu'autant qu'ils concernent celuy qu'elle anime, & que par les ébranlemens du cerveau, elle n'en peut appercevoir à la fois, qu'autant qu'il y en a qui le peuvent ébranler en même temps.

Je pourrois porter mes considerations plus loin, soit touchant ce qui regarde le Corps ou l'Ame à part, soit touchant ce qui resulte de leur union. Mais il me suffit d'en avoir examiné les choses les plus ordinaires, & qui peuvent rendre raison des autres. Ainsi, portant dans la suite mes considerations hors de moy, je tâcheray de reconnoître si entre les corps qui m'environnent, il n'y en a point ausquels je sois obligé de croire qu'il y ait des ames unies.

Fin de la premiere Partie.

SECONDE
PARTIE,

CONTENANT

I. Un Discours Physique de la
   Parole.

II. Une Lettre sur la conformité
   du Systême de M. des Cartes,
   avec le premier Chapitre de la
   Genése.

III. Deux petits Traitez de
   Metaphysique.

AU

AU ROY.

IRE,

Ce Discours est la suite de quelques autres,
qui ont paru dans le public sous l'auguste Nom
de VOTRE MAJESTE'. Je crûs luy de-

S

EPITRE.

voir offrir la premiere partie de cet Ouvrage ;
parce que m'étant proposé dans le commencement, de faire considerer à chacun ce qu'il est, il
me sembloit que VOTRE MAJESTE'
devoit trouver en cette consideration plus de
plaisir que tous les autres hommes.

J'ay les mêmes raisons de luy presenter encore celle-cy, où je traite, non plus de la connoissance de soy-même, mais du moyen de connoître les autres, & d'en être connu. Je fais voir
que ce moyen est la Parole : j'en explique tous les
effets ; & pour en mieux découvrir les causes,
je recherche avec soin tout ce qu'elle emprunte du
Corps, ou de l'Ame.

Ces causes, SIRE, sont si belles en VOTRE
MAJESTE', que vous aurez sans doute une in-
croyable satisfaction à les examiner : sur tout, je
suis persuadé que vous en aurez plus que personne, à considerer les effets de la Parole. Vous verrez
que c'est elle qui produit ce que vous aimez le
plus, je veux dire la gloire ; & vous reconnoî-
trez que vous luy devez cet éclat, qui fait
briller VOTRE MAJESTE' audessus
de toutes les Puissances de la Terre. C'est par elle,
SIRE, que vous expliquez ces genereuses
pensees, qui vont toutes à nôtre felicité ; &
c'est par elle que vous avez achevez ces gran-

des choses qui font dire à toutes les Nations,
que vous êtes le plus grand Prince qui fut ja-
mais.

Je sçay bien, SIRE, qu'on n'admire pas
moins en VOTRE MAJESTE', le pou-
voir qu'Elle a de se taire, que la facilité qu'Elle a de parler : je sçay, dis-je, que le pouvoir
qu'Elle a de se taire, est une des raisons qui font
tant parler d'Elle. Mais je sçay bien aussi que
le secret, tout favorable qu'il est aux grands desseins, ne sçauroit seul les faire réüssir, & que si
VOTRE MAJESTE' s'en est utilement servie
dans tous les projets qu'Elle a faits pour nôtre
bonheur, jamais Elle n'en auroit obtenu l'execution, si Elle n'avoit employé la Parole. Il a
falu donner des ordres pour cela. Veritablement,
SIRE, Vous les sçavez donner en Prince, qui
n'a besoin que de soy-même pour mediter &
pour resoudre. Vous sçavez seul, pourquoy Vous
les donnez, & ceux qui les reçoivent, ne connoissent souvent la belle fin, que VOTRE MA-
JESTE' se propose, que dans le moment qui
la fait réüssir. Que la gloire est belle, quand on
se la doit toute entiere ! & que celle de VO-
TRE MAJESTE' me paroît pure ! D'au-
tres qui n'ont que la puissance en partage, s'entendent loüer de cent évenemens, où leur con-

EPITRE.

duite n'a point de part : on trouve toûjours
pour eux des paroles. Mais toutes les actions de
VOTRE MAJESTE' sont tellement au
dessus de ce qu'on en peut dire, que ceux à qui la
loüange coûte le moins, se plaignent de n'en pouvoir trouver pour les exprimer. Tel a demandé
dix années, pour écrire ce qu'on Vous a vû faire
en dix jours ; & tel qui sçait qu'on a moins de
peine à comparer les Heros, qu'à faire leur Elo-
ge, en a voulu chercher de semblables à VO-
TRE MAJESTE', qui n'en a pû rencontrer parmy tous ceux que l'Antiquité nous propose.

En effet, SIRE, l'on n'en connoît point de
qui les passions n'ayent conduit toutes les entreprises. On a vû celuy que les siecles passez ont le
plus vanté, ne suivre que les mouvemens de son
ambition ; & sans considerer le repos de ses Sujets, porter le trouble dans toute l'Asie. Au lieu,
SIRE, que toute l'Europe Vous a vû jeune &
victorieux, faire grace à vos ennemis, pour
donner la Paix à vos Peuples ; & maintenant
encore elle voit que VOTRE MAJESTE' ne
veut de tout un grand Pays ouvert à ses Conquêtes, que ce qu'elle a droit d'y pretendre. Cette moderation, SIRE, est la plus grande vertu
des Rois, & sur tout elle est admirable en

EPITRE.

un Prince assez vigilant, pour surprendre l'enne-
nemy dans une saison, où les plus ardens à la
guerre quittent ce penible exercice, & assez bra-
ve, pour executer luy-même ce que les plus har-
dis n'oseroient conseiller. Qui pourroit, SIRE,
avec ces qualitez arrêter VOTRE MAJESTE',
si le droit de bien-seance la pouvoit tenter? Mais
ses Voisins se doivent rassûrer : l'ambition ne
l'a point armée; & c'est des mains de la Justice
qu'elle tient cette épée, qui soûmet les Provin-
ces en moins de temps qu'il n'en faut pour les
parcourir. Le Brabant & le Henaut en peuvent
rendre témoignage au reste de la Terre. VO-
TRE MAJESTE' leur a fait connoître ses
droits, avant que de leur faire éprouver la force
de ses armes ; & l'on sçait que leur témérité est
la seule cause de ces grands Exploits, que l'Hi-
stoire ne pourra jamais assez dignement celebrer,
& pour qui la Poësie même, qui se vante de par-
ler comme les Dieux, avouë qu'elle n'a point
d'expressions.

Mais, SIRE, quand la Poësie ne peut ex-
pliquer les effets surprenans de vôtre Courage,
trouvez bon que la Philosophie en reprenne
l'excés, & qu'avec cette liberté qui luy est or-
dinaire, elle Vous reproche d'avoir exposé vô-
tre Personne Sacrée, comme celle d'un simple

S iij

EPITRE.

Soldat. Ce reproche feroit la gloire de tout autre
Prince : mais Vous, SIRE, *comment auroit-on*
pû Vous excuser à la posterité ? si ce grand
Cœur, qui ne Vous est donné que pour soûtenir
le destin de la France, Vous avoit fait perir
dans cette occasion. On ne peut assez loüer cette
ardeur, qui vous fait quitter les plaisirs au mi-
lieu de l'hyver : mais toute noble qu'elle est, on
la doit blâmer, quand elle vous fait chercher
le perils, & qu'elle expose contre des Sujets re-
belles, une vie si précieuse à tant d'autres
Sujets fideles. Écoutez, SIRE, *celle qui vous*
parle ainsi. Elle a toûjours aimé les Rois : elle
n'en a jamais flatté, & comme elle n'en connoît
point de plus grand que Vous, elle ne peut dans
le temps qu'elle veut expliquer ce que c'est que
la Parole, en faire un usage plus utile à tout
le monde, qu'en vous disant ce que vous de-
vez à vôtre conservation. J'ajoûteray, SIRE,
qu'ayant à s'expliquer sur ce sujet par la bou-
che d'un homme, elle n'en pouvoit choisir un,
dont le zele fût égal au mien. Je suis avec un
profond respect,

SIRE,

De VÔTRE MAJESTE',

Le trés-humble, trés-obéïssant,
& trés-fidele serviteur & sujet,
DE CORDEMOY.

PREFACE.

J'AY proposé dans les six Discours, qui ont précedé celuy-cy, le moyen de se connoître ; & j'ay fait voir qu'il ne consiste qu'à discerner en soy-même les operations de l'Ame, & celles du corps. Je propose maintenant le moyen de connoître les autres ; & ce moyen est *la Parole*. J'explique, autant qu'il m'est possible, ce qu'elle est ; & suivant toûjours mon premier dessein, je fais en ce Discours un discernement exact de tout ce qu'elle tient de l'Ame, & de tout ce qu'elle emprunte du Corps.

1. Pour commencer cette recherche plus sûrement, je ne raisonne que sur ce que j'ay reconnu en moy-même dans le sixiéme discours ; &, comme si je n'avois encore jamais été assûré qu'il y eût d'autres hommes que moy, je m'arrête d'abord à considerer s'il est necessaire que tous les corps, que je vois semblables au mien, soient unis à des ames comme la mienne ; me proposant de ne le pas croire, à moins que j'en aye des signes si évidens, qu'il ne me soit plus

PREFACE.

permis d'en douter. J'examine ce que ces corps
font de plus furprenant ; & tant que j'en puis
attribuer la caufe à la difpofition de leurs organes, je penfe devoir affûrer qu'ils n'ont point
d'ame. Mais, après avoir trouvé dans le feul
arrangement de certaines parties des corps, dequoy rendre raifon du bruit , des fons , de la
difference des voix , & même des mots, que
proférent les échos & les perroquets, je fuis enfin obligé d'admettre des ames dans tous les
corps, qui reffemblent au mien, & de reconnoître qu'il n'eft pas poffible qu'ils parlent fi à propos , fans avoir de la raifon.

2. Dans la fuite, ayant reconnu que *parler*
n'eft en general autre chofe , que donner des
fignes de fa penfée , j'obferve quelques-uns de
ces fignes. Les premiers que je confidere, font
ces mouvemens d'yeux ou de vifage , & ces
cris, qui accompagnent ordinairement les differens états du corps. Je remarque qu'ils font naturellement joints aux paffions, que l'ame reffent à l'occafion des changemens du corps ; &
que le meilleur moyen, qu'on ait de faire entendre ce qu'elle fouffre, eft de ne pas contraindre le vifage , les yeux, ou la voix. Je remarque auffi que cette façon de s'expliquer eft la
premiere des langues , & la plus univerfelle,
                                        puifqu'il

puifqu'il n'y a point de nation, qui ne l'entende. Mais en même temps, j'obferve que la ma-
lice des hommes l'a renduë la plus trompeufe
de toutes. Outre ces fignes naturels des paffions
de l'ame, je découvre qu'il y en a d'autres qui
ne font que d'inftitution, par lefquels elle
peut exprimer tout ce qu'elle conçoit. Je montre affez fommairement le rapport & la difference de quelques-uns de ces fignes, pour faire
entendre tout ce que j'en veux déduire en cet
endroit ; &, me refervant d'en parler plus précifément & plus à propos dans la fuite, je m'arrête à confiderer comment on peut inventer
une langue ; comment on peut apprendre celle
d'un païs où perfonne ne fçait la fienne ; & enfin comment les enfans apprennent à parler.
J'admire les efforts, que la raifon fait en eux dés
le premier âge, pour leur faire difcerner la fignification de chaque mot : fur tout l'ordre, qu'ils
fuivent pour cela, me paroît furprenant, en ce
qu'il eft tout femblable à celuy de la Grammaire. De forte que, voyant combien cet art
imite la nature, je n'ay pas de peine à découvrir
comment ceux qui nous en ont donné des regles, les ont apprifes des enfans. Et dans toute
cette difcuffion, je rencontre tant de nouveaux
argumens, pour montrer la diftinction du corps

T

& de l'ame, qu'il ne me femble pas qu'on puiffe connoître aucune chofe plus évidemment, que celle-là.

3. Aprés quelques reflexions fur une verité fi importante, je m'applique, pour mieux connoître encore ce que c'eft que *la Parole*, à démêler en cet endroit, tout ce qui s'y rencontre de la part du corps. Je confidere en celuy qui parle, la maniere dont l'air entre dans fes poulmons; pourquoy il fait du fon en fortant par la trachée; ce que les mufcles, qui fervent à ouvrir ou fermer ce conduit, apportent de diverfitez au fon; quelles parties de la bouche font employées à le terminer en voix; quelle eft la fituation de chacune en ces differentes terminaifons; & quel eft le changement de gofier, de la langue, des dents, ou des lévres dans toutes les articulations. Ce qui me fait connoître, autant qu'il en eft befoin, ce que c'eft que *la parole*, à ne confiderer que le corps. J'obferve avec la même exactitude, l'effet que produit le fon dans l'oreille & dans le cerveau de celuy qui écoute : je reconnois que c'eft à caufe du rapport, qui eft entre le cerveau & les autres parties de chaque animal, qu'il peut être fi diverfement agité par les fons differens; & m'arrêtant fur tout à confiderer l'ufage des

PREFACE.

nerfs, qui fe communiquent de l'oreille à toutes les parties propres à former la voix , je
découvre les raifons de plufieurs effets qu'on
trouve furprenans , comme de voir certains
oifeaux imiter le chant des autres, le fon de nos
inftrumens de Mufique, & fouvent nos paroles
mêmes.

4. Je tire auffi de là , dequoy me convaincre que les beftes n'ont pas befoin d'une ame
pour crier, ni pour être émûës par des voix, ni
même pour imiter le fon de nos paroles ; & que,
fi le cry de celles qui font d'une même efpece,
les difpofe à s'approcher , & fait reculer celles
qui font d'une autre efpece, on n'en doit chercher la caufe que dans leur corps, & la differente conftruction de leurs organes. Mais en
même temps, je reconnois que dans les hommes le mouvement des parties, qui fervent à la
voix, ou de celles qui font ébranlées, eft toûjours accompagné de quelques penfées ; & que
dans la parole il y a toûjours deux chofes , fçavoir la formation de la voix, qui ne peut venir
que du corps, & la fignification ou l'idée qu'on
y joint , qui ne peut être que de la part de
l'ame.

5. Et, parce que jufques-là je n'ay prefque
parlé de la voix , de l'écriture, & des fignes,

T ij

que pour faire connoître ce que ces trois manieres d'exprimer nos penſées ont de commun ,
n'ayant pas eu beſoin de marquer plûtôt toutes les differences de chacune , j'obſerve en cet
endroit trois ſortes de ſignes , deux ſortes d'é-
critures , & deux ſortes de voix. Je m'arrête
principalement à la derniere , au ſujet de laquelle j'acheve d'expliquer ce que l'ordre des choſes
precedentes ne m'avoit pas permis d'expliquer plûtôt , ſur la facilité ou la difficulté ,
qu'on a de joindre certaines idées à certains
mots , lors qu'on apprend une langue. Et , démêlant le plus exactement qu'il m'eſt poſſible,
comment tout cela ſe fait , je reconnois que
la peine , que quelques-uns ont à concevoir , ou
à s'expliquer , n'eſt pas un défaut de l'Ame ; &
que cette merveilleuſe facilité qu'ont d'autres
à s'exprimer , ne vient que d'une heureuſe diſpoſition du cerveau , & de toutes les parties , qui
ſervent à la voix ou aux mouvemens du corps.

6. A propos de quoy , recherchant les cauſes
phyſiques de l'Eloquence , je trouve que pour
être parfaite , elle exige à la fois deux talens ,
que la naiſſance ne donne jamais à une même
perſonne ; mais que neanmoins , quand on a l'un
naturellement , on peut avec l'art ſuppléer aux
défauts de l'autre. Et , aprés avoir remarqué que

cela n'eſt pas reciproque, je dis, autant qu'il eſt permis dans un diſcours, où je ne dois expliquer que les principes, d'où viennent ces défauts, & ce qui les peut corriger. J'examine même, ſans entrer dans la Morale, pourquoy l'Orateur doit être homme de bien, & ce que le menſonge peut diminuer de la force ou de la grace de ſon action.

7. Enfin, ayant aſſez conſideré combien l'éloquence dépend du temperament, & comment il ſe peut corriger ou ſe perfectionner par l'exercice; j'examine ſi elle pourroit ſe rencontrer entre des Eſprits, qui ne ſeroient pas unis à des corps. Ce qui m'oblige à rechercher la maniere, dont ils ſe pourroient manifeſter leurs penſées, & me fait découvrir que nos eſprits mêmes auroient entr'eux une communication plus aiſée, ſi l'étroite union qu'ils ont avec le corps, ne les obligeoit indiſpenſablement à ſe ſervir de ſignes. Le même raiſonnement me fait auſſi connoître que la peine, que nous avons dans les entretiens, n'eſt pas de concevoir la penſée de ceux qui nous parlent, mais de la démêler des ſignes, dont ils ſe ſervent pour l'exprimer, qui ſouvent ne luy conviennent pas. D'où je conclus que la penſée d'un eſprit eſt toûjours claire à l'autre, dés qu'il la peut

T iij

appercevoir ; & cette verité, que je difcute autant que j'en fuis capable , me fert à refoudre
des difficultez , que quelques-uns ont crû ne
pouvoir furmonter , qu'en fe foûmettant à la
Foy.

Je fçay bien que c'eft d'elle qu'il faut apprendre , fi certaines chofes font en effet : mais
on n'a pas toûjours befoin de fon fecours pour
les concevoir. C'eft à elle, par exemple, à nous
dire, s'il y a d'autres Efprits plus éclairez, qui
qui fervent à regir les nôtres. Mais, quand une
fois elle nous a déclaré cette verité, il me femble que nôtre raifon y peut atteindre ; & je
penfe qu'en faifant un peu de reflexion , fur ce
que la fuite de mon fujet m'a neceffairement obligé d'en écrire icy , on trouvera
qu'il eft plus aifé de concevoir , comment de
purs Efprits pourroient nous infpirer leurs fentimens , que de concevoir comment un homme
peut infpirer les fiens à d'autres hommes.

J'aurois pû aller plus avant en cette recherche : mais , ne m'étant propofé que d'examiner
ce qui fert à *la parole* , j'ay crû devoir finir,
après avoir confideré les diverfes manieres,
dont les penfées fe peuvent communiquer,
parce que c'eft proprement ce qu'on appelle
parler. Je fouhaiterois que le difcours, que j'en

ay fait, fût aussi agréable aux autres , que me
l'ont été les reflexions, qu'il m'a obligé de faire. J'avouë qu'elles ont fait tout mon divertissement pendant ces dernieres vacations; &
comme il est permis, du moins en ce temps-là,
de faire une partie de ce qu'on veut , le plaisir
que j'y ay trouvé , me sollicite puissamment ,
à passer de même toutes les heures, où il me sera permis de me divertir.

    Au reste, cette matiére est si belle & si heureuse,
qu'il ne faut que la proposer, pour faire naître
mille agréables pensées; & je ne doute point ,
que tous ceux qui ont plus de genie que moy ,
ne trouvent en ce discours mille belles choses ,
que je n'y ay point mises : tellement que , sans
vanter mon Ouvrage, je puis assurer que plus on
aura d'esprit, & plus on aura de plaisir à le lire.

DISCOURS

DISCOURS
PHYSIQUE
DE LA PAROLE.

ENTRE les Corps que je vois dans le monde, j'en apperçois qui font en toutes chofes femblables aumien; & j'avouë que j'ay grande inclination à croire qu'ils font unis à des ames comme la mienne. Mais, quand je viens à confiderer que mon corps a tant d'o-pérations diftinctes de celles de mon Ame, & que tout ce qui le fait fubfifter, ne dépend d'elle en aucu-ne façon; je penfe avoir au moins fujet de douter que ces corps foient unis à des ames, jufqu'à ce que j'aye examiné toutes leurs actions. Je vois même, que fui-

V

vant le bon fens , je feray obligé de croire qu'il n'y a
point d'Ame en eux, s'ils ne font que les chofes, dont
j'ay reconnu en moy-même que le Corps feul peut
être la caufe.

Ainfi , fi je vois que les objets faffent differentes im-
perffions fur eux par les yeux , par les oreilles , par le
nez, ou par l'attouchement ; & fi je les vois manger ,
dormir , veiller , fe nourrir , refpirer , marcher , &
mourir : tout cela ne me doit point faire croire qu'il y
ait autre chofe en eux,qu'un certain ordre d'organes &
de parties, qui eft merveilleux à la verité, mais fi dépendant du cours & de l'arrangement du refte de la
matiere, que je l'ay reconnu en moy pour la feule caufe de la nourriture, du fommeil, de la refpiration, &
de la force,que les objets ont de remuer le cerveau en
tant de façons furprenantes.

Il eft vray que j'ay remarqué que certaines penfées
accompagnoient toûjours en moy la plûpart des
mouvemens de mes organes : mais enfin il eft vray
auffi que par la précifion exacte , avec laquelle j'ay
diftingué ce qu'il y avoit en toutes mes operations de
la part du Corps, & de la part de l'Ame, j'ay connu
manifeftement que, quand je n'aurois que le corps ,
je pourrois avoir tout ce qui me paroît dans les autres
corps, qui reffemblent au mien.

Il faut donc que j'obferve ces corps de plus prés ,
& que j'examine fi je n'appercevray par aucune de
leurs actions, qu'ils foient regis par des ames. Je vois
qu'ordinairement ils font tranfportez vers les lieux ,
où l'air me femble le plus propre à entretenir par la

respiration une juste temperature dans le sang. Je vois
qu'ils se reculent également des endroits, où le froid
en pourroit trop retarder le mouvement, & de ceux
où le chaud le pourroit trop exciter : je vois qu'ils
fuïent souvent avec effort la rencontre de beaucoup
d'autres corps, qui me paroissoient d'une figure, &
dans un mouvement capable de les détruire. Je vois
aussi qu'ils s'approchent de ceux qui leur peuvent être
utiles ; & toutes ces actions me paroissent faites avec
un discernement, tel que je le trouve en moy, quand
je fais les mêmes actions.

Cependant, lors que je viens à considerer que j'ay
reconnu par d'autres méditations, que la seule disposition des organes est la cause de toutes ces operations en moy, je crains de trop assûrer, si j'attribuë les
differens mouvemens des corps qui m'environent,
à une autre cause, qu'au rapport qu'il y a entre leur cerveau & les objets ; & tandis que je ne leur verray
faire que ce qui leur est utile, comme de manger,
de boire, de chercher le frais ou la chaleur, & tout ce
qui les peut entretenir dans un état conforme à leur
nature ; je ne dois pas croire qu'il y ait autre chose en
eux que les organes, qui peuvent suffire à cela.

Mais il me semble que je leur vois souvent faire
des choses, qui ne se rapportent nullement à eux-
mêmes, ni à leur conservation. J'en vois qui se com-
mettent à d'autres corps, dont la rencontre les doit
apparamment détruire : j'en vois même quitter les
alimens dont ils ont besoin, & les lieux où ils sont
à couvert de tout ce qui leur peut nuire, pour courir

où leur détruction est presque certaine; & cela me fait
assez raisonnablement présumer, qu'ils pourroient en
ces occasions être conduits par quelque chose de fort
different d'eux-mêmes. Car, quand je vois qu'ils
s'approchent avec fermeté de ce qui les va détruire,
& qu'ils abandonnent ce qui les pourroit conserver,
je ne puis attribuer ces effets à cette proportion mécanique, qui se rencontre entr'eux & les objets. Et,
comme j'ay souvent remarqué que, malgré la pente
qu'a mon Corps vers certaines choses, & la force avec
laquelle sa construction luy en fait éviter d'autres, j'ay
neanmoins des volontez contraires à sa disposition
naturelle, qui font que souvent il est transporté d'une
façon tout-à-fait differente de celle dont il le seroit,
s'il ne suivoit que la disposition de ses organes, & l'effort que les objets font sur luy ; j'ay peine à m'empêcher de croire, que le mouvement de tous les Corps
qui ressemblent au mien, ne dépende pas d'une volonté comme la mienne.

Mais enfin je n'en sçaurois presque douter, quand
je fais réfléxition sur la suite de plusieurs de leurs actions, qui n'ont aucun rapport avec ce qui les peut conserver ; & sur tout, la liaison que je rencontre entre
les paroles, que je leur entens proferer à tous momens,
me semble démontrer qu'ils ont des pensées. Car,
encore que je conçoive bien qu'une pure machine
pourroit proferer quelques paroles, je connois en
même temps que, si les ressorts qui distribûroient le
vent, ou qui feroient ouvrir les tuyaux, d'où ces voix
sortiroient, avoient un certain ordre entr'eux, jamais

ils ne le pourroient changer : de sorte que, dés que la
premiere voix seroit entenduë, celles qui auroient accoûtumé de la suivre, le seroient necessairement aussi, pourveu que le vent ne manquât pas à la machine; au lieu que les paroles, que j'entens proferer à des
corps faits comme le mien, n'ont presque jamais la
même suite.

J'observe d'ailleurs, que ces paroles sont les mêmes,
dont je me voudrois servir pour expliquer mes pensées à d'autres sujets, qui seroient capables de les concevoir. Enfin, plus je prens garde à l'effet que produisent mes paroles, quand je les profere devant ces
corps, plus il me semble qu'elles sont entenduës; &
celles qu'ils proferent, répondent si parfaitement au
sens des miennes, qu'il ne me paroît plus de sujet de
douter qu'une Ame ne fasse en eux ce que la mienne fait en moy.

Neanmoins, suivant cette ferme resolution, que
j'ay faite de n'admettre rien en ma croyance, que ce
qui me paroîtra évidemment, quand je l'auray assez
consideré pour ne devoir plus craindre que je me
trompe; je veux plus serieusement que jamais réfléchir sur toutes les choses qui servent à la Parole, puis
que c'est le plus sûr moyen que j'aye de connoître si
tous les corps, qui ressemblent parfaitement au
mien, sont en effet des hommes comme moy.

La premiere, qui me semble digne de consideration, est qu'il y a plusieurs corps qui peuvent causer du bruit en poussant l'air; & que ce bruit peut
être different, selon que ces corps se rencontrent

diverſement , ou que leurs parties ſont differentes. Ainſi loin d'avoir beſoin de ſuppoſer qu'il y ait des ames, dans les corps qui produiſent cet effet , je connois au contraire que, le bruit n'arrivant que par-ce que l'air eſt pouſſé , on ne peut raiſonnablement en attribuer la cauſe, qu'à ce qui eſt capable de pouſ-ſer , c'eſt-à-dire , au Corps.

Je ſçay auſſi que par le ſecours des Mécaniques, on peut ſi bien ajuſter certains corps les uns aux autres , qu'ils pourront compoſer des inſtrumens capables de rendre des ſons agréables , & même d'imiter les chants , que j'ay quelquefois employez pour expri-mer de la douleur ou de la joye.

Je connois encore que les rochers & d'autres corps ſemblables peuvent faire entendre, non ſeu-lement des ſons , comme les inſtrumens de Muſi-que, mais des paroles bien articulées. Je connois à la verité qu'ils ne les forment pas , & que comme ils repouſſeroient une balle à celuy qui l'auroit pouſſée vers eux, ils ne font que renvoyer les paroles à ce-luy qui les a proferées ; c'eſt-à-dire , qu'ils repouſſent vers luy le même air qu'il a pouſſé vers eux , ſans rien changer à cette impreſſion , qui luy fait porter les paroles ſi loin des lieux où on les prononce, lors que rien ne l'arrête.

Je connois même, ainſi que je l'ay déja dit , que l'art peut aller juſqu'à former une machine qui ar-ticuleroit des paroles ſemblables à celles que je pro-nonce. Mais en même temps je conçois qu'elle ne prononceroit que celles qu'on auroit eu deſſein qu'elle prononçât , & qu'elle les prononceroit toûjours dans le même ordre.

Ainsi je ne dois pas legerement croire que tout ce qui peut faire du bruit, rendre du son, former des voix, ou prononcer des paroles, ait des pensées. Sur tout je dois prendre garde que l'Ouvrier admirable, à qui je dois la structure de mon Corps, en a si mécaniquement arrangé toutes les parties, & principalement celles qui servent à la voix , que pour la former, je n'ay pas besoin d'avoir une ame. Les seuls battemens des muscles de la poitrine & du diaphragme peuvent faire entrer l'air dans les poulmons , ou l'en faire sortir ; & la seule situation des cartilages du larinx , diversement changée par les petits muscles qui servent à les remuër, peut être cause de mille sons aigus ou graves , doux ou aigres , perçans ou foibles , selon les differentes fléxions, que reçoit l'air en ce passage.

Je dois aussi considerer que, si j'articule diverses paroles, ce n'est que parce que cet air déja sorti de la gorge, est diversement agité , selon que les muscles de ma langue la remuënt en cet instant vers le haut ou vers le bas de ma bouche ; ou bien, parce qu'étant prés d'échapper , il est agité suivant les diverses manieres, dont mes dents ou mes lévres peuvent s'appliquer les unes aux autres, par le mouvement de leurs muscles.

Outre cela, je dois considerer que les muscles , qui servent à remuër toutes ces parties, ne se meuvent euxmêmes, que selon que mon cerveau est agité , & qu'il

le peut être en mille façons differentes par les organes de l'oreille, fans que mon Ame ait autre part à
tous ces mouvemens, que d'en appercevoir les effets.

Enfin, je dois confiderer qu'il y a tant de communication & de rapport entre les nerfs de l'oreille &
ceux du larinx, que dés que quelque fon agite le cerveau, il coule auffi-tôt des efprits vers les mufcles du
larinx, qui les difpofent comme il faut qu'ils le
foient, pour former un fon tout femblable à celuy
qui vient de frapper le cerveau. Et, quoy que je conçoive bien qu'il eft befoin de quelque temps, pour
faciliter ces mouvemens des mufcles de la gorge, en
forte que les fons qui excitent le cerveau pour la premiere fois, ne peuvent pas aifément être exprimez
par la gorge; néanmoins je conçois bien auffi qu'à
force de les repeter, on peut faire que le cerveau, qui
en eft fouvent ébranlé aux mêmes endroits, envoye
tant d'efprits par les nerfs inferez aux mufcles
de la gorge, qu'enfin ils meuvent aifément tous
les cartilages qui fervent à cette action, comme il eft
neceffaire qu'ils foient remuez, pour former des fons
femblables à ceux qui ont ébranlé le cerveau.

Ainfi ce n'eft pas affez que les corps rendent des
fons, forment des voix, ou même articulent des
paroles femblables à celles par lefquelles je dis ce
que je penfe, pour me perfuader qu'ils penfent tout
ce qu'ils femblent dire. Par exemple, je ne dois pas
légérement croire qu'un perroquet ait aucune penfée,
quand il prononce quelques mots. Car, outre que je
remarque qu'aprés luy avoir repeté une prodigieufe
                                        quantité

quantité de fois des paroles dans un certain ordre, il ne rend jamais que les mêmes, & dans
la même fuite ; il me femble que, ne faifant point
ces redites à propos, il imite moins les hommes,
que les échos, qui ne répondent jamais que ce
qu'on leur a dit. Et, s'il y a quelque difference entre
les perroquets & les échos, c'eft que les rochers, en re-
pouffant l'air, fans rien changer aux impreffions qu'il
a reçûës, rendent les mêmes voix qui les ont frappez, au lieu que les perroquets forment une autre
voix femblable à celle qui leur a frappé l'oreille, &
que fouvent ils repetent les paroles, qu'on ne leur re-
dit plus. Mais enfin, comme je ne puis dire que
les rochers parlent, quand ils renvoyent des paroles,
je n'ofe affûrer auffi que les perroquets parlent,
quand ils les repetent. Car il me femble que *parler*
n'eft pas repeter les mêmes paroles, dont on a eu l'o-
reille frappée, mais que c'eft en proferer d'autres à
propos de celles-là. Et, comme j'ay raifon de croire
que tous les corps qui font des échos, ne penfent
point, quoy que je leur entende redire mes paroles,
parce qu'ils ne les rendent jamais que dans l'ordre
que je les ay proferées ; je dois juger par la même raifon, que les perroquets ne penfent point auffi.

Mais, fans m'amufer encore à examiner ce qui
regarde les perroquets & tant d'autres corps vivans, dont la figure eft trés-differente de la mienne,
je veux continuer la recherche, dont j'ay befoin pour
connoître l'interieur de ceux qui me reffemblent fi
parfaitement au dehors ; & pour cela je penfe, aprés

X

la difcuffion que je viens de faire de tout ce qui caufe le bruit, les fons, les voix, & la parole, pouvoir établir comme un principe certain, que fi les corps, qui font femblables au mien, n'avoient que la facilité de prononcer des paroles, je ne devrois pas croire pour cela qu'ils euffent l'avantage d'être unis à des ames. Mais auffi, fi je trouve par toutes les experiences que je fuis capable d'en faire, qu'ils ufent comme moy de la parole, je croiray avoir une raifon infaillible de penfer qu'ils ont une ame comme moy.

Ce que c'eft que parler.

Pour faire cet examen dans un ordre, qui ne me laiffe aucun foupçon de m'être trompé, je dois confiderer avant tout, ce que j'entens par la parole. *Parler*, à mon avis, n'eft autre chofe que faire connoître ce que l'on penfe, à ce qui eft capable de l'entendre; & fuppofé que les corps, qui reffemblent au mien, ayent des ames, je vois que le feul moyen de nous expliquer les uns aux autres ce que nous penfons, eft de nous en donner des fignes exterieurs.

Or il me femble avoir reconnu qu'il y a plufieurs fignes communs entr'eux & moy, par lefquels nous nous entendons. Car, voyant qu'ils répondent à mes fignes par d'autres fignes, qui me donnent des idées convenables à ce que je penfe, je ne crois pas me tromper, quand je me perfuade qu'ils ont compris ma penfée, & que la penfée nouvelle, que leurs fignes ont excitée en moy, eft en effet celle qu'ils ont.

De plus, je voy que je puis convenir avec quelques-uns d'eux que ce qui fignifie ordinairement une chofe, en fignifiera une autre; & que cela reüffit, de forte qu'il n'y a plus que ceux avec qui j'en fuis convenu, qui me paroiffent entendre ce que je penfe.

D'où je conçois que ces fignes font d'inftitution; & comme cette inftitution fuppofe neceffairement de la raifon & des penfées en ceux qui font capables d'en convenir, je n'avancerois peut-être rien avec temerité, fi j'affûrois dés-à-prefent que ces corps font unis à des ames.

Mais ce qui me pourroit troubler en cela, c'eft que s'il y a des fignes d'inftitution, je penfe en reconnoître d'autres qui font abfolument naturels : par exemple, tous ceux par lefquels je témoigne mes paffions fans en avoir deffein, certain air riant ou trifte, & certains mouvemens de mes yeux, ou des autres parties de mon vifage, me font fouvent appercevoir, quand je confulte le miroir, que fi dautres me voyoient, ils connoîtroient ma trifteffe, ma joye, ou les autres paffions qui m'agitent. Et c'eft peut-être là, fi ces corps femblables au mien ont des ames, le plus feur moyen de leur découvrir les differens états de la mienne.

Toutefois, fi j'y prens garde de prés, je puis rendre ces fignes affez trompeurs : car je fens qu'encore que naturellement je paroiffe au dehors joyeux ou trifte, quand je le fuis en effet, j'ay pourtant le pouvoir de contraindre les mouvemens de mon vifage & des mes yeux, en forte qu'ils ont un air tout different de celuy qu'ils auroient, fi je laiffois leurs mouvemens libres. Ce qui me fait connoître que, bien que naturellement certains mouvemens de mon vifage, & même de tout

X ij

mon corps, ayent été joints à quelques-unes de mes
penſées, ce rapport neanmoins n'eſt pas ſi neceſſaire,
que je ne le puiſſe quelquefois changer, en joignant
ces penſées à d'autres mouvemens tout contraires. Et,
quoyqu'à la verité cela me faſſe beaucoup de peine, je
conçois pourtant que, comme on peut former une habitude aiſée de tout ce qui paroît d'abord le plus difficile, je pourrois me rendre ces changemens aſſez faciles.

Mais ce que je dois le plus obſerver en cet endroit,
eſt qu'encore qu'il ſoit fort convenable que, tandis que
mon ame eſt unie à un corps, pour la conſervation
duquel elle a diverſes paſſions, ſa joye, ſa triſteſſe,
ſes deſirs, ou ſa crainte ſoient toûjours unies aux
mouvemens que la bonne ou mauvaiſe diſpoſition de ce corps peut cauſer dans le cerveau ; & que
ce rapport qu'il y a des parties du cerveau à celles du
viſage ou des yeux, & à toutes celles qui ſont exterieures, ſoit cauſe que le dedans ne peut jamais changer, qu'il n'y en ait des marques au dehors : neanmoins, comme ces marques exterieures n'ont une relation neceſſaire qu'avec les changemens du cerveau,
& que le ſeul état du corps en peut être la cauſe, il
pourroit être, quand les corps qui reſſemblent au
mien, ne ſeroient point unis à des ames, qu'ils auroient les mêmes mouvemens d'yeux & de viſage
que j'apperçois ſouvent en moy, ſelon qu'ils ſeroient
bien ou mal diſpoſez au dedans. Tellement que ces
ſignes exterieurs, ſi ſemblables dans ces corps & dans
le mien, ne ſont pas tout ſeuls un argument in-

faillible que ces corps ayent des ames.

Aussi, comme ces mouvemens du visage & des yeux , & même ces cris qui ne manquent jamais, quand rien ne les contraint , de suivre les differens états du corps , à cause du rapport qu'il y a entre toutes ses parties , se peuvent très-proprement appeller les signes naturels de l'état où est le corps ; je me garderay bien, quand les yeux & le visage , ou même les cris de ces corps ne me paroîtront excitez que par les objets qui leur peuvent servir ou nuire , de croire que ces mouvemens exterieurs soient les signes d'aucune pensée. Mais, encore un coup, quand je verray que ces corps feront des signes, qui n'auront aucun rapport à l'état où ils se trouveront , ni à leur conservation : quand je verray que ces signes conviendront à ceux que j'auray faits pour dire mes pensées ; quand je verray qu'ils me donneront des idées que je n'avois pas auparavant , & qui se rapporteront à la chose que j'avois déja dans l'esprit ; enfin quand je verray une grande suite entre leurs signes & les miens, je ne seray pas raisonnable , si je ne crois qu'ils le sont comme moy.

Ainsi, je n'ay plus à douter sur ce point : car j'ay fait mille épreuves semblables ; & non seulement j'ay vû une grande liaison entre leurs signes & mes pensées , mais j'en ay reconnu une si grande entre leurs signes & les miens , qu'il ne m'est plus possible de douter de leurs pensées. Et , si le pouvoir que j'ay d'empêcher que les mouvemens exterieurs de mon visage , & les autres signes de mes passions ne

X iij

les expriment , a été une des raiſons que j'ay euës
pour reconnoître que mes penſées étoient trés-differentes des mouvemens qui ont coûtume de les ac-
compagner; je puis maintenant aſſûrer , non ſeulement que ces autres corps , qui reſſemblent au mien ,
ont des penſées , mais encore qu'ils peuvent comme
moy, ne les pas toûjours laiſſer tellement jointes aux
mouvemens qui ont coûtume de les ſignifier , qu'on
doive toûjours s'y fier. J'ay reconnu qu'ils ſçavoient
l'art de ſe contraindre ; & ſouvent , aprés un grand
nombre de ſignes de leur part & de la mienne , qui
me faiſoient voir qu'ils entendoient ma penſée , &
qui me faiſoient croire que j'entendois la leur , je me
ſuis apperçû qu'ils avoient deſſein de me tromper.

　　Maintenant qu'il ne m'eſt plus permis de douter
que les corps qui reſſemblent au mien , ne ſoient
unis à des ames , & qu'en un mot , je ſuis aſſûré qu'il
y a d'autres hommes que moy , je penſe devoir rechercher avec ſoin ce qui me reſte à connoître de *la
parole.*

　　Je n'en ay diſcouru juſqu'icy qu'en general ; &
j'ay dit ſeulement que *parler* étoit donner des ſignes
de ſa penſée. Mais , puiſque le peu de réfléxion que
j'ay faite ſur ces ſignes , m'a déja découvert une verité ſi importante , & que d'ailleurs je voy que ces
mêmes ſignes ſont le ſeul moyen d'entretenir entre
les hommes la ſocieté , qui eſt le plus grand de tous
les biens en ce monde ; je veux , autant qu'il me ſera poſſible , en obſerver les differentes eſpeces avec
leurs proprietez , & tâcher d'en découvrir toutes les

merveilles, pour en reconnoître toutes les utilitez.

Une des principales chofes, que je trouve digne de confideration touchant ces fignes , eft qu'ils n'ont aucune conformité avec les penfées, que l'on y joint par inftitution. En effet, foit que nous exprimions nos penfées par des geftes, par des difcours , ou par des caracteres, qui font les trois fortes de fignes les plus ordinaires, par lefquels nous faffions connoître nos penfées, nous voyons bien (fi nous y faifons un peu de réfléxion) qu'il n'y a rien de moins reffem- blant à nos penfées, que tout ce qui nous fert à les expliquer. Car enfin, quand un homme, pour me té- moigner qu'il n'eft pas d'accord de quelque chofe, vient à branler la tête : quand, pour me l'expliquer mieux, il remuë la gorge , la lange, les dents & les lé- vres pour former des paroles , ou bien qu'il prend du papier, & trace avec une plume des caracteres pour me l'écrire, je vois fi peu de reffemblance entre tous ces mouvemens de la tête , de la bouche , ou de la main , & tout ce qu'ils m'apprennent, que je ne puis affez admirer comment ils me donnent fi facilement l'intelligence d'une chofe qu'ils reprefentent fi mal

Mais ce que je trouve de plus admirable en cela, c'eft que cette extréme difference qu'il y a entre ces fignes & nos penfées, en nous marquant celle qui eft entre nôtre corps & nôtre ame , nous donne en même temps à connoître tout le fecret de leur union. Au moins il me femble que cette étroite union , que la feule inftitution des hommes eft capable de mettre entre certains mouvemens exterieurs, & nos penfées,

eſt, à qui veut y prendre garde, le plus beau moyen
de concevoir en quoy conſiſte veritablement l'union
du corps & de l'ame. Car enfin, ſi l'on conçoit que
les hommes puiſſent par inſtitution joindre certains
mouvemens à certaines penſées, on ne doit pas avoir
de peine à concevoir que l'Auteur de la nature, en
formant un homme, uniſſe ſi bien quelques penſées
de ſon ame à quelques mouvemens de ſon corps, que
ces mouvemens ne puiſſent être excitez dans le corps,
qu'auſſi-tôt des penſées ne ſoient excitées en l'ame;
& que reciproquement, dés que l'ame veut que le
corps ſoit mû d'une certaine façon, il le ſoit en même temps.

Au reſte, il eſt évident que c'eſt de ce raport ſi neceſſaire, que l'Auteur de la nature entretient entre le
corps & l'ame, qu'eſt venuë la neceſſité de faire des
ſignes pour communiquer ſes penſées. Car, puiſque
l'ame ne peut avoir de penſée, à l'occaſion de laquelle
il ne ſe faſſe un mouvement dans le corps; & que
d'ailleurs elle ne peut recevoir aucune idée de ce qui
eſt au dehors, que par les mouvemens qui ſont excitez dans le corps qu'elle anime, il faut neceſſairement
que deux ames, unies à deux corps differens, expriment
leurs penſées par des mouvemens, ou, ſi vous voulez,
par des ſignes exterieurs. Or, pour connoître parfai-
temen comment cela ſe fait, il n'eſt beſoin, à mon avis,
que de faire un peu de réfléxion à ce que j'ay déja
remarqué ſur les principales differences des ſignes,
ſur la cauſe particuliere de chacun, & ſur les raiſons
qu'on a de s'en ſervir.

Et

Et premierement, s'il est vray que certains mouve-mens du visage & certains cris suivent naturellement certains états du corps, par le rapport qu'il y a entre ses parties, il faut croire que les pensées, qui sont join-tes naturellement à ces mouvemens du visage & à ces cris, sont les passions que l'ame souffre à l'occasion de l'état où est le corps. Tellement que, si un homme a bien observé ses yeux, son visage, & tout l'exterieur de son corps, pendant qu'il a eu certaines passions, il a pû, voyant les mêmes mouvemens dans un au-tre homme, juger que cet homme sentoit les mê-mes passions. Veritablement, si quelquefois il a sçû se contraindre en de pareils états, il peut avoir appris à se défier de ces signes. Mais enfin il est évi-dent qu'ils sont naturellement propres à expliquer les passions; & que le meilleur moyen de faire en-tendre ce que l'ame souffre, est de ne pas contrain-dre son visage, ses yeux ou sa voix. C'est la manie-re d'exprimer ses pensées la plus naïve: c'est aussi la premiere de toutes les langues, & la plus universel-le qui soit dans le monde, puis qu'il n'y a point de na-tion qui ne l'entende.

Il y a deux autres moyens d'exprimer non seule-ment les passions de l'ame, mais encore tout ce qu'el-le conçoit: sçavoir ce qu'on appelle ordinairement *Parole*, & ce qu'on appelle *Ecriture*, qui ne sont à vray dire qu'une même chose. Car les hommes, ayant ob-servé qu'ils pouvoient former differentes voix oudif-ferens caracteres, sont convenus que les mots ou les ca-racteres signifieroient les choses; & se sont exprimez

Y

par l'un ou par l'autre de ces moyens, selon qu'il a été
plus convenable à l'état où ils se sont trouvez. S'ils
ont été absens, les caracteres qui demeurent aprés
qu'ils ont été tracez, leur ont été plus commodes,
comme pouvant être transportez où la voix n'auroit
sçû parvenir. Mais, s'ils ont été presens, les mots pro-
noncez leur ont semblé un moyen plus aisé de s'exprimer; & enfin, si quelqu'un n'a point eu la voix libre,
il a pû par les caracteres exposer aux yeux les signes de
sa pensée. De sorte que, s'il y quelque veritable difference entre *écrire* & *parler*, c'est qu'en parlant on se
sert de la voix, & en écrivant des caracteres, qui sont
à la verité des signes fort differens : mais en tous les
deux, on s'exprime par des choses exterieures & corporelles, ausquelles on fait signifier par institution
ce que l'on pense ; & c'est en general ce qu'on appelle *parler*.

Cela posé, il n'y a personne qui ne conçoive qu'on
peut apprendre une langue, ou une maniere d'écrire, & même qu'on en peut inventer. Car il est évident
que, soit qu'on les apprenne, ou qu'on les invente,
on ne fait autre chose que convenir que certains caracteres signifieront certaines pensées. On voit aussi
que s'il y a quelque difference entre les apprendre &
les inventer, c'est qu'en apprenant on s'instruit seulement des signes, dont quelques autres hommes sont
déja convenus, & qu'en inventant on est maître de
l'institution, qui fait que les mots ou les caracteres
signifient plûtôt une chose que l'autre ; & c'est par
ce moyen que presque toutes les nations se sont fait
des langues differentes.

Mais, comme il est aisé de concevoir comment des hommes, qui parlent une même langue, peuvent convenir entr'eux des moyens d'en inventer de nouvelles; je m'arrêteray à considerer comment une personne, qui n'auroit aucune connoissance de la langue d'un païs, la pourroit apprendre, quoy que ceux du païs ne sçûssent pas la sienne.

Pour cela je conçois que, s'appliquant d'abord à *Comment* sçavoir le nom des choses qui luy seroient les plus ne- *prendre une* cessaires, il écouteroit soigneusement tout ce qui se *langue é-* diroit par ceux qui tiendroient, ou qui démontre- *trangére.* roient quelqu'une de ces choses; & le mot, qu'ils repeteroient le plus souvent en parlant de cette chose, devant necessairement être son nom, il pourroit en prononçant ce mot, user en même temps, pour obtenir la chose, de quelque signe qui témoignât le besoin qu'il en a. Que, si en la démontrant, & en faisant connoître qu'il en a besoin, il ne la nommoit pas bien, on ne manqueroit pas de luy en dire le veritable nom. De sorte qu'il pourroit par de semblables démonstrations, sçavoir en peu de temps le nom de plusieurs choses; & pour peu qu'il eût d'esprit, il observeroit sur tout les mots, qu'on repeteroit le plus de fois, en répondant à ses diverses demandes sur le nom des choses qu'il démontreroit. Car apparemment les mots, qui se trouveroient dans toutes les réponses les plus proches du nom de chaque chose, signifieroient, *cela s'appelle*, ou *cela se nomme*: si bien qu'il n'auroit qu'à les repeter, pour faire de nouvelles questions.

Aprés avoir appris par ce moyen les noms de plusieurs choses, il pourroit, selon qu'elles seroient utiles ou dommageables, observer les mots dont ceux qui témoigneroient en être affectez, se serviroient pour exprimer ce qu'ils en penseroient, & apprendre par ce moyen les mots, qui signifiant les qualitez, sont toûjours ajoûtez à ceux qui signifient les choses, ausquelles ces qualitez conviennent.

Ensuite, voyant faire certaines actions, comme monter, descendre, aller, & venir, il pourroit demander comment cela s'appelle; &, quand il sçauroit assez de mots pour en former des discours, où il pût mêler les verbes aux noms, c'est-à-dire, ce qu'il penseroit touchant les choses & touchant leurs actions, il pourroit se faire entendre, quoy qu'il parlât encore fort improprement pour les mots & pour la construction.

La manie- re, dont les enfans ap- prennent à parler. Mais, pour connoître que cela n'est pas impossible, il ne faut que considerer que cela doit être souvent arrivé à des voyageurs. Et comment des hommes faits ne trouveroient-ils pas les moyens de se faire entendre dans un païs où ils arrivent, puisque les enfans en trouvent bien pour apprendre la langue du païs où ils naissent? Ils n'apportent, en venant au monde, que ce que la nature donne à tous les hommes, pour exprimer la douleur, la joye, ou les autres passions, cependant cela leur suffit. Et, pour peu qu'ils ayent vécu, ils étudient si bien le visage de leur nourrice, qu'elle peut les faire pleurer ou rire, à les regarder seulement. Ainsi ils connoissent aisément

les paſſions de ceux qui les approchent , par les mouvemens exterieurs , qui en ſont les ſignes naturels.

Ils ſont un peu plus longs à démêler les ſignes, que
les hommes ont inſtitué pour ſignifier les choſes.
Mais la neceſſité qu'ils ont de quelques-unes , les rend
ſi attentifs à tout ce qu'on dit de ces choſes, quand
ils s'apperçoivent qu'on les touche , ou qu'on les
montre de la main , qu'ils en apprennent enfin le
nom. Il eſt vray qu'ordinairement on tâche d'exciter
en eux quelque paſſion (comme la joye) par quelque
ery, qui accompagnant la démonſtration qu'on leur
fait des choſes, en même temps qu'on leur en dit les
noms, fait qu'ils y ſont plus attentifs , & qu'en étant
plus affectez par ce moyen , ils les retiennent mieux.

Mais, quelque peine qu'on ſe donne pour leur apprendre certaines choſes, on s'apperçoit ſouvent qu'ils
ſçavent les noms de mille autres choſes, qu'on n'a
point eu deſſein de leur montrer. Et ce qu'il y a
de plus ſurprenant en cela, c'eſt de voir , lors qu'ils
ont deux ou trois ans, que par la ſeule force de leur
attention , ils ſoient capables de démêler dans toutes les conſtructions qu'on fait en parlant d'une même choſe, le nom qu'on donne à cette choſe.

Ils apprennent enſuite avec la même application,
& le même diſcernement , les mots qui ſignifient les
qualitez des choſes , dont ils ſçavent les noms.

Enfin , étendant leur connoiſſance plus loin , ils
remarquent quelques actions ou quelques mouvemens de ces mêmes choſes ; & obſervant à même
temps ceux qui en parlent , ils diſtinguent à force

d'être attentifs , & d'entendre répéter les mots qu'on
mêle aux noms,qui fignifient les chofes ou leurs qualitez , ceux qui fignifient leur action.

Ainfi un enfant, dont le temperament eft fort &
vigoureux, voyant un cheval qui court , femble vouloir voler aprés. Ceux qui le veulent divertir , luy demandent fouvent, s'il voit le cheval : mais, parce que
peut-être ce mot feroit difficile à prononcer pour luy,
à caufe que les enfans prononcent mieux tous les mots
qui n'ont befoin que de lévres ou de gencives pour
être bien articulez , ils luy donnent un nom convenable à cela. Et , lors que dans les efforts qu'il fait pour
fe joindre au cheval , il a prononcé ce mot , on le
méne auprés de cet animal, qu'on luy fait careffer ,
en difant qu'il eft bon : ce qui fe repete fouvent,tandis
qu'il le flate. Mais, fi le cheval vient à faire quelque
mouvement ou quelque fouffle,qui faffe craindre qu'il
ne bleffe l'enfant , ceux qui le veulent ôter de là , difent incontinent que le cheval eft méchant; & fi cet enfant , lors qu'on l'emporte , témoigne par des cris que
cela luy déplaît , ceux qui le tiennent , feignent de la
peur , dont l'enfant connoiffant les fignes exterieurs
fur leur vifage , fent incontinent les mêmes mouvemens , ce qui le fait confentir à s'éloigner du cheval.
Et,comme pendant tout cela on repete fouvent le mot
de *méchant*, avec des démonftrations qui le rendent
plus attentif, il conçoit ce que veut dire ce nouveau
mot, le retient & fouvent le repete à fa maniere. De
forte que,fi aprés de femblables leçons , ce même enfant voit un cheval, il repetera le mot,qui luy figni-

fie cet animal ; &, fi l'en approchant, il le trouve affez
paifible pour fe laiffer flatter, il dira en même temps
le mot, qui fignifie le cheval, & celuy qui fignifie fa
douceur. Mais s'il s'agite trop , la peur qu'il en
aura , luy faifant faire effort pour s'en éloigner,
luy fera dire à même temps le mot de méchant à fa
maniere , aprés celuy qui fignifie cheval , fans lier
ces deux mots par aucun verbe , qui défigne aucune
action.

Je diray en paffant, qu'il y a bien de l'apparence que *Que les*
ceux qui ont donné les élemens de la Grammaire, *Grammai-*
ont fait de femblables obfervations. Comme tout l'art *tent cette*
de leur methode n'a pû être tiré que de la nature *maniere.*
même, il faut qu'ils ayent bien confideré comment
les enfans apprennent à parler ; & je vois qu'en effet
leurs preceptes ne font qu'une imitation de ceux que
la nature donne aux enfans.

D'abord les Grammairiens font connoître les noms
qui fignifient les chofes , qu'ils appellent *fubftantifs :*
puis ils font connoître ceux qui fignifient les qualitez, qu'ils appellent *adjectifs.* Et ce n'eft qu'aprés avoir
bien diftingué ces differens noms , qu'ils font connoître les mots qui fignifient les actions des chofes ,
qu'ils appellent *verbes* : en quoy ils fuivent encore les
leçons, que la nature donne aux enfans, qui felon
ce qu'on en peut obferver , ne fe rendent attentifs
aux mots qui fignifient les actions d'une chofe, que
quand ils en fçavent déja le nom , & celuy des qualitez par lefquelles cette chofe leur plaît ou leur déplaît. Car c'eft toûjours felon cette convenance

qu'ils apprennent plûtôt une chose que l'autre.

Et , afin que cela s'explique par le même exemple , dont j'ay déja commencé de me servir , lors
que l'enfant sçait bien le nom du cheval , &
ceux des qualitez qui font qu'il luy plaît ou luy déplaît , le desir qu'il a naturellement d'étendre ses
connoissances, fait qu'il observe les actions du cheval,dés qu'il le voit. Et , si quelquefois on s'apperçoit
que , suivant l'impetuosité de son temperament, il
donne des signes de joye en voyant courir le cheval ,
on dira alors avec des cris , qui accompagnent ordinairement la joye , & en le remuant d'une façon approchante de celle dont cet animal remuë , que *le cheval court*. Cela repeté plusieurs fois , luy fera concevoir le mot qui exprime cette action ; en sorte qu'il
ne manquera point de joindre le mot , qui signifie le
cheval , avec celuy qui signifie son action.

On pourroit, en suivant le même exemple, montrer comment un enfant apprend enfin à parler tout-à-
fait : mais il suffit d'en avoir exactement observé les
commencemens ; & l'on en peut comprendre aisément la suite. Ce qu'il y a seulement à remarquer , est
qu'il faut beaucoup plus de temps pour luy apprendre
ce que valent les *adverbes* , que les mots qui signifient
les substances, les qualitez, & les actions ; parce qu'il
n'importe pas tant à sa conservation de connoître
ce plus , ce moins , & cet excez , ou ce défaut , qui
s'expriment par les adverbes qu'on joint aux choses ,
aux qualitez , ou aux actions, que les choses , les
qualitez , ou les actions mêmes,

                                                    il

Il eſt bon auſſi de conſiderer que , quand il commence à s'appercevoir du plus, du moins de l'excez,
ou du défaut , il l'exprime ordinairement par quelque mouvement , ou quelque démonſtration de
grandeur , ou de petiteſſe , à proportion de ce que les
choſes le touchent fortement ou foiblement , par
leurs qualitez , ou par leur action.

Il en eſt de même des *conjonctions*,& des autres particules inventées pour lier , ou pour ſeparer les choſes.
Un enfant ne les employe que rarement , & aprés
un long temps : parce que , ſuivant abſolument
la nature, il croit avoir exprimé la choſe & ſa qualité,
quand il a mis les deux mots,qui les ſignifient , l'un
avec l'autre.

C'eſt ce qu'il fait auſſi pour l'action , qu'il exprime,en mettant le mot qui la ſignifie , proche du nom
de la choſe , ſans pouvoir encore diſcerner cette pré-
ciſion des temps , ni remarquer cette diverſité de
terminaiſons, laquelle appliquant le mot, qui ſignifie une même action , à diverſes perſonnes , & à divers temps , forme la *conjugaiſon*.

On pourroit auſſi montrer comment il vient à
connoître le terme des actions ; & l'on pourroit enfin tirer de l'ordre naturel, dans lequel les enfans apprennent à parler , des notions pour juger entre toutes les langues celles qui ſont les plus parfaites. Car
ſans doute celles qu'on verroit dans leurs conſtructions ordinaires ſuivre le plus cet ordre naturel, devroient paſſer pour les plus parfaites.

Mais , ne cherchant icy que les principes , je ne

Z

dois pas aller jufqu'à ce détail. Je defire feulement
qu'on obferve une verité trés-importante, que nous
découvre évidamment cet exemple des enfans ; qui
eft, que dés la naiffance ils ont la raifon toute entiere : car enfin cette maniere d'apprendre à parler, eft
l'effet d'un fi grand difcernement, & d'une raifon fi
parfaite, qu'il n'eft pas poffible d'en concevoir un plus
merveilleux.

Que, fi dans la fuite de l'âge ils paroiffent fans
conduite, & prefque fans raifon, il faut confiderer
que c'eft la connoiffance des affaires & de tous les
fujets fur lefquels ils doivent raifonner, qui leur
manque plûtôt que la raifon. Joint à cela que les coûtumes du monde, qui en font toute la fageffe, font
fouvent fi contraires à ce que la nature bien ordon-
née exigeroit des hommes, que ceux qui naiffent, ont
befoin de vivre plufieurs années, pour apprendre des
chofes fi éloignées de ce que la nature enfeigne. Mais
toûjours il eft évident que leur raifon eft entiere dés
le commencement, puis qu'ils apprennent parfaitement la langue du païs où ils naiffent, & même
en moins de temps qu'il n'en faudroit à des hommes
déja faits, pour apprendre celle d'un païs où ils voya-
geroient, fans y trouver perfonne qui fçût la leur.

Il n'eft pas difficile maintenant de concevoir,
pourquoy nous avons tant de facilité à apprendre une
langue étrangere d'une perfonne qui la fçait, & qui
fçait auffi la nôtre : car alors nous pouvons nous en-
querir aifément du nom de chaque chofe. Nous pouvons auffi par ce moyen apprendre plufieurs lan-

gües , étant manifefte qu'aprés avoir appris le mot, qui
fignifie une chofe en François , on peut apprendre
encore par quels mots les Italiens , les Efpagnols , &
d'autres nations expriment cette chofe. Et ce qu'il y
a de remarquable eft , que quand nous fommes une
fois convenus que plufieurs mots fignifient une même chofe, nous joignons fi bien l'idée ou la penfée
de cette chofe à chacun de ces mots , que fouvent
nous nous fouvenons trés-bien qu'on nous en a donné l'idée , fans nous fouvenir duquel de tous ces
mots on s'eft fervi. D'où vient que, quand on fe trouve avec des perfonnes de differens païs, dont on fçait
les langues , on retient aifément chaque nouvelle, &
tout ce qui a été dit fur les fujets dont on a parlé,
fans pouvoir précifément fe reffouvenir des mots ni
de la langue dont on s'eft fervi , pour nous donner
les idées qui nous en reftent.

Cela fait voir encore bien clairement , ce me femble , la diftinction qu'il y a entre nos penfées , & les
mots par lefquels nous les exprimons. Et, comme la
principale fin pour laquelle je me fuis propofé cet ouvrage, eft de faire connoître cette diftinction, je ne
crois pas devoir omettre en cet endroit une autre
confideration , qui la rend, à mon avis, fi évidente,
qu'il n'eft pas poffible d'en douter.

C'eft que , lors qu'un homme parle en public , &
qu'il eft écouté de plufieurs perfonnes de differentes
nations , le fens de fes paroles n'eft compris que de
ceux qui fçavent la langue dont il fe fert , bien que le
fon de fes paroles affecte également tous les autres.

Z ij

Cependant, ſi l'ame n'étoit pas diſtincte du corps , &
ſi les penſées n'étoient pas diſtinctes des mouvemens ,
il arriveroit que,dés que le cerveau de pluſieurs perſonnes ſeroit affecté de même façon , ils penſeroient
tous la même choſe en même temps : car ils ont tous
également ce qui dépend en cela de l'oreille & du
cerveau. Mais , parce que tous ne ſont pas convenus
que certains mouvemens de ces parties ſignifieront
certaines choſes , & qu'ils ne les ont pas joints aux
idées qu'ils en ont , il arrive qu'on parle inutilement
de ces choſes devant eux , & qu'ils ne les comprennent pas , bien que les mots qu'on employe pour les
exprimer , frappent leur oreille & leur cerveau , comme elles frappent l'oreille & le cerveau de ceux qui
en ont l'intelligence.

La même choſe ſe peut reconnoître encore par
ceux qui étudient quelque langue. Ils ſçavent ſouvent
en un inſtant la ſignification d'un mot , & ne la ſçavent plus en un autre. Cependant ils ſe ſouviennent
bien du mot , & ils ont encore l'idée de la choſe qu'il
leur doit repreſenter : mais ils n'ont pas encore ſi
bien joint l'une à l'autre , que cette idée revienne à leur
eſprit,dés qu'on prononce le mot qui la ſignifie.

Quoy que je ſois perſuadé que je n'aye rien avancé juſqu'icy , qui ne ſoit appuyé ſur des principes aſſez
clairs , pour ne laiſſer aucun doute , & que peut-être
ils fuſſent ſuffiſans pour en tirer d'autres conſequences , qui nous pourroient encore découvrir quelques
veritez aſſez importantes : neanmoins je croy que ,
pour donner un entier éclairciſſement ſur ce qui me

reste à dire, & même sur ce que j'ay déja dit, il est bon, avant que d'aller plus loin, de bien démêler tout ce qui se trouve en la parole dépendant absolument du corps, d'avec ce qui s'y trouve dépendant de l'ame, & de considerer ce qu'elle emprunte de leur union.

De la part du corps en celuy qui forme la voix, il *Comment se* faut considerer qu'il a des poulmons, où l'air entre *forme la* par la trachée-artére, lors que les muscles de la poi- *voix.* trine en étendent tous les côtez par leur mouvement, comme il entre dans un soufflet par le bout, quand on l'étend en séparant ses deux côtez.

Il faut aussi concevoir que, comme le vent qui sort d'un soufflet, quand on le referme, pourroit pousser l'air d'autant de façons diverses, qu'on pourroit met- tre de differens sifflets à l'endroit par où sort le vent; de même l'air qui sort des poulmons, quand la poi- trine s'abaisse, est diversement poussé, selon que l'en- trée de la trachée est diversement disposée. Ce que je n'explique pas plus au long: car je suppose que tout le monde sçait qu'outre plusieurs petits anneaux de cartilage, qui servent à empêcher que les côtez de la membrane, qui forme le canal par où l'air entre & sort du poulmon, ne se rapprochent trop, il y en a trois considerables, dont l'un entr'autres se peut serrer de si prés, que quand il est en cet état, l'air ne peut sortir du poulmon qu'avec un grand effort; & quel- quefois aussi il se peut élargir de telle sorte, que l'air en sorte fort doucement. Or, comme entre la plus grande & la plus petite ouverture dont il est capable, il se trouve une diversité infinie d'autres ouvertures,

Z iij

dont chacune fait une differente impreſſion à l'air, il ne faut pas s'étonner ſi l'air, qui ſort de la bouche, peut faire tant de differens effets.

Je ſuppoſe auſſi que chacun s'imagine bien que le cartilage, qui ſert à modifier l'air, ne manque pas de tous les muſcles propres à l'ouvrir, à le fermer, & même à le tenir en certains états, autant qu'il eſt beſoin pour la durée d'un même ſon. Ces muſcles ſont arangez avec un ordre ſi merveilleux, qu'il n'eſt pas poſſible de le voir ſans l'admirer. Les deux autres cartilages ont auſſi leurs muſcles ; & toutes choſes ſont ſi bien diſpoſées en cet endroit, que l'on peut hauſſer ou baiſſer cette entrée, & l'ouvrir ou la fermer, avec lenteur ou avec avec viteſſe, ſans que jamais le mouvement des petits muſcles, qui ſervent à quelques-unes de ces actions, ſoit empêché par le mouvement de ceux qui ſervent aux autres. Ce qui nous fait connoître que c'eſt de la ſeule diſpoſition de cet endroit de la trachée, que dépend la difference des ſons.

Et il faut remarquer que, s'il n'y avoit que cette partie, il n'y auroit aucune difference entre les ſons qu'elle rendroit, & ceux d'une flûte, c'eſt-à-dire, qu'elle ne rendroit que des ſons vagues, & non pas des voix. Mais, pour leur donner une certaine détermination, la bouche eſt taillée de ſorte, que ces ſons venant à s'y entonner, reçoivent differentes terminaiſons, ſelon les differentes manieres dont elle s'ouvre.

Les voyelles. Si, par exemple, on ouvre la bouche autant qu'on la peut ouvrir en criant, on ne fçauroit former qu'une voix en A. Et à cause de cela le caractére, qui dans l'écriture défigne cette voix ou terminaison de son, eft appellé A.

Que fi on ouvre un peu moins la bouche, en avançant la machoire d'enbas vers celle d'enhaut, on formera une autre voix terminée en E.

Et, fi l'on approche encore un peu davantage les machoires l'une de l'autre, fans toutefois que les dents fe touchent, on formera une troifiéme voix en I.

Mais, fi au contraire on vient à ouvrir les machoires, & à rapprocher en même temps les lévres par les deux coins, le haut, & le bas, fans neanmoins les fermer tout-à-fait, on formera une voix en O.

Enfin, fi on rapproche les dents fans les joindre entierement, & fi en même temps on alonge les deux lévres en les rapprochant, fans les joindre tout-à-fait, on formera une voix en U.

Il eft fi aifé de concevoir comment les mouvemens, qu'on donne à toutes les parties de la bouche enchacune de ces formations de voix, étant mêlez, on pourra former des voix, dont la terminaison fera moyenne entre-deux de ces cinq voix ; que je ne m'amuferay pas à examiner comment fe forment ces voix moyennes ou compofées, qu'on appelle *Diphtongues*.

Mais je croy qu'il eft neceffaire d'examiner un peu *Les confon-* comment fe font ces battemens de la voix, qui en *nes.* font les differentes articulations, & que l'on exprime dans l'écriture par des caractères, qu'on appelle *Confonnes*.

Quelques-unes font articulées par les lévres feulement : ainfi, quand on a les lévres jointes fans que les dents le foient, on ne fçauroit former la voix A, qu'en defferrant les lévres d'une maniere, qui fait qu'on articule la fyllable Ba, dont la derniere lettre, exprimant la terminaifon du fon, c'eft-à-dire la voix, eft appellée *voyelle*, & la premiere, qui marque la maniere dont cette voix eft articulée, fonnant avec elle, eft appellée *confonne*. D'où, en paffant, on peut connoître que fouvent la voix peut être belle, fans être bien articulée : car le poulmon qui pouffe l'air, & l'entrée de la trachée peuvent être en une fi bonne difpofition, que la voix foit fort agreable. Mais en la même perfonne qui aura cet avantage, les autres parties de la bouche peuvent être fi mal difpofées, que ne fe remüant pas affez aifément, & ne fe rapportant pas les unes aux autres avec une jufteffe affez entiere, la voix fera mal articulée.

Ce qui eft dit du B, avec la voix A, fe peut dire de la même confonne avec les autres voix, fans qu'il y ait de difference dans l'articulation, laquelle commençant toûjours par defferrer les lévres, eft toûjours la même, & ne reçoit fa differente terminaifon, que de la fituation differente où les parties de la bouche fe mettent, pour former ces differentes voix.

Les confonnes P. & M. fe forment comme le B. en defferrant les lévres : mais il y a cette difference entre ces trois confonnes, que les lévres doivent être

fimplement

ſimplement jointes, pour prononcer le B. en les ou-
vrant ; qu'elles doivent être un peu plus ſerrées & retirées en dedans, pour prononcer le P. & qu'elles doivent être encore plus ſerrées & plus retirées, pour bien
prononcer l'M.

La lettre F. ſe prononce, quand on joint la lévre de
deſſous aux dents de deſſus : au lieu que les conſon-
nes precedentes ſe forment, en joignant les deux lévres.

La conſonne V. ſe prononce comme la lettre F.
avec cette difference, qu'on preſſe plus les dents
contre la lévre pour la lettre F. que pour l'V conſonne.

La lettre S. ſe prononce, en approchant les dents
de deſſous aſſez prés de celles de deſſus, & la langue
aſſez prés du palais, pour ne laiſſer paſſer l'air, qui va
ſortir de la bouche, qu'en ſifflant. Le Z. ſe prononce de même, avec cette difference ſeulement, que
pour le Z. on laiſſe un peu plus d'eſpace à l'air, en
n'approchant pas tant la langue du palais, & en l'é-
tendant d'une maniere, qui l'approche plus prés des
dents, que quand on prononce une S.

Le D. ſe prononce, en approchant le bout de la langue au deſſus des dents d'enhaut ; & le T. en frappant du bout de la langue à l'endroit, où ſe joignent les
dents d'enhaut & d'enbas. Pour la lettre N. elle ſe forme, en donnant du bout de la langue entre le palais
& le haut des dents ; & la lettre R. en portant le bout
de la langue juſqu'au haut du palais ; de maniere
qu'étant frôlée par l'air qui ſort avec force, elle luy

A a

cede, & revient souvent au même endroit, tandis que
l'on veut que cette prononciation dure. La lettre L.
se prononce, en portant le bout de la langue entre
l'endroit où se forme la lettre N. & celuy où se forme la lettre R.

Le G. se prononce, en approchant doucement le
milieu de la langue de l'extrémité interieure du palais; & le K. en l'approchant de cet endroit même,
avec un peu plus de force.

Quant à l'X. c'est une prononciation composée de
l'S. & du K. Pour le C. on peut dire qu'il se prononce souvent comme l'S. & souvent comme le K. La lettre Q. se prononce aussi comme le K.

Enfin l'J. consonne se prononce, en portant le milieu de la langue vers l'extrémité interieure du palais, avec moins de force qu'au G. quand il se prononce avec un A. un O. ou un U. Pour le CH. c'est
une prononciation du C. jointe à une aspiration douce : tellement que la syllabe Ga. vient presque du fond
du gosier; la syllabe Ka. d'un peu moins avant; la
syllabe Ja. d'un endroit un peu plus proche du milieu du palais; & la syllabe Cha. du milieu du palais.

Je n'examine point pourquoy les uns prononcent
mieux certaines consonnes, que les autres : car on
connoît aisément que la facilité ou la difficulté de
prononcer, ne vient que de la disposition, qui se rencontre dans les parties de la bouche. En sorte, que si
les muscles de quelques-unes sont bien disposez; &
ceux de quelques autres le sont mal, on prononcera bien les lettres, où l'on aura besoin du

mouvement des parties qui font dans une bonne
difpofition ; & l'on prononcera mal celles , où l'on
aura befoin du mouvement des parties qui font mal
difpofées. Ainfi les enfans prononceront mieux le
B. le P. le D. & quelques autres , où l'on n'a befoin
que des lévres , de quelques dents & du bout de
la langue , que les lettres , pour la prononciation defquelles il fe faut fervir du milieu de la langue , ou
la replier jufqu'au haut du palais , comme la lettre R.
parce que les humiditez de leur cerveau rendent
leur langue trop épaiffe. De là vient qu'on a coûtume , en leur parlant , de changer le nom des chofes qu'ils connoiffent les premieres , quand il y a
des lettres qu'ils ne peuvent prononcer ; & que parmi nous on leur défigne leur pere & leur mere par
des mots , dont les confonnes font aifées , à caufe
qu'elles fe prononcent des lévres & des dents , ou du
bout de la langue.

Aprés avoir remarqué, autant qu'il eft neceffaire, *Les effets du fon dans les ani-maux.*
comment fe forme le fon ; comment il fe termine en
voix ; & comment il s'articule en fyllabes , par celuy qui prononce , à ne confiderer que le corps , il
faut maintenant examiner l'effet que ce même fon
produit dans l'oreille, qu'il frappe & dans le cerveau
qu'il ébranle.

Comme on fçait communément l'anatomie de
l'oreille , & même qu'il fuffit que chacun foit perfuadé en general, que c'eft un organe difpofé à recevoir l'air , quand il eft pouffé par les corps, qui en
fe touchant le chaffent d'entr'eux , ou repouffé par

A a ij

les corps durs, ou ſortant des poulmons d'un animal; je n'en feray point la deſcription. Je ſouhaite
ſeulement qu'on obſerve, que l'air ne peut être diverſement ébranlé par quoy que ce ſoit, qu'il n'entre
diverſement dans l'oreille; & que, ſelon ces diverſitez,
il ne donne un branle different à la membrane tenduë
dans le fond de l'oreille, & aux nerfs qui y répondent.

On peut juger auſſi par ce qu'on ſçait de la conſtruction des animaux, même des bêtes; que ſelon
que cet ébranlement des nerfs de l'oreille eſt different, le cerveau doit être ébranlé en differentes parties, & qu'enfin c'eſt toûjours, ſelon que ces differentes parties ſont ébranlées, que les eſprits ſe diſtri-
buënt diverſement dans les membres.

Or tout cela ſe fait par une ſuite neceſſaire de la
diſpoſition mécanique de tout le corps de chaque animal, & même de chaque bête, qui étant d'une certaine eſpece, c'eſt-à-dire, conſtituée pour une choſe
ou pour une autre, a juſtement tout ce qu'il faut
pour effectuer ce que l'Auteur de la nature s'eſt propoſé en la formant. Elle a le cerveau tellement ajuſté,
ſelon ſon temperament, à tout ce qui la peut conſerver, que ſi les objets qui luy peuvent nuire, meuvent ſon cerveau, c'eſt toûjours d'une façon qui le
fait ouvrir aux endroits, d'où les eſprits peuvent couler dans les muſcles qui ſervent à la reculer de ces
objets; & ſi les objets qui luy peuvent ſervir, meuvent ſon cerveau, c'eſt toûjours d'une façon qui le
fait ouvrir aux endroits, d'où les eſprits peuvent couler dans les muſcles, qui ſervent à l'approcher de ces

mêmes objets. Tellement que, fi nous fuppofons
qu'un même bruit, frappant les oreilles de deux bêtes
de differente efpece , vienne à ébranler en même
temps leurs cerveaux , nous devons croire que cet
ébranlement fe faifant diverfement en chacune, & en
differentes parties de leur cerveau, felon que ce qui
caufera le bruit, luy fera convenable ou contraire ; il
arrivera auffi que, le cours des efprits étant neceffairement different en ces deux bêtes, l'une fera portée
fort loin de l'objet, tandis que l'autre s'en approche-
ra. Ainfi le heurlement d'un loup fera fuïr une bre-
bis, & pourra faire approcher en même temps un autre loup.

Mais il eft befoin de remarquer en cet endroit, qu'encore que l'artifice avec lequel le cerveau des animaux
eft compofé , foit infiniment varié, & qu'il foit admirable , en ce que, fuivant leurs differentes confor-
mations, il fe trouve toûjours fi artiftement difpofé ,
qu'ils doivent neceffairement , & felon toutes les regles de la mécanique, être approchez de ce qui leur
eft naturellement bon, ou reculez de ce qui leur eft naturellement mauvais : toutefois il n'a pas été poffible
que dans la petiteffe de leur cerveau il y eût tant de
refforts differens, qu'ils puffent avoir une proportion
neceffaire, & toûjours bien marquée avec toute forte
d'objets.

Mais au lieu de cela , leur cerveau a été fait d'une
fubftance affez molle, pour recevoir aifément de nouvelles impreffions , & neanmoins affez confiftante,
pour conferver celles que font en quelques endroits

certains objets , qui ne leur étant naturellement ni
bons ni mauvais , ne laiſſent pas de leur faire par occaſion un bien ou un mal conſiderable. Et ſouvent ces
veſtiges , qui n'étoient pas d'abord dans le cerveau ,
y demeurent ſi bien marquez , que dés que les objets
qui les ont cauſez, ſe preſentent , les endroits qui en
conſervent l'impreſſion , en étant plus ébranlez que
les autres , laiſſent couler des eſprits dans les muſcles ,
qui peuvent ſervir à tranſporter l'animal prés ou loin
de ces objets, ſelon qu'ils luy ont été utiles ou dommageables.

　　Au reſte , comme il y a bien plus de peril pour
l'animal de ſouffrir l'approche des objets, qui luy peuvent nuire , qu'il n'y en auroit à ne pas approcher de
ceux qui pourroient luy être utiles ; lors qu'il n'y a
encore aucune impreſſion dans ſon cerveau à l'occaſion d'un objet , s'il arrive que ce ſoit par quelque
bruit que cet objet commence à ébranler ſon cerveau , il ne manquera jamais de fuïr , ſur tout ſi l'air
a été fortement émû , ou d'une maniere qui ait apporté du trouble dans le cerveau.

　　Je croy qu'il n'y a perſonne qui n'ait ſouvent ſenti
en ſoy-même les effets de cette ſurpriſe, & qui n'ait
éprouvé combien la volonté, que l'ame a pour lors de
retenir le corps en de certains lieux , eſt contrariée
par cette diſpoſition naturelle, qui fait que tous les
eſprits & les muſcles conſpirent à le tranſporter loin
des endroits où ſe fait quelque bruit, ſur tout, quand
il eſt ſi grand, que tout le corps ſemble être menacé
d'y être détruit.

Chacun peut aussi avoir éprouvé combien l'ébranlement que fait dans le cerveau un bruit, qui n'est pas
ordinaire, & qui arrive subitement, a de force pour
faire couler, sans qu'on y pense, les esprits dans les
muscles, qui servent à transporter le corps hors des
lieux où ce bruit arrive.

Mais, comme ce n'est pas encore icy le lieu d'e-
xaminer ce qu'il y a de la part de l'ame en *la parole*,
il faut pour achever de connoître tout ce qu'elle emprunte du corps qui forme la voix, ou de celuy qu'elle affecte, se ressouvenir que les mêmes nerfs, qui
répondent aux oreilles, envoyent des rameaux aux
dents, à la langue, à l'entrée de la trachée-artere, &
generalement à tous les endroits qui servent à former
ou à modifier la voix. Si bien que, suivant l'institution de la nature, le même ébranlement des nerfs de
l'oreille, qui fait que le cerveau est affecté du mouvement qu'une voix cause en l'air, fait aussi que les
esprits, répandus du cerveau dans les nerfs de toutes
les parties propres à former à la voix, en disposent les
muscles d'une façon, qui répondant à l'impression
que cette voix a faite dans le cerveau, les met en état
d'en former une toute semblable. Et, s'il a été necessaire que le rapport qu'il y a des nerfs de l'oreille
au cerveau, fût tel que, quand il seroit ému par les
ébranlemens de l'air, ce fût en differens endroits, selon la diversité des bruits, afin que suivant cette diversité, il pût couler des esprits dans les muscles, qui
peuvent transporter ou arrêter l'animal, selon que
les causes de ce bruit sont utiles ou nuisibles à tout le

corps; il n'a pas été moins neceffaire qu'il y eût affez
de rapport entre les nerfs de l'oreille, & ceux des
parties qui fervent à la voix, pour faire que, dés qu'u-
ne voix frapperoit l'oreille, auffi-tôt les mufcles de
ces parties fe difpofaffent, comme il faut qu'ils le
foient, pour en former une femblable.

Et, pour mieux connoître cette neceffité, il
eft befoin de faire deux réfléxions. La premiere,
que, s'il importe aux animaux que leur cerveau foit
ébranlé par le bruit de certains corps, avant qu'ils en
foient trop proches, afin de les pouvoir éviter ; il
leur importe auffi qu'il puiffe être ébranlé par le
bruit de quelques autres corps, afin d'être tranfportez vers eux, quand ils en font plus loin qu'il ne
faut pour leur confervation, ou pour leur commodité.

La feconde que, comme à ne confiderer chaque animal que felon fon efpece, il n'y a rien qui luy
foit plus nuifible que ceux qui font d'une efpece contraire; il n'y a rien auffi qui luy foit plus convenable
que ceux de fon efpece.

Cela pofé, il eft évident que rien ne pouvoit être
fi utile que cette communication, qui eft entre les
oreilles & les parties qui fervent à la voix. Car par
ce moyen, le cry d'une bête venant à ébranler le cerveau d'une autre bête de fon efpece, il arrive auffi-
tôt qu'elle eft non feulement tranfportée vers celle
qui a fait le cry (fuivant ce qui a été dit) mais outre
cela, que les mufcles de fon gofier fe difpofent de
telle forte, qu'elle fait en même temps un cry tout
femblable

femblable; & ce nouveau cry, frappant le cerveau de celle qui a crié la premiere, fait qu'il coule neceffai- rement des efprits dans les mufcles qui fervent à la tranfporter vers la feconde : de forte qu'elles fe ren- contrent plûtôt, & peuvent, felon les caufes du cry qui les a fait approcher, tirer l'une de l'autre ce qui peut fervir à leur confervation.

Je fçay bien que cette neceffité de former des cris ou des voix femblables à celles qui ont frappé les oreilles, n'eft pas fi generale, que cela doive toûjours arriver; & qu'il y a deux cas, où il faut que cela foit autrement, même dans les bêtes.

Le premier eft, lors que celle qui a l'oreille frap- pée, & le cerveau ébranlé par un cry, n'eft pas de même efpece, que celle qui a fait le cry. Car nous fça- vons par ce qui a precedé, non feulement que les difpofitions des parties qui forment la voix dans les animaux d'efpece differente, étant toutes diverfes, cela ne peut arriver ; mais auffi que ce qui fait qu'une bête pouffe un cry femblable à celuy que fait une au- tre bête de fon efpece, n'eft qu'afin qu'elles puiffent plûtôt être prefentes au befoin, qu'elles peuvent avoir l'une de l'autre.

Le fecond cas eft, qu'il peut fouvent arriver, mê- me entre les bêtes d'une même efpece, que le cerveau de l'une foit émû par la voix ou le cry de l'autre d'u- ne maniere, felon laquelle il fera plus utile pour cel- le dont le cerveau aura été frappé de ce cry, que les efprits coulent en d'autres mufcles, qu'en ceux qui fervent à former un cry femblable. Par exemple, fi

B b

un coq fait le bruit qu'il a coûtume de faire , lors qu'il rencontre du grain , il pourra être que ce bruit frappant l'oreille des poules , ébranlera leur cerveau d'une maniere à les faire approcher du lieu où est ce grain, sans former une voix semblable à celle qui sera cause qu'elles y seront transportées. Comme aussi il peut arriver qu'une bête crie de telle sorte à l'occasion d'un objet dangereux , qu'elle fasse fuïr toutes les autres bêtes de même espece , sans qu'elles fassent un semblable cry. Mais, toutes les fois qu'une bête n'est pas dans ces pressans besoins , qui sont toûjours ce qui détermine le plus fortement en elle le cours des esprits , dés que son oreille est frappée par un cry , ce rapport qu'il y a des oreilles au larinx , fait que du même endroit , que les nerfs de son oreille ont ébranlé son cerveau , il coule necessairement des esprits dans les muscles du larinx , qui le disposant d'une maniere répondante à l'impression du cerveau , font que la bête pousse un cry tout semblable. De là vient que les oyseaux s'excitent à chanter.

Enfin cette connexité des nerfs de l'oreille, & de ceux des parties qui servent à la voix , est en general tellement la cause du bruit , que font la plûpart des bêtes , que , pourvû qu'elles ne soient pas dans de pressans besoins , dés que leurs oreilles sont excitées par quelque bruit , l'impression qu'il fait dans le cerveau, est cause que les esprits, qui ne sont point divertis ailleurs , coulent vers le larinx , pour le disposer à faire un bruit semblable. Et , comme le bruit qui a ébranlé leur cerveau , ne peut pas toûjours être imité par

les voix, qu'ils font capables de rendre, felon la difpofition naturelle de leur gofier, ils en rendent
fouvent de trés-differens. C'eft ce qui fait que les
inftrumens de mufique excitent les oyfeaux à chanter, & que ce qu'ils chantent, eft different de ce qu'on
joue fur ces inftrumens. Mais, pour faire connoître
que ce n'eft que le peu de rapport, qu'il y a entre les inftrumens & la difpofition de leur gofier, qui empêche
qu'ils ne les imitent, c'eft que toutes les fois qu'il fe
rencontre affez de proportion entre leur gofier & les
voix qui frappent leur oreille, ils ne manquent point
d'en former enfin de femblables.

Ainfi les linottes apprennent avec le temps le chant
des roffignols, celuy des autres oyfeaux, & tout ce
qu'on joue fur des inftrumens. Elles apprennent même, comme les perroquets, à prononcer quelques-unes
de nos paroles, parce qu'elles ont la langue & le bec
difpofez à les articuler. Que fi elles font longues à apprendre le chant des autres oyfeaux, ou nos paroles,
c'eft que les nerfs qui répondent de leurs oreilles aux
mufcles de leur gofier, de leur langue, & de leur bec,
ne font pas fi-tôt ajuftez à ces nouvelles manieres de
voix, qu'elles les puiffent former tout d'un coup.
Mais enfin il paroît que, dés que ces parties font capables de former ces voix, elles les forment.

Comment quelques oyfeaux imitent le chant des autres, & mêmes nos paroles.

Et nous devons fur tout remarquer, que le changement qui arrive en elles, quand elles apprennent,
eft que, leur cerveau étant diverfes fois frappé au même endroit des mêmes chants ou des mêmes mots,
l'impreffion en demeure fi forte en cet endroit, que

les efprits,qui en fortent pour s'écouler dans les mufcles de leur gofier, de leur langue, ou de leur bec, les
difpofent enfin à repeter ces chants, ou ces paroles.

Il eft auffi fort à remarquer que jamais elles ne
rendent les chants ou les mots qu'elles ont appris,
que quand elles n'ont aucun befoin qui divertiffe les
efprits ailleurs; & que fi dans ces occafions elles forment un cry, ou une voix, c'eft toûjours le cry ou la
voix de leur efpece. Si bien qu'elles ne forment ces
chants étrangers, ou les paroles humaines, que quand
rien ne leur manque, & que les efprits étant en abondance, ou fort échauffez, coulent fans que rien en
divertiffe le cours, de l'endroit du cerveau que ces
chants ou ces paroles ont le plus ébranlé, vers les
parties qui fervent à la voix: fi ce n'eft qu'on ait fort
obfervé de ne leur donner toute la nourriture dont
elles ont eu befoin, que dans le temps qu'on chantoit
ou qu'on parloit auprés d'elles; car alors la prefence
de la pâture ne manque pas de les exciter à repeter les
mêmes chants ou les mêmes paroles.

Et pour bien entendre cela, il faut concevoir que
les bêtes apprennent leur cry des autres bêtes de leur
efpece, & qu'ordinairement la pâture en eft caufe.
Car les petits ayant en même temps l'oreille frappée
des cris, que fait toûjours leur mere, en la prefence
d'une pâture qu'ils ne tiennent pas encore, & les
yeux frappez de cette pâture; il doit arriver que l'endroit de leur cerveau, qui reçoit toûjours ces deux
ébranlemens à la fois, en ait à la continuë une impreffion telle, que les efprits venant à couler de cet

endroit vers le gofier & les mufcles qui fervent à la
voix , les doivent neceffairement difpofer d'une façon , qui répondant à l'impreffion du cerveau , faffe
pouffer à ces petites bêtes un cry femblable à celuy de
leur mere.

Mais , quand elles font élevées par des hommes , que les linottes , par exemple , font nour-
ries dans une cage , & qu'au lieu du cry de leur
mere , il arrive qu'en préfence de la pâture certains chants étrangers , ou même des paroles humaines frappent leur oreille ; il ne faut pas s'étonner fi ces
paroles ou ces chants , faifant impreffion au même
endroit du cerveau , d'où cette pâture auroit dû
faire couler des efprits dans les mufcles du gofier &
du bec , pour leur faire faire le bruit que font les oyfeaux en prefence d'une pâture qu'ils ne tiennent pas
encore , font caufe que les efprits étant autrement dirigez , difpofent autrement les mufcles du gofier , de
la langue & du bec de ces petits oyfeaux , & font
qu'au lieu du cry qu'ils auroient pouffé , fi leurs meres les avoient élevez , ils recitent des chants , ou prononcent des paroles. Cela doit neceffairement arriver ainfi ; & même ces chants ou ces paroles peuvent
alors être appellez leur cry ou leur chant naturel , parce qu'ayant toûjours accompagné une action , qui a
fait une fi forte impreffion fur leur cerveau , il n'eft
pas poffible que cette action ébranle leur cerveau ,
qu'auffi-tôt les efprits ne coulent vers les mufcles qui
fervent à former ces chants, ou à ces paroles. De même,
fi pour les mieux faire apprendre, on les a mifes en un

Bb iij

certain état, ou en un certain lieu, elles répéteront
plûtôt ce qu'on leur aura appris, fi on les remet dans
le même état ou dans le même lieu, qu'en tout autre.

Il eſt aiſé auſſi d'entendre pourquoy il eſt quelquefois arrivé qu'un grand bruit, comme celuy d'une
trompette, ayant tout d'un coup ébranlé l'oreille d'un
oyſeau, a fait une ſi forte impreſſion dans ſon cerveau, qu'ayant effacé toutes les autres, les eſprits
n'ont plus coulé vers ſon goſier que d'une façon, qui
pût diſpoſer les muſcles du larinx à rendre des ſons
tout ſemblables à celuy de la trompette. Et il ne faut
pas s'étonner ſi les paſſages, par où ces eſprits coulent
vers le goſier, étant plus difficiles à émouvoir que le
cerveau à ébranler, l'oyſeau demeure quelquefois
pluſieurs jours dans une eſpece de ſilence, avant que
de rendre ce ſon ; ni même ſi quelquefois ce ſilence
eſt perpetuel, quand les parties qui ſervent à la voix,
ne ſont pas capables d'en former une ſemblable au
ſon, qui a ſi fortement émû le cerveau.

Enfin il n'y a perſonne de bon ſens, qui aprés
cette diſcution ne voye pourquoy un animal étant né
ſourd, doit neceſſairement être muët.

De tout cela, il reſulte avec aſſez d'évidence à qui
le voudra bien conſiderer : Premierement, que c'eſt
le poulmon & la conſtruction de la trachée, de la langue, du palais, des dents, & des muſcles de toutes
ces parties, qui eſt cauſe en reculant, & en repouſſant,
ou en modifiant diverſement l'air, qu'on peut former
des voix, & les articuler.

Secondement, que c'eſt à cauſe du rapport qui eſt

entre le cerveau & les autres parties du corps de chaque animal, qu'il est diversement agité de ces voix.

Et en troisiéme lieu, qu'en tout animal capable de
former des voix, il y a une telle communication de
l'oreille au cerveau, & du cerveau à toutes les parties
propres à la voix, que la même voix qui ébranle le cerveau par l'entremise de l'oreille, le dispose à laisser couler dans les muscles de ces parties, des esprits qui les
mettant dans une situation répondante à la maniere
dont cette voix a frappé le cerveau, font qu'elles forment une voix toute semblable, si quelque pressant besoin de l'animal ne divertît ailleurs le cours des esprits.

Ce qui étant une fois bien conçû, il sera facile de
connoître mille choses, qu'on ignore assez ordinairement touchant les effets differens du bruit & du cry
des animaux, que je n'expliqueray pas neanmoins
plus particulierement, parce que tous ceux qui ont
assez d'attention pour concevoir le peu de principes
que j'ay posez, en tireront tout ce qu'il faut pour cette explication; & que ceux qui ne sont pas capables
d'une telle attention, ne concevroient pas ce que j'en
pourrois dire dans un plus grand détail.

Je m'arrêteray seulement à faire considerer, que
selon ces principes, les bêtes n'ont pas besoin d'une
ame pour crier, ou pour être émûës par des cris : car
si on les touche en quelque endroit, où leurs nerfs
soient atteints avec assez de force pour faire que leur
cerveau soit fort ébranlé, il est assez aisé de concevoir
que cette action agitant les esprits, ils doivent couler
beaucoup plus vîte dans les muscles, & qu'ainsi la

vîteſſe de ceux qui coulent inceſſamment vers le
cœur, augmentant, doit rendre ſes battemens plus
précipitez: ce qui fait qu'il pouſſe dans l'artére du
poulmon une ſi grande quantité de ſang, que cette
artére s'étendant plus qu'à l'ordinaire, preſſe la trachée, & fait que l'air eſt chaſſé du poulmon avec
une impetuoſité, qui répond à celle dont le ſang y eſt
entré.

Le ſecond effet de cette prompte agitation des eſprits, eſt qu'en même temps qu'il en coule vers le
cœur, il en coule auſſi vers tous les autres muſcles
qui ſont dans une action continuelle, comme ceux
de la poitrine, parce que, comme les chemins qui
conduiſent les eſprits en ces ſortes de muſcles, ſont
toûjours ouverts, à cauſe de la neceſſité de leur action qui dure toûjours, les eſprits ne peuvent recevoir de nouveau mouvement, ſans le communiquer incontinent à ces muſcles: ce qui fait que ceux
du diaphragme & de la poitrine la preſſent de ſorte
que l'air en doit ſortir avec effort; & comme les
muſcles du larinx ſont auſſi fort agitez, l'air en ſortant, eſt battu d'une maniere qui tient de cette agitation.

Ainſi l'on peut concevoir par la ſeule diſpoſition
du corps, pourquoy une bête crie; & pour connoître
comment elle peut être émûë par des cris ſans avoir
d'ame, il n'eſt beſoin que de ſe reſſouvenir du rapport
qui eſt entre le cerveau, les parties qui ſervent à la
voix, & toutes les autres parties du corps. Car, ſi ſelon la
difference des cris, les cerveaux ſont diverſement
ébranlez,

ébranlez ; & fi felon cette diverfité des ébranlemens
du cerveau , le corps eft diverfement tranfporté ,il ne
faut pas chercher ailleurs que dans le corps,pourquoy
les bêtes d'une même efpéce font émûës à s'approcher
par les cris qu'elles font , & pourquoy leurs cris font
fouvent éloigner celles d'une autre efpéce. Comme il ne s'agit que de conferver un corps en elles , &
que ce corps eft fi mécaniquement difpofé , que fa
feule conftruction peut être la caufe de ce qu'il eft
tranfporté vers les objets qui luy peuvent être utiles ,
& loin de ceux qui luy pourroient être nuifibles ; il
me femble que, quelque merveilleux que nous paroiffent leurs mouvemens , nous ne pouvons raifonnablement les atttribuer qu'à la conftruction de leurs
corps, & fur tout leurs cris, puifque fi nous y prenons
garde de prés , nous trouverons en nous-mêmes que
les cris ne fe font que par le corps feulement. Car enfin, fi nous crions , ce n'eft pas parce que nous avons
une ame, mais c'eft parce que nous avons un poulmon & d'autres parties,qui peuvent recevoir & repouffer l'air avec certaines modifications.

De même, fi les nerfs de nôtre oreille font émûs
par une voix , c'eft-à-dire par un air que d'autres corps
ont agité , en forte que nôtre cerveau qui en eft
ébranlé , laiffe couler des efprits dans les mufcles de
toutes les parties , dont le mouvement peut former
une voix femblable à celle qui l'a émû, c'eft-à-dire ,
repouffer l'air d'une façon répondante à celle qui l'a
ébranlé , ce n'eft que parce que nous avons un corps.

Enfin fi nôtre cerveau, quand il eft ébranlé par un

C c

bruit ou par une voix, laiſſe plûtôt couler les eſprits
dans les muſcles, qui ſervent à tranſporter nôtre
corps prés ou loin de ceux qui ont cauſé ce bruit, ou
formé cette voix, que dans les muſcles du larinx ou
des autres parties, qui pourroient ſervir à former une
voix ſemblable, c'eſt parce que nous avons un corps.

De ſorte que, s'il ne ſe rencontre dans les bêtes que
des effets ſemblables, nous ne pouvons pas dire raiſonnablement qu'elles ayent autre choſe que le corps.

*Que la pa-
role dans
les hommes
marque
qu'ils ont
une ame.* Mais pour nous, il faut avoüer (quoy que nous
devions attribuer à nos corps ce qui regarde les
cauſes & les effets de la voix) qu'il y a toûjours quelque choſe qui les accompagne, qui ne peut être
que de la part de l'ame. Car, s'il eſt vray en general que les mouvemens, auſquels nôtre corps eſt
propre, & les effets, que font ſur luy les divers
objets qui agitent ſon cerveau, ſuffiſent pour le conſerver, parce que la proportion que Dieu a miſe entre
luy & les autres corps de l'univers, luy donne, ſans
que nous y penſions, tout ce qui le peut entretenir
dans un état convenable à ſa nature; il eſt vray auſſi
que tout cela ſe paſſeroit en nous, ſans que nous
nous en apperçûſſions, ſi nous n'avions que le
corps. Cependant, ſi nous faiſons réfléxion ſur ce qu'il
nous arrive, lors que quelque bruit frappe les nerfs de
nôtre oreille, nous reconnoîtrons évidemment qu'outre cet ébranlement des nerfs de l'oreille, qui ſe continuant juſqu'au dedans du cerveau, y agite les eſprits, & les fait couler dans les muſcles propres
à mouvoir tout nôtre corps prés ou loin de la cauſe

de ce bruit, il y a toûjours une perception jointe à
chacun des ébranlemens de nôtre oreille, ou des autres parties de nôtre corps. Nous fentons même
fouvent une volonté toute contraire aux mouvemens , que ce bruit excite en nôtre corps; & bien
que fouvent l'impetuofité de ces mouvemens foit
telle qu'à peine les pouvons-nous arrêter, neanmoins
il eft évident que cette contrarieté ne fe rencontre-
roit pas en nous, fi ce qui nous rend capables de vouloir, n'étoit fort different & tout-à-fait diftinct de
ce qui nous rend capables d'être mûs.

Or de ces deux chofes, que nous reconnoiffons en
nous outre les mouvemens ; je veux dire la perception
que nous avons, dés que les nerfs de nôtre oreille font
ébranlez, & la volonté que nous avons enfuite de
confentir au mouvement auquel tout nôtre corps eft
excité, ou de le retenir; il me femble que la derniere eft fi évidemment diftincte de nôtre corps , qu'il
n'y a que les perfonnes, dont le jugement eft fort pré-
cipité, qui n'en connoiffent pas la diftinction.

Pour la perception, que nous avons à l'occafion de
l'ébranlement que la voix caufe dans les nerfs de l'o-
reille, bien qu'elle foit un peu plus difficile à diftinguer de cet ébranlement, parce qu'elle l'accompagne
toûjours, il eft aifé toutefois, à qui s'eft un peu accoûtumé à juger des effets par leurs caufes, de reconnoître que l'ébranlement étant un mouvement , ne peut
appartenir qu'à nôtre corps , & que la perception
étant une penfée, ne peut appartenir qu'à nôtre ame.
Et, comme nous avons reconnu par d'autres réfléxions,

que l'union de nôtre ame & de nôtre corps ne conſiſte qu'en ce que certaines penſées ſont tellement unies à certains mouvemens, que jamais les uns ne ſont excitez, que les autres ne le ſoient en même temps; nous ne devons plus nous étonner de voir que les nerfs de nôtre oreille ne ſoient jamais ébranlez, que nous n'ayons auſſi-tôt en l'ame une ſenſation, ou ſi vous voulez une perception répondante à la maniere dont ces nerfs ſont ébranlez, ni croire que cet ébranlement & cette perception ſoient une même choſe, bien qu'ils s'accompagnent toûjours.

Il faut donc conſiderer deux choſes, en ce que l'on appelle *ſon* : l'une eſt la façon dont l'air, en frappant le nerf de nôtre oreille, ébranle nôtre cerveau; & l'autre eſt la ſenſation de nôtre ame, à l'occaſion de cet ébatemeent du cerveau.

La premiere appartient neceſſairement au corps, puiſque ce n'eſt qu'un mouvement; & la ſeconde appartient neceſſairement à l'ame, puiſque c'eſt une perception.

De même dans la parole il y a deux choſes, ſçavoir la formation de la voix, qui ne peut venir que du corps, ſuivant tout ce que j'en ay dit; & la ſignification ou l'idée qu'on y joint, qui ne peut être que de la part de l'ame.

De ſorte que *la parole* n'eſt autre choſe qu'une voix, par laquelle on ſignifie ce qu'on penſe. Ce n'eſt pas qu'on ne puiſſe (comme je l'ay déja remarqué) joindre ſes penſées à d'autres ſignes qu'à la voix, comme aux caracteres de l'écriture, ou à certains

geſtes, & qu'en effet toutes ces manieres de s'exprimer ne ſoient des façons de parler, à prendre le mot
de *parler* en general.

Mais enfin, parce que la voix eſt le ſigne le plus
facile, on luy a déferé le nom de *Parole*, laiſſant aux
caracteres celuy *d'écriture*, & aux autres manieres de
s'exprimer le nom de *ſigne*, qui eſt celuy du genre
commun à ces trois eſpeces.

J'en ay peut-être déja dit aſſez de chacune, pour
les faire ſuffiſamment diſtinguer. Mais peut-être auſſi
que ne les ayant examinées, que par ce qu'elles ont
de commun entr'elles, je ne feray rien d'inutile ni
d'ennuyeux, ſi j'en parle ſéparément, pour faire
obſerver ce qu'elles ont de différent les unes des
autres.

La differēc̄e des ſignes, dont ſe ſervent les hommes pour ſe faire entendre.

Et pour commencer par cette eſpece, à qui l'on a
laiſſé le nom du genre, je veux dire par *les ſignes*, il
faut pour comprendre en peu de mots ce qu'on en
peut ſçavoir, remarquer qu'il y en a qui ſont *naturels*, d'autres qu'on peut appeller *ordinaires* ; & d'autres encore qu'on peut appeller *particuliers*.

Les naturels ſont ceux par leſquels, à cauſe du rapport neceſſaire qu'il y a des paſſions de l'ame aux mouvemens du corps, on connoît à l'exterieur les differens états de l'ame. J'ay dit que ces mouvemens ſont
les mêmes en tous les hommes. Mais il eſt bon de ſe
reſſouvenir, que comme par étude ils les peuvent contraindre, ou les exciter à plaiſir, il ne faut pas trop
s'y fier, ni croire qu'ils ſignifient toûjours ce qu'ils
doivent ſignifier.

C c iij

Les figncs , que je nomme ordinaires , font ceux
par lefquels une grande partie des hommes a coûtume de témoigner certaines chofes ; & ceux-là font
purement d'inftitution. Les uns font plus univerfels ,
& d'autres le font moins : par exemple , quand on
veut , fans fe fervir de la voix , dire que l'on confent ,
on fait un figne de tête tout different de celuy qu'on
feroit, pour montrer qu'on ne confent pas. De même
on fait certains figncs de la main , pour chaffer quelqu'un ; & ces fortes de figncs font affez univerfels.
Mais ceux par lefquels on témoigne fon refpect, quoy
qu'ils foient ordinairement d'une même façon dans
tout un païs , font fouvent trés-differens dans un
autre.

Les figncs , que j'appelle particuliers , font ceux
dont toute une nation , ou toute une communauté ne
convient pas : mais qui font inftituez entre deux perfonnes , ou peu d'autres , pour fignifier certaines
chofes , dont ils ne veulent pas que d'autres s'apperçoivent.

Pour l'Ecriture , il n'y en a point de naturelle ; &
ce n'eft que par art que les hommes en ont trouvé le
fecret. Comme ils ont vû qu'on faifoit fignifier tout
ce qu'on vouloit aux geftes & aux voix , ils ont crû
que donnant des fignifications aux caracteres, que la
main pouvoit former & qui reftent , ces fortes de
fignes pourroient faire fçavoir nos penfées à ceux
qui feroient éloignez , ou qui naîtroient long-temps
aprés nous.

Et cela s'eft fait de diverfes manieres. D'abord on

a ufé de caraĉteres, dont chacun fignifioit une chofe. Mais cette maniere étoit embarraffante : il falloit connoître trop de caraĉteres , & retenir trop de figni fications. D'ailleursil n'y avoit que les chofes qui pûffent être fignifiées : les aĉtions ne le pouvoient être commodement par ce moyen.

Dans la fuite , comme on a obfervé que toutes les diverfitez de la parole ne venoient que de la differente façon de former les voix , ou de les articuler, & que cinq voix feulement , diverfement articulées , ou diverfement affemblées , formoient toutes les paroles, on s'eft avifé de donner un caraĉtere à chacune de ces voix. Puis on a inftitué des caraĉteres, pour marquer leurs articulations ; & l'affemblage de ces differens caraĉteres a fait des fyllabes , qui jointes enfemble ont compofé des mots entiers. Si bien que , difpofant ces caraĉteres dans un ordre femblable à celuy dont on forme la voix ou les articulations qu'ils reprefentent, on fe fouvient des paroles ; & ces paroles font fouvenir des chofes qu'elles fignifient. Ainfi on voit que l'Ecriture eft un moyen de parler aux yeux , qui veritablement demande plus de temps pour l'expreffion , mais qui dure auffi plus longtemps.

Elle a encore un autre défaut , c'eft que peu de perfonnes peuvent voir à la fois les penfées de celuy qui s'en fert. Mais, comme en récompenfe elle a ce merveilleux avantage , de pouvoir apprendre malgré la diftance des lieux ou des temps, ce que penfent les perfonnes qui écrivent , elle a toûjours pa-

ru fi commode , que cherchant à suppléer ce qui
luy manquoit , on a enfin trouvé le fecret de l'Impreffion. On fait des caracteres de métail ou de
bois , qui étant une fois arrangez & chargez des
noir ou de couleur , marquent toutes les feüille
dont on a befoin , pourfaire lire en même temps &
en divers lieux un même piece à plufieurs perfonnes.

Je n'explique pas icy qu'il y a des manieres d'é-
crire ordinaires , & d'autres que l'on appelle *chiffress*,
qui font particuliers à certaines gens. Je n'explique
pas auffi la maniere , dont on exprime les nombres
fur le papier par des caracteres, qui portent plus communément le nom de *chiffres*, ni comment on exprime les fons par d'autres caracteres qu'on appelle *no-
tes*, car tout cela s'entend affez de foy-même.

Quant à la maniere de s'exprimer par la voix , à
laquelle on a donné principalement le nom de *Parole*,
on peut dire qu'il y a des voix naturelles , comme
celles que l'on pouffe dans la douleur , dans la joye,
& dans les autres paffions. Mais (comme je l'ay déja
dit des fignes naturels) il ne faut pas toûjours fe fier
à ces voix ; & l'on peut fouvent les contraindre , ou les
employer pour faire croire qu'on reffent ce qu'on ne
reffent pas en effet.

Il y a d'autres voix , dont les hommes fe fervent
pour s'expliquer mutuellement leurs penfées. Les
unes font plus univerfellement reçûës , comme celles
qui compofent la langue de tout un Peuple ; & d'autres font particuliéres à des perfonnes , qui conviennent

nent entr'elles de mots tous nouveaux, pour fignifier leurs penfées.

J'ay déja remarqué comment on apprend à parler en naiffant ; comment on peut apprendre une nouvelle langue ; & s'il me refte quelque chofe à faire fur ce fujet, c'eft de confiderer icy comment celuy qui apprend une nouvelle langue, en peut former l'habitude.

Pour cela il faut remarquer que nous joignons *Comment* dés la premiere langue que nous apprenons, l'idée *on apprend une nouvelle langue.* d'une chofe au fon d'un mot, ce qui eft entierement *le langue.* de la part de l'ame : car la fenfation, qu'on appelle fon, & l'idée de la chofe qu'on luy fait fignifier, font toutes de l'ame, ainfi que nous l'avons déja reconnu. De la part du corps, il y a un mouvement des efprits & du cerveau, qu'excite chaque voix, & une impreffion qu'y laiffe chaque chofe. Or ce mouvement eft toûjours joint à cette impreffion, comme la perception de chaque fon eft toûjours jointe en l'ame avec l'idée particuliere d'une certaine chofe. Tellement que, quand on veut exprimer l'idée de cette chofe, on conçoit en même temps le fon de voix qui la fignifie, puis qu'à l'occafion de cette idée & de la volonté que l'ame a que le cerveau fe difpofe comme il faut qu'il le foit, pour laiffer couler des efprits dans les parties qui la doivent former, il arrive qu'il eft ébranlé à l'endroit où l'impreffion de cette chofe eft reftée, d'où les efprits coulent dans les mufcles des parties qui fervent à la voix, pour les difpofer à former celle qui fignifie ce qu'on veut dire.

Dd

Comme on a appris à joindre toutes ces chofes dés la
naiſſance, cela ſuit de ſi prés la volonté qu'on a de
parler, que l'on s'imagine que ce qui ſe fait ſi promptement, eſt beaucoup plus ſimple. Et, comme on ne
voit aucune machine fort compoſée, qui ne faſſe ſes
effets avec beaucoup de difficulté, on a peine à croire,
voyant la facilité qu'on a de parler, qu'il ſoit beſoin
de faire joüer tant de reſſorts pour cela. Mais il faut
s'accoûtumer, en admirant celle de nôtre corps, à
conſiderer qu'elle eſt faite par un Ouvrier incomparable, & qu'on ne ſçauroit imiter. D'ailleurs, ſi nous
ſommes convaincus que l'union du corps & de l'ame
ne vient que de la parfaite correſpondance, que Dieu
a miſe entre les divers changemens du cerveau, & les
diverſes penſées de l'ame, nous ne devons pas nous
étonner que l'un agiſſe ſi aiſément ſur l'autre, & que
leurs actions s'accompagnent toûjours ſi bien, tandis
que Dieu fait durer leur union.

Mais, parce que c'eſt une des plus importantes veritez qu'on puiſſe conſiderer, il eſt bon pour en démêler toutes les difficultez, de remarquer qu'il y a
trois ſortes de correſpondances entre l'ame & le
corps.

La premiere eſt naturelle; & c'eſt cette correſpondance neceſſaire, par laquelle certaines ſenſations
naiſſent toûjours en l'ame, dés que certains mouvemens ſont excitez dans le cerveau, comme des mou-
mens ſont excitez dans le corps, dés que l'ame en a la
volonté. Or cette correſpondance ne peut ceſſer abſolument qu'avec la vie; & ce qui la change entierement, donne la mort.

Outre cela, il y a une feconde correfpondance entre les idées que l'ame a des chofes, & les impreffions
que ces chofes laiffent dans le cerveau. Cette correfpondance, non plus que la premiere, ne peut changer en fon tout ; & tandis que l'ame eft unie aux
corps, jamais elle n'a l'idée des chofes corporelles,
que leur impreffion ne foit dans le cerveau.

Mais il y a une troifiéme correfpondance entre le
nom de chaque chofe & fon idée, qui n'étant que
d'inftitution fe peut changer : neanmoins, comme
le fon du premier nom qu'on donne à une chofe, eft
une fenfation que l'ame joint étroitement à l'idée de
cette chofe, & que d'ailleurs l'impreffion de ce nom
fe trouve jointe à celle de la chofe dans le cerveau,
on a grande peine à les feparer. D'où vient que, quand
on commence à apprendre une langue, on explique
ordinairement par le premier mot dont on nommoit
une chofe, le nouveau mot par lequel on fe propofe
de l'entendre dans la langue qu'on apprend.

Il y en a même dont le cerveau eft difpofé de forte, que quand ils apprennent une nouvelle langue,
ils joignent toûjours aux mots de celle qu'ils fça-
voient déja, les mots de la feconde, pour fe reprefenter ce qu'ils fignifient.

D'autres, qui ont une autre difpofition du cerveau, joignent fi aifément le fon du nouveau mot
par luy-même à l'idée de la chofe, qu'elle leur eft également reprefentée par les deux mots, fans qu'ils
foient obligez de penfer à l'un pour entendre l'autre.

Ainfi l'on peut fi bien joindre une même penfée

à plusieurs signes , & à des mots de diverses langues, qu'on pourra avec une facilité égale se servir des uns & des autres pour l'exprimer. Mais , pour peu qu'on ait de raisonnement , on pourra facilement juger par les peines qu'on a dans les commencemens à joindre les mots d'une nouvelle langue à l'idée de chaque chose , par la necessité où l'on est de joindre celle du nouveau mot à celle du nom ancien qui la faisoit entendre , & même par la difficulté qu'on a à prononcer ceux que l'on apprend , qu'en effet la parole dépend du rapport de bien des choses ; & que si dans la suite elle devient aisée , ce n'est que par l'excellente maniere dont nôtre cerveau est composé , & l'admirable correspondance qui est entre ses mouvemens & nos pensées.

Que l'ame séparée du corps , pourroit plus aisément communiquer ses pensées à une autre. Au reste , il me semble que si l'ame est obligée , tandis qu'elle est unie au corps , de joindre ses pensées à des voix , qui ne se peuvent oüir ni former sans les organes de la langue & de l'oreille ; elle pourroit , si cette union cessoit , découvrir bien plus aisément à tout autre esprit ce qu'elle penseroit. Et veritablement , si c'est une peine à qui l'examine , que de concevoir comment la pensée d'un homme qui parle , est jointe au mouvement de son cerveau , & les mouvemens du cerveau à ceux des parties qui servent à la voix ; s'il est difficile de comprendre comment cette voix , qui n'est qu'un air agité , frappe l'oreille , & peut , en émouvant le cerveau , exciter en l'ame de celuy qui écoute, le son des mots & l'idée des choses qu'ils signifient ; si , dis-je , cela fait tant de peine à concevoir ;

à caufe que l'on fçait qu'il y a une étrange difference
entre la nature de l'efprit & celle du corps, on doit
aifément comprendre que fi deux efprits n'étoient
point unis à des corps, ils auroient bien moins de
difficulté à fe découvrir leurs penfées, puifqu'il y a
naturellement bien plus de proportion entre les penfées de deux efprits femblables, qu'entre des penfées
& les mouvemens de deux corps. Et, pour peu de réfléxion que l'on faffe fur la facilité & fur la netteté,
avec laquelle un homme conçoit les penfées d'un autre homme par la parole, on avoüera qu'une ame
pourroit concevoir incomparablement plus nettement & plus facilement les penfées d'un autre efprit, s'ils ne dépendoient ni l'un ni l'autre des organes
du corps. Car enfin l'efprit doit plus aifément appercevoir une penfée, qui eft une chofe fpirituelle, que
le figne de cette penfée, puifque ce figne eft une chofe corporelle.

Ainfi j'eftime qu'il eft bien plus naturel aux efprits de fe manifefter, c'eft-à-dire, de fe communiquer leurs penfées par elles-mêmes & fans aucuns fignes, que de fe parler, c'eft-à-dire, de fe communiquer leurs penfées par des fignes, qui font d'une nature fi differente de celle des penfées. Auffi la peine
que chacun a dans les entretiens & dans toutes les occafions, où les hommes communiquent leurs penfées
par les fignes ou par les paroles, n'eft pas de comprendre ce qu'un autre penfe, mais c'eft de démêler
fa penfée des fignes ou des mots, qui fouvent ne luy
conviennent pas.

D d iij

C'eſt auſſi l'ignorance des ſignes & des mots, qui
fait que des hommes élevez en des païs differens ſont
long-temps enſemble, ſans ſe pouvoir entendre. Mais,
ſi-tôt que l'habitude leur a donné tout ce qu'il faut
pour démêler avec promptitude ce que veut dire chaque ſigne, ou chaque mot, ils n'ont plus de peine à
concevoir leurs penſées, de quelque differente na-
tion qu'ils ſoient. Ce qui fait connoître avec évidence que les hommes s'entendent naturellement; que
la penſée de l'un eſt toûjours claire à l'autre, dés qu'il
la peut appercevoir; & que s'il y a des hommes qui
conçoivent mieux que d'autres ce que l'on dit, cette
facilité d'entendre ne leur vient que de la conſtruction
de leur cerveau, qui étant diſpoſé de ſorte que les im-
preſſions, dont j'ay parlé, y ſont plus aiſément reçûës,
mieux arrangées, & plus diſtinctement marquées,
fait que les penſées qui y répondent, ſont auſſi plus
faciles, plus ſuivies, & plus claires. Au lieu que ceux
qui n'ont pas le cerveau ſi bien diſpoſé, doivent être
plus lents à concevoir, à cauſe de ce rapport neceſſaire, qui eſt entre les mouvemens du cerveau & les penſées de l'ame, tandis qu'elle demeure unie au corps :
mais qui ne voit que cet embarras ceſſeroit, ſi elle
en étoit ſéparée?

C'eſt auſſi de la diſpoſition du cerveau & des autres parties qui ſervent à la voix, que vient la facilité ou la difficulté de l'expreſſion. Et la peine que pluſieurs ont à parler, procéde ſeulement de ce que les
parties de leur cerveau, qui répondent aux penſées
de l'ame, ou celles qui ſervent à la voix, ſont mal

difposées, mais non pas de leurs penfées qui s'expli-
quent toûjours clairement par elles-mêmes, & ne feroient jamais obfcures, fi elles étoient féparées des
fignes, ou des voix, qu'on employe pour les faire entendre, & qui fouvent ne leur conviennent pas.

Enfin cette neceffité indifpenfable, où l'on eft pen- *Les caufes*
dant la vie, de s'exprimer par les paroles, eft caufe *phyfiques de l'Elo-*
que ceux qui ont naturellement le cerveau le mieux *quence.*
difpofé en tout ce qui peut fervir aux operations de
l'ame, qui ont les impreffions les plus vives de chaque chofe, qui les fçavent le mieux difpofer, & qui
fe font accoûtumez à les exprimer par les mots les
plus propres, font toûjours ceux qui parlent avec
le plus de facilité, le plus d'agrément, & le plus de
fuccez. Tellement que, fi l'on veut rechercher les
caufes phyfiques de l'Eloquence, on les trouvera
toutes dans cette heureufe difpofition de cerveau.

En effet, on fçait que la premiere partie d'un ex- *En quoy el-*
cellent Orateur, eft de pouvoir aifément difcerner, *le confifte.*
entre toutes les chofes, qui fe prefentent à fon efprit
fur le fujet qu'il traite, ce que les auditeurs en doivent
fçavoir, pour ne leur dire précifément que cela. Et
il eft évident qu'à moins que d'avoir un cerveau difpofé à conferver des impreffions bien diftinctes de
chacune de ces chofes, il n'en peut pas faire un jufte
difcernement.

La feconde confifte à bien arranger tout ce qui
peut faire concevoir ce qu'il a deffein d'expliquer : en
forte que ce qui eft le plus fimple, le plus clair, &
le premier dans l'ordre naturel, ferve comme de lu-

miere pour éclairer ce qui fuit, & qui de foy-même pourrroit être plus embarraffé. Mais cela ne peut être, quand les parties du cerveau font mal difpofées, ou le cours des efprits mal reglé : car alors les impref-fions des chofes fe confondant, offrent fouvent tout d'abord à l'efprit, ce qui ne doit être propofé que le dernier ; ou bien elles fe remuënt avec tant de pré-cipitation, que l'efprit ne peut, ni reflechir fur l'or-dre de chacune, ni la mettre bien en fa place.

La troifiéme eft de bien fçavoir, & de trouver aifément le mot, par lequel chaque chofe eft propre-ment fignifiée dans la langue dont on fe fert. Et cela dépend d'une mémoire, qui ne peut être fidéle, com-me il faut qu'elle le foit, à moins que les parties du cerveau n'ayent un arrangement & un tempera-ment, qui empêche que les impreffions ne fe confon-dent, ou que l'idée d'un mot ne fe prefente, quand on en cherche un autre.

Voilà trois chofes abfolument neceffaires dans le deffein d'inftruire, qui n'eft que la premiere partie de l'Eloquence ; & ces trois chofes demandent un cerveau, dont les parties foient bien ordonnées & affez arrêtées. Elles demandent outre cela que le cours des efprits foit merveilleufement reglé, ce qui eft déja fort difficile à trouver.

Mais, quand on vient à confiderer que pour l'au-tre partie de l'Eloquence, qui tend à émouvoir, il faut connoître les paffions des auditeurs, & leurs caufes, pour les fortifier ou les changer, felon qu'il en eft be-foin pour la fin qu'on fe propofe ; & que le plus grand

                                                    fecret

fecret de bien exprimer une paffion pour l'émouvoir
dans les autres, eft de la reffentir en foy-même, on eft
obligé d'avoüer, que pour y bien réüffir, les parties
du cerveau femblent ne pouvoir être trop agitées, ni
le cours des efprits trop impetueux.

Veritablement, fi l'on parloit à des gens qui ne
fuffent fujets qu'à l'erreur, & qui ne le fuffent point
aux paffions, il fuffiroit de dire les chofes d'ordre, de
les expofer nettement, & de les prouver pour les perfuader; & pour cela, il fuffiroit d'avoir les parties du
cerveau bien ordonnées, & d'un temperament à nê-
tre pas facilement émûës.

Mais ordinairement on parle à des perfonnes, qui
outre leurs erreurs, font fi fujettes aux paffions, qu'on
ne les perfuade point, à moins que d'avoir également
ce qu'il faut & pour inftruire, & pour émouvoir. Or ces
deux chofes dépendent de deux difpofitions fi oppofées, qu'il eft difficile de trouver des hommes, dont
le cerveau ait ce jufte temperament, qui peut donner l'un & l'autre de ces talens.

Auffi voyons-nous, que pour l'ordinaire tous
ceux qui font propres à inftruire, ont une froideur, qui fait languir, quand ils veulent émouvoir; & que ceux qui font fort propres à émouvoir, ont un feu qui fait qu'on ne peut concevoir
qu'à peine ce qu'ils difent pour inftruire: à quoy
l'exemple que Ciceron rapporte de deux Orateurs,
revient merveilleufement. Il dit que l'un avoit
beaucoup de netteté d'efprit: mais il étoit froid;
& voyant qu'il avoit deux fois effayé de faire ab-

foudre des accufez , fans y avoir pû refoudre leurs
Juges, qu'il avoit parfaitement inftruits, il pria l'autre,
dont le génie étoit tout different , de parler pour eux:
ce qui réüffit. Et Ciceron remarque que ce vehement
Orateur , voyant qu'il ne luy reftoit plus qu'à émouvoir des Juges déja inftruits , fe mit quelques heures,
avant que d'aller à l'audience , à parler de l'affaire
dans une chambre avec tant de vivacité , qu'il étoit
déja en fueur , quand il fe prefenta aux Juges , qu'il
força par la vehemence de fon action, à luy accorder
ce que le premier n'avoit pû obtenir d'eux par fes raifons.

Toutes les fois que je penfe à cet évenement , je
ne puis m'empêcher d'admirer les avantages , que celuy qui le rapporte , avoit dans l'une & dans l'autre
partie de l'Eloquence. Et , quoy que je le regarde
comme le modéle , que tous ceux qui veulent réüffir
en cet art , fe doivent propofer , j'avoüe qu'il me paroît inimitable : mais il peut fervir d'exemple , pour
montrer qu'une même perfonne fe peut rendre capable d'émouvoir & d'inftruire. Je dis s'en rendre capable : car je n'eftime pas qu'on puiffe naître propre
à ces deux chofes, à ne confiderer que ce qui fe rencontre naturellement en chacun ; & je penfe que des
deux talens, qui fervent à rendre un homme parfaitement éloquent , il y en a un qui fe peut fuppléer par
l'étude , quand on a l'autre naturellement , mais cela
n'eft pas reciproque.

Et, afin de mieux examiner cette difficulté , il faut
remarquer que ceux qui ont la conception vive , ont

ordinairement les paſſions violentes , parce qu' ils ont
toutes les parties du cerveau fort déliées , & fort mobiles : mais ordinairement ils ont peu de mémoire ;
& s'ils trouvent aiſément les choſes , ils s'en ſouviennent fort difficilement. Au contraire ceux qui ont les
parties du cerveau plus groſſes & plus fixes , conçoivent moins de choſes & moins aiſément. D'ailleurs
ils n'ont pas les paſſions ſi promptes : mais en récom-
penſe ils retiennent plus long-temps & les choſes
& les paſſions.

Or il eſt aiſé de voir , que ces derniers ſont capables de parler , quand il ne s'agit ſimplement que
d'inſtruire. Mais, s'il faut ménager les eſprits , & ne
leur faire ſçavoir certaines choſes, qu'aprés leur avoir
inſpiré certaines paſſions, ils n'en viendront jamais
à bout. Que ſi quelquefois , à force d'obſerver d'autres Orateurs , ou en liſant leurs ouvrages , ou en les
écoutant , ils en reconnoiſſent les adreſſes ; ils ne les
peuvent imiter, qu'en les copiant dans des ſujets tous
ſemblables à ceux que ces Orateurs ont traité , ſans
jamais rien produire qui ſoit original. Quelquefois
même, comme la mémoire eſt toute leur force , ils
empruntent juſqu'aux paroles de ceux qu'ils copient,
& ſouvent ils nomment leurs Auteurs pour donner
quelque poids aux choſes , qu'ils débitent ordinairement ſi mal à propos , & toûjours ſi froidement,
qu'elles ſeroient inſupportables , ſi elles n'étoient
ſoûtenuës de quelques noms révérez entre les grands
hommes.

Des Orateurs de cette eſpece ont beau s'exercer,

ils ne pourront tout au plus être que de bons co-
piſtes d'une piece toute entiere : mais ils n'auront
jamais l'adreſſe de réünir pluſieurs traits de differens
deſſeins , & moins encore celle d'en faire de nouveaux.

Au lieu que ceux qui ſont du temperament contraire, ayant une imagination vive & prompte , con-
noiſſent aiſément ce qu'il y a de fort & de foible dans
un ſujet. Ils diſcernent facilement ce qu'il faut expoſer, ou ce qu'il faut cacher. S'ils ſont obligez de
tout dire, ils ſçavent prévenir les eſprits, avant que
de propoſer ce qui pourroit nuire à leur party , ou
déplaire à l'auditeur ; & quand ils forment le deſſein
de leurs diſcours, s'ils imitent d'autres Orateurs, ce
n'eſt qu'autant que cela convient à leur ſujet ; & à vray
dire , un homme de génie tombe plûtôt dans les penſées des grands hommes qui l'ont precedé, parce que
la raiſon luy ſuggere ce qu'elle leur a ſuggeré, que
parce qu'il a lû leurs ouvrages.

Il eſt vray que cette fecondité d'eſprit, qui le fait
aiſément concevoir & produire, peut-être cauſe qu'il
s'emporte trop en certaines choſes, ou qu'il les arran-
ge mal, ou enfin qu'il ne les puiſſe retenir : mais ces
défauts ne ſont pas ſans remedes.

On peut ſuppléer au premier, en s'exerçant ſouvent
à parler ſur les ſujets, où l'on ſent qu'on s'emporte le
plus aiſément , & en s'accoûtumant à ne point paſſer
certaines bornes qu'on ſe preſcrit à ſoy-même , ou
qu'on ſe fait preſcrire par ſes amis ; & il n'eſt pas difficile de ſe donner ce frein, depuis qu'une fois on connoît ſon emportement.

Pour remedier au fecond inconvenient , il faut s'accoûtumer à démêler fes penfées , & à les bien ordonner fur tous les fujets qu'on fe propofe, de quelque nature qu'ils foient. Et, comme le biais de les expofer eft tres-different de celuy dont on les conçoit , il faut auffi , pour s'accoûtumer à bien dire ce que l'on fçait , fe demander fouvent à foy-même comment on expoferoit une chofe ou une autre, fi on y étoit obligé ; de quelle maniere on traiteroit le même fujet devant un grand peuple , ou devant une affemblée moins tumultueufe ; ce que l'on en diroit devant des perfonnes puiffantes & de refpect, ou devant fes égaux ; de quelle figure on fe ferviroit felon les temps & les lieux. Mais, pour rendre cette pratique plus utile , il faut encore examiner, quand d'autres ont parlé en public, en quoy ils ont bien réüffi, & en quoy ils ont manqué : tâcher même , aprés avoir trouvé la raifon de leur manquement , à refaire les mêmes difcours mieux qu'ils ne les ont faits ; & continuer ces exercices jufqu'à ce qu'on ait accoûtumé fon efprit à bien digérer toutes fortes de fujets.

Quant au troifiéme inconvenient, qui eft celuy de la memoire , elle ne peut être fautive , que parce qu'elle ne reprefente pas dans l'occafion les chofes, ou les mots. On peut remedier au premier défaut , en mettant les chofes dans un ordre fi naturel, que l'une faffe neceffairement fouvenir de l'autre par la liaifon qu'elles auront enfemble. D'ailleurs, aprés avoir formé le deffein,& ordonné toutes les parties d'un difcours , il faudra le rebattre fouvent, afin de s'y accoûtumer.   E e iij

Pour les mots, il ne faut pas craindre qu'ils ne viennent aisément à la bouche, quand on aura les choses presentes à l'esprit, pourvû qu'on ait fait habitude de parler. Et pour cela il faut s'impofer la neceffité de parler fur toutes chofes, s'accoûtumer en écrivant à les bien tourner, & choifir toûjours les matieres les plus difficiles ou les plus abftraites. Car, lors qu'à force de chercher, on peut trouver des biais pour les faire entendre, on n'a prefque pas de peine à trouver des paroles & des expreffions dans tous les autres fujets plus ordinaires, & que les differentes neceffitez de la vie rendent plus communs.

Que le menfonge eft oppofé à la veritable Eloquence.

Aprés avoir examiné combien l'Eloquence dépend du temperament, & comment on peut le corriger ou le perfectionner par l'exercice, il eft bon, ce me femble, de confiderer qu'il n'y a rien de plus ennemy de la veritable Eloquence, que le menfonge. En effet, comme l'Eloquence eft un moyen, non feulement d'exprimer ce que nous penfons, mais auffi d'obliger les autres à penfer comme nous, elle ne doit jamais être employée qu'à faire connoître la verité, ou à la faire fuivre. Et celuy qui s'en fert, pour exciter dans les autres des fentimens injuftes, ou pour leur faire croire des chofes fauffes, commet la plus indigne de toutes les trahifons. Car enfin, fi la focieté ne s'entretient que par la parole, n'eft-ce pas violer le droit le plus faint qui foit entre les hommes, que d'employer pour les jetter dans l'erreur, ou pour leur perfuader le mal, des talens qui ne doivent fervir qu'à leur faire connoître ce qui eft veritable ou ce qui

eſt juſte? Si l'on y penſoit bien, on auroit plus de ſin-
cerité , ſur tout quand on parle en public, où les
moindres déguiſemens peuvent toûjours avoir de
perilleuſes conſequences.

Au reſte , il me ſemble que , pour s'accoûtumer à ne dire que la verité , c'eſt un puiſſant motif que de ſe repreſenter ſouvent que nous n'a-
vons la facilité de nous expliquer , que parce que
Dieu , à qui nous devons nos penſées , & les mouvemens de nôtre langue , veut bien exciter les uns,
dés que nous voulons faire entendre les autres. Il
me ſemble comme impoſſible à qui fait ſouvent cette réfléxion , de mentir : car enfin, ſi nous ſommes
convaincus , que Dieu n'eſt ſujet ni à l'erreur, ni au
menſonge, ni à l'iniquité qui le ſuit toûjours de ſi
prés, comment oſerons-nous employer des ſignes &
des voix , qui ne ſe forment que par ſa puiſſance, à
faire ce qui luy déplaît le plus ? J'admire qu'un Payen
ait pû connoître cette verité, juſqu'à dire qu'un homme ne pouvoit être éloquent ſans être homme de
bien, & que nous ayons des ſentimens ſi contraires.

Mais, pour ne mêler icy la Morale, qu'autant qu'elle convient à un diſcours de Phyſique , il eſt à propos
d'examiner en cet endroit, d'où vient que non ſeulement l'Orateur doit être homme de bien, mais même qu'il ne peut être parfaitement éloquent , s'il n'a
cette qualité. Et cela n'eſt pas difficile à concevoir :
car, ſi l'on convient que pour être parfaitement éloquent, il faut ſçavoir l'art d'inſtruire les auditeurs ,
& celuy de reprimer ou d'exciter leurs paſſions, ſelon

qu'il eſt utile pour la fin qu'on ſe propoſe ; il faut
auſſi convenir qu'un Orateur, qui dit le contraire de
ce qu'il ſçait, ne doit pas trouver ſi aiſément des paroles pour l'exprimer, que s'il diſoit la verité. Et, ſi
pour ne ſe point méprendre, il étudie ce qu'il doit
dire, il faut avouër que ſon diſcours, qui ne ſera
que de mémoire, ne pourra jamais avoir la grace ni
la force, qu'a toûjours celuy d'un homme, qui ayant
appris à bien parler, & diſant ce qu'il penſe, ne craint
pas de ſe tromper.

D'ailleurs, il faut demeurer d'accord que, ſi celuy
qui n'eſt pas homme de bien, veut exciter dans les
autres des mouvemens & des paſſions, qui ne ſont
pas veritablement en luy, ce ſera toûjours froidement
qu'il exprimera ces paſſions étudiées. Ou ſi, pour ſur-
monter l'effet de cette contrainte (qui paroît tou-
jours quand on veut retenir ſes mouvemens pour en
feindre d'autres) il veut effacer tous les traits & les
petits mouvemens, par leſquels ſon viſage, ſes yeux
& ſes geſtes diroient le contraire de ce que ſes paroles expriment, il faut qu'il faſſe de ſi grands efforts,
que non ſeulement il pert cette grace, ſans laquelle
on ne ſçauroit plaire ni perſuader, mais encore il ſe
rend odieux. Et, loin d'exciter dans les autres les
mouvemens qu'il n'a pas en luy-même, il fait horreur à tous ceux qui ſe perſuadent qu'il reſſent en effet
la violence des paſſions, dont il paroît agité.

En un mot, il eſt évident, qu'il y a naturellement
un tel rapport entre les ſentimens des hommes, &
les ſignes ou les paroles, dont ils ſe ſervent pour les
                                        exprimer,

exprimer, que jamais une même perſonne ne ſçauroit de ſi bonne grace dire un menſonge qu'une verité. Et, comme on ne peut être bien éloquent, lors
qu'on ſe contraint à dire ce qu'on ne penſe pas, ou à
témoigner ce qu'on ne reſſent point; il eſt impoſſible
d'être fort éloquent, qu'on ne ſoit fort homme de
bien, puis qu'il n'appartient qu'à l'homme de bien
de dire naïvement ce qu'il penſe. Ses mouvemens
ſont ſi juſtes, qu'il n'eſt point obligé de les contraindre. D'ailleurs la verité, qui accompagne toutes ſes
paroles, & cet amour de juſtice, qui anime tous ſes
mouvemens, donnent tant de poids & de grace à ſon
action, qu'il eſt comme impoſſible d'y reſiſter. Sur
tout on ſe laiſſe facilement emporter aux mouvemens d'un homme que l'on croit vertueux; & dés
que celuy qui parle, a l'avantage d'exciter dans les
autres les mêmes paſſions qu'il reſſent, comme il eſt
bien-tôt le maître de leur penſée, il rend bien-tôt
leur jugement favorable à ſes prétentions. Et, puis
que nous voyons que ceux qu'une ſemblable diſpoſition de corps rend ſujets à des mouvemens ſemblables, ont ordinairement les mêmes ſentimens ſur
les mêmes choſes, il faut croire que le plus beau
moyen de faire que les autres ayent des ſentimens conformes à ceux que nous avons, eſt
d'exciter en eux des mouvemens tout ſemblables
aux nôtres. Car enfin (& cela ne ſe peut trop repeter)
tandis que nos ames demeureront unies à nos corps,
tous nos mouvemens ſeront ſi bien d'accord avec

F f

nos fentimens, que jamais nous ne pourrons infpirer les uns que par les autres.

Quelle peut être l'Elo-quence des purs Ef-prits.

Cette réfléxion me fait penfer que, comme l'on peut concevoir des efprits, qui ne foient pas unis à des corps, s'il y a de l'éloquence entr'eux, ce ne peut être par le moyen des mouvemens, puis qu'ils n'en font pas capables. Mais, fi l'on fuppofe que ces efprits foient dans cet état de liberté, qui fait qu'on peut fe déterminer à une chofe ou à l'autre, il eft aifé de concevoir que fi l'un d'eux étant plus éclairé, a quelque defir pour une chofe, qu'un pur Ef-prit foit capable de vouloir; par exemple, pour fa propre gloire; il pourra mettre les penfées, qu'il manifeftera aux autres fur ce fujet, dans un or-dre qui leur paroîtra fi beau, qu'il excitera en quelques-uns le même defir qu'il reffent. D'ailleurs (pour fuivre le même exemple) un Efprit encore plus éclairé & mieux intentionné que le premier, pourra faire concevoir à ceux qui auroient pû tomber dans cette erreur, que la gloire ne pouvant appartenir qu'à la fouveraine puiffance, c'eft une folie d'y pretendre, quand on n'eft pas Dieu.

On pourroit concevoir de même, comment de purs Efprits fe pourroient infpirer divers fenti-mens fur toutes les chofes, pour lefquelles ils fe-roient capables d'avoir des defirs, fuppofé, com-me je l'ay dit, qu'ils fuffent en état de choifir l'un des deux partis.

Comment ils fe font.

Mais, pour ne tirer de cette notion que ce qui peut

servir à mon deſſein, il faut conſiderer, que ſi un *vent décou-*
vrir leurs
penſées.
homme a beſoin pour parler, du mouvement
des parties qui ſervent à la voix, & un autre pour
écouter, de l'ébranlement de celles qui ſervent à
l'ouïe; deux eſprits n'ont beſoin, pour ſe communiquer leurs penſées, que de le vouloir. Et, comme on reconnoît que la penſée d'un homme ſe conçoit aiſément par un autre homme, dés que le premier a parlé, c'eſt-à-dire, dés que par des mouvemens
qui ſervent à battre l'air, il a remué l'oreille de celuy
auquel il veut que ſa penſée ſoit connuë; il eſt aiſé
auſſi de reconnoître que, ſi deux Eſprits qui ne dépendent point du corps dans leurs operations, ſe veulent découvrir leurs penſées, ils n'ont qu'à le vouloir.

Il y a, ce me ſemble, bien moins de peine à concevoir l'un que l'autre, coume je l'ay déja remarqué: car dans la parole il y a deux choſes, ſçavoir
la volonté de communiquer ſes penſées, & les mouvemens par leſquels on les communique. Or ces mouvemens ont ſi peu de rapport par eux-mêmes avec
les penſées, qu'il eſt étonnant de voir comment la
penſée peut être ſi bien unie au mouvement, que l'un
ſoit une occaſion de connoître l'autre. Au lieu que
dans la manifeſtation, que deux Eſprits ſe font de
leurs penſées, il n'eſt beſoin que de la volonté de les
communiquer; & les eſprits étant de même nature,
il eſt évident qu'une penſée peut être plus aiſément
l'occaſion d'une autre penſée, que le mouvement.

Au reſte, ce qui ſe dit de la communication de *comment*
un pur Eſ-
prit ſe peut
deux purs Eſprits, ſe doit dire de celle qui peut

faire enten-
dre à un es-
prit uni à
un corps.

être entre un esprit uni à un corps , & un esprit qui n'y est pas uni. Car enfin ce qui fait que deux hommes ne se peuvent communiquer leurs pensées sans mouvemens, c'est qu'ils ont des corps , & que l'un ne peut être averti par l'autre , qu'à l'occasion des mouvemens du corps , auquel son ame est unie. Mais, si l'on suppose que l'un des esprits n'ait point de corps , il pourra se rendre present par ses pensées mêmes à celuy qui aura un corps , comme à celuy qui n'en aura pas ; & reciproquement l'esprit qui sera uni à un corps , pourra sans le secours de la voix, exprimer ses pensées à tout esprit , qui n'aura point de corps.

Cependant nous sommes si accoûtumez à juger de toutes choses, par celles que nous voyons, que voyant les hommes user de la voix , & s'entendre fort aisément, nous jugeons temerairement qu'il seroit bien difficile à deux esprits de se communiquer leurs pensées. Quelques-uns mêmes estiment qu'il est impossible qu'un esprit qui n'a point de corps (par exemple un Ange) communique avec nous. Mais il est évident que cela ne vient que de la précipitation de nôtre esprit , qui ne réfléchit point sur ce qui luy arrive dans la communication qu'il a avec celuy d'un autre homme. Car , s'il consideroit que le battement de l'air & les autres choses , qui servent à luy faire concevoir la pensée de celuy qu'il entretient, n'ont rien de semblable à cette pensée; il s'étonneroit plus de ce qu'il l'entend, qu'il ne s'étonne, quand on luy veut persuader que deux Anges se parlent, ou même qu'un Ange peut communiquer avec nous, fans le fecours de la voix.

Je ne puis en cet endroit m'empêcher de faire remarquer, combien la réfléxion que nous faifons fur ce qui fe paffe en nous, eft capable de nous faire bien juger de ce qui fe fait ailleurs, ou du moins de ce qui s'y peut faire. L'exemple, que je tire de la maniere dont nous communiquons avec les hommes, eft fi propre à faire concevoir ce qui fe pourroit paffer entre les efprits qui n'auroient pas de corps, comme nous en avons, & même entre ces efprits & nous ; que fi l'on examine bien la chofe, on ne trouvera point d'autre difference entre l'une de ces communications & l'autre, finon que la communication qui eft entre les hommes, eft la plus mal-aifée à concevoir, à caufe qu'elle fe fait par le moyen des mouvemens, qui font tout-à-fait differens des penfées ; & que celle que nous pouvons avoir avec de purs Efprits, eft moins fenfible, parce qu'elle fe fait fans aucun de ces mouvemens, qui nous rendent comme fenfibles les penfées des hommes, dont la voix frappe nos oreilles.

Auffi eft-ce peut-être la caufe pour laquelle nous apprenons que, quand des Efprits ont voulu donner des avis importans à quelques hommes, ils ont emprunté des corps, & qu'ils ont formé des voix femblables à celles des hommes. Mais ces chofes extraordinaires ne doivent pas empêcher de concevoir que naturellement nous pouvons communiquer avec de purs Efprits, plus facilement qu'avec les hommes. De

pourquoy les Anges ont quelquefois emprunté des corps, pour parler aux hommes.

forte que, si la Foy nous propose qu'il y a des Esprits
qui ne sont point unis à des corps, & que celuy qui
les a créez comme nous, leur ayant commis le soin
de nôtre conduite, ils sont toûjours presens à nôtre
esprit pour le diriger sans le contraindre, il n'y a rien
en cela qui soit au dessus des choses que nous pen-
sons le mieux sçavoir. Car enfin, comme nous con-
cevons que la communication entre deux hommes
se fait par *la parole*, c'est-à-dire, par une volonté
d'exprimer ce qu'ils pensent, & par des mouvemens
qui répondent à cette volonté, nous pouvons aussi
concevoir, ce me semble, que celle de deux esprits se
peut faire par la seule volonté de se manifester ; &
que si un pur Esprit communique avec un homme,
encore que ce soit d'une façon moins sensible que ne
sont les paroles ordinaires, c'est toutefois d'une maniere intelligible, qui peut luy donner insensiblement les pensées, dont il a besoin pour sa conduite, & en un mot l'inspirer. De même nous con-
cevons aisément que Dieu, qui fait que nos esprits
agitent des corps, peut (s'il est necessaire) donner à
un Ange le même pouvoir, pour se faire entendre par
la parole.

Enfin, pour peu que nous examinions les pensées
de ces grands Personnages admirez dans l'Eglise,
pour la sainteté de leur vie, & pour la pureté de leur
doctrine, nous en trouverons tant au de-là de celles
que l'entretien des hommes leur a pû donner ; & nous
verrons qu'ils sçavoient des choses tellement au dessus de la nature, qu'il ne nous est pas permis de dou-

ter qu'ils n'ayent eu communication avec d'autres
efprits, qu'avec les hommes qui nous parlent tous les
jours. Et, comme on ne fçauroit trop faire de réfléxion fur de femblables fujets, je crois ne me pouvoir
trop repeter à moy-même ces dernieres veritez.

Je vois maintenant, ce me femble, ce que l'on *Ce que c'eſt*
doit entendre proprement par le mot *d'inſpiration*; & *qu'inſpira-*
je crois ne me point tromper, quand je dis que c'eſt *tion.*
par ce moyen feulement, que nous peuvent venir
ces penfées, qui n'ont point de rapport à toutes celles
qui ne font naturellement en nôtre ame, que parce
que nous avons un corps.

Secondement, je vois que nous ne connoiſſons pas
plus les efprits de tous les hommes qui nous parlent,
quand ils nous infpirent leurs fentimens, que ces
purs Efprits que je tiens capables de nous en infpirer
de meilleurs. Et, comme les nouvelles penfées, qui
nous viennent par l'entretien que nous avons avec les
hommes, font un témoignage aſſuré à chacun de
nous, qu'ils ont un efprit comme le nôtre, nous devons prendre les nouvelles penfées qui nous viennent,
fans que nous en puiſſions trouver la caufe en nous-
mêmes, ni l'attribuer à l'entretien des hommes, pour
une certitude qu'il y a encore d'autres efprits, qui
nous les peuvent infpirer.

Je connois même que la coûtume de concevoir
les penfées des autres hommes par les geftes & par
la voix, fait que cette maniere nous affecte davantage, que les chofes qui nous font infpirées fans cela.
Mais, quand j'y prens garde de prés, je vois que nous

ne connoiſſons pas davantage l'eſprit des hommes
qui nous parlent, que les Eſprits qui nous inſpirent.
Un peu d'air pouſſé par les poulmons de celuy qui
nous entretient, frappant nos oreilles, excite à l'occaſion de l'ébranlement du cerveau, des ſons en nôtre ame, & en même temps les idées que nous avons
jointes à ces ſons. Mais en verité ni cet air pouſſé, ni
tout ce qui paſſe dans le corps de celuy qui nous
parle, n'eſt ſa penſée; & ſi nous avons quelque raiſon de croire qu'il ait des penſées, c'eſt à cauſe ſeulement que nous éprouvons qu'il en excite en nous
de nouvelles. Or, ſi toute la raiſon que nous avons
de croire qu'il y a des eſprits unis aux corps des hommes qui nous parlent, eſt qu'ils nous donnent ſouvent de nouvelles penſées que nous n'avions pas,
ou qu'ils nous obligent à changer celles que nous
avions, pouvons-nous douter, lors qu'il nous vient
de nouvelles penſées qui ſont audeſſus de nos lumieres naturelles, & contraires aux ſentimens que le
corps peut exciter en nous; pouvons-nous, dis-je,
lors que des hommes ne nous les inſpirent pas, douter qu'elles ne nous ſoient inſpirées par d'autres eſprits? Encore un coup, je n'eſtime pas que cela ſe
puiſſe raiſonnablement; & la coûtume que nous
avons d'en recevoir par l'entremiſe de la parole, qui
eſt une maniere ſenſible, ne nous doit point faire
méconnoître celles qui nous ſont inſpirées par une
voye differente de celle des ſens.

Je connois auſſi que, s'il nous eſt libre de cacher
nos penſées, tandis que nôtre ame eſt unie à un corps,
nous

nous aurions la même liberté, si elles en étoient séparées, & qu'en quelque façon elle seroit plus grande encore, puisque souvent, lors que nous parlons à une personne, les signes & les voix par lesquels nous nous exprimons, peuvent être apperçûs ou entendus par un tiers, à qui nous ne voulons pas découvrir nos pensées : au lieu qu'un pur Esprit, qui n'est point obligé de se servir de ces moyens exterieurs, peut manifester ses pensées à l'esprit qu'il en veut informer, sans qu'un autre les connoisse.

En effet, en l'état où nous sommes maintenant, pour découvrir nos pensées, nous ne faisons autre chose que de le vouloir; & bien que ce vouloir soit joint à des mouvemens, qui ne manquent point d'être en certaines parties de nôtre corps, si-tôt que nous en avons besoin, pour signifier nos pensées, neanmoins nos ames ne sont pas cause de ces mouvemens (suivant ce qui est démontré dans le quatriéme Discours) Cy-dessus IV. Disc. de la I. part. p. 64. & suiv. & elles ne font autre chose pour s'exprimer, que de le vouloir. De sorte que, si tandis qu'elles sont unies à nos corps, nous ne pouvons exprimer les pensées qui nous viennent, qu'en remuant la langue, le gosier, & la bouche, c'est par la necessité que cette union nous impose. Mais, si-tôt qu'il n'y auroit plus une semblable necessité d'emprunter des mouvemens pour exprimer ce qu'on pense, on n'auroit plus, pour le faire concevoir à d'autres esprits, qu'à vouloir qu'ils le connussent; & pour le cacher, on n'auroit qu'à ne vouloir pas qu'il leur fût connu.

J'ay expliqué ailleurs les raisons, par lesquelles il Cy-dessus VI. Disc.

Gg

p. 88. &
cy aprés
II. Trait.
Metaphyſ.

paroît que toute l'action de l'ame conſiſte *à vouloir;* & je penſe avoir aſſez montré que tout ce qui dépend d'elle, eſt de ſe déterminer à une choſe ou à l'autre, pour n'avoir pas beſoin de rien répéter icy de tout ce que j'ay dit ſur ce ſujet.

Que nous
n'avons pas
d'idée claire
de l'ame.

Mais il eſt bon de remarquer en cet endroit que, bien que Dieu ne nous faſſe pas concevoir la ſubſtance de nos eſprits mêmes, ni comment ils veulent, c'eſt-à-dire, comment ils ſe déterminent; neanmoins nous connoiſſons clairement que nous avons un eſprit, & que nôtre eſprit a le pouvoir de ſe déterminer. Or, comme nous ſommes aſſurez que nous ne diſons nos penſées, que quand il nous plaît, nous devons croire que, ſi nous étions en état de n'avoir plus beſoin des ſignes ni de la voix, nous pourrions par nôtre ſeule volonté découvrir ou cacher nos penſées.

Nous devons auſſi nous reſſouvenir qu'il n'eſt pas plus difficile de concevoir que nous fiſſions alors appercevoir nos penſées à d'autres eſprits, que de concevoir que l'eſprit d'un autre homme apperçoive dans l'état preſent ce que nous penſons, quand nous l'exprimons par la voix, ou par les ſignes.

Au reſte, quand je dis que des ames affranchies du corps, pourroient ſe cacher ou ſe manifeſter leurs penſées, cela ſe doit entendre, ſi elles avoient le même ſujet de les cacher, qu'elles ont en l'état preſent. Mais il eſt apparent, que ſi elles doivent être bienheureuſes, comme elles n'auront de penſées que pour la gloire de leur Auteur, elles voudront que tous les esprits les connoissent; & que si elles perdent pour jamais sa grace, elles n'auront que des pensées, qui devant servir à publier les effets de sa justice, feront connuës à tous les esprits.

Enfin, nous devons nous ressouvenir que, suivant ce que j'ay expliqué de l'action des ames & des corps dans le cinquiéme Discours de la premiere Partie, *Cy dessus* nous disons qu'une ame agit sur une autre ame, tou- *V. Disc. p.* tes les fois que l'une a des pensées nouvelles à l'occa- *77.* sion de l'autre; de même que nous disons qu'un corps agit sur un autre corps, toutes les fois que cet autre corps reçoit quelque changement à son occasion.

Et, comme j'ay montré qu'un corps ne donne jamais *Là-même* le mouvement à un corps, mais seulement que leur *p. 60. &* rencontre est une occasion à la Puissance divine, qui *suiv.* mouvoit l'un, de s'appliquer à l'autre; il faut con- cevoir aussi, que dés qu'une ame veut faire connoî- tre à une autre ame ce qu'elle pense, cela arrive, par- ce que Dieu fait que, suivant cette volonté de la pre- miere, la seconde le connoît. Et de même que la vo- lonté que nous avons, que nôtre corps soit mû, ne le fait pas mouvoir, mais est seulement une occa- sion à la premiere Puissance de le mouvoir au sens que nous desirons qu'il soit mû; aussi la volonté que nous avons qu'un esprit connoisse ce que nous pen- sons, est une occasion à cette Puissance de faire que cet esprit l'apperçoive.

De là il resulte necessairement, qu'il est aussi im- possible à nos ames d'avoir de nouvelles perceptions sans Dieu, qu'il est impossible au corps d'avoir de nouveaux mouvemens fans luy.

D'ailleurs, il eft évident qu'il laiffe à nos ames
la détermination toute libre de leur volonté. J'ofe
même avancer (& la chofe paroîtra manifefte à tout
hommme de bon fens, qui la voudra confiderer avec
attention)que comme le corps eft une fubftance à qui
l'étenduë convient de forte, qu'il cefferoit d'être corps,
s'il cefloit d'être étendu ; de même l'efprit eft une fubftance,à qui le pouvoir de fe déterminer de foy-même
convient fi naturellement, qu'il cefferoit d'être efprit,
s'il cefloit de vouloir.

Dieu l'a fait ainfi, pour en être aimé. Ce qui
paroit fi évidemment que, quand il ne l'auroit pas
déclaré par tant de témoignages miraculeux de fa
tendrefle, qui va jufqu'à nous demander nôtre
cœur, c'eft-à-dire nôtre amour; nous dévrions être
trés-perfuadez qu'il a voulu être l'objet de nôtre
volonté dés ce monde, par cette feule confideration,
qu'il n'y a point d'objet fi grand,qu'elle ne puiffe em-
braffer.

Quant au pouvoir de connoître, peut-être ne nous
l'a-t'il pas donné auffi grand, du moins en ce monde.
Mais il eft certain que nous avons affez de connoiffance, pour ne pouvoir manquer, fi nous ufons bien
de nos lumieres, & du pouvoir que nous avons de
ne juger de rien, qu'aprés l'avoir bien connu. Car
enfin, Dieu nous donne toutes les lumieres dont
nous avons befoin. Nous avons des idées trés-diftin-
ctes, pour connoître les chofes de la nature, autant
qu'il eft utile de les connoître, puifque nous pou-

vons, lors que nous usons de prudence, discerner en quoy chacune nous est utile ou dommageable. Et, quoy qu'il ne nous donne pas l'avantage de connoître ce que ✻ font ces choses, cependant il nous découvre si bien en quoy elles nous peuvent nuire ou profiter, que pour en bien user, nous n'avons qu'à le vouloir.

Pour celles qui font audessus de la nature, bien qu'elles surpassent infiniment nôtre connoissance; neanmoins nous avons des notions fort distinctes, des raisons pour lesquelles nous ne sçaurions les concevoir, & de celles qui nous obligent à les croire. Car, si d'un côté dans ce que la foy nous enseigne, il se trouve des choses audessus de nos lumieres naturelles; nous avons d'ailleurs des marques trés-évidentes de l'obligation, où nous sommes de soûmettre nôtre esprit à l'autorité qui nous les propose, & de prendre tout ce qui nous vient de cette part pour des veritez infaillibles, ou pour des notions, que nous tenons de la Grace, & desquelles, aussi bien que de celles que nous tenons de la nature, nous pouvons tirer toutes les conclusions, qui peuvent servir à regler nôtre croyance, & la conduite de nôtre vie. Si bien que nous sommes coupables, lors que par précipitation ou par opiniâtreté, nous nous écartons de ces regles.

Mais, sans m'appliquer à la consideration de toutes les grandes veritez, qu'on pourroit déduire de ce Discours, je pense le devoir finir, puisque j'ay

* C'est-à-dire, quelle est la figure, la situation, ou le mouvement de leurs parties insensibles.

G g iij.

confideré toutes les diverfes manieres , dont les penfées fe peuvent communiquer , qui eft proprement ce qu'on appelle *parler* ; & ce que je m'étois propofé d'examiner.

LETTRE

du 5. Novembre 1667. V. p. 102.

ÉCRITE

AU

R. P. COSSART

DE LA COMPAGNIE
DE JESUS,

POUR MONTRER

*Que tout ce que Monsieur Descartes à écrit du Systême
du Monde, & de l'ame des Bêtes, semble être tiré
du premier Chapitre de la Genese.*

MON REVEREND PERE

Je sçay bien que Moïse n'a pas écrit la Genese,
dans le dessein d'expliquer aux hommes les secrets

de la Nature : mais je sçay bien aussi , qu'étant inspiré de Dieu comme il l'étoit , il ne luy a pas été possible de rien dire touchant la formation de cet Univers, qui ne soit veritable. Ainsi j'estime que, pour trouver les principes d'une Physique infaillible, il ne ne les faut chercher que dans l'histoire qu'il nous a donnée de la création du Monde ; ou du moins, qu'on doit regarder comme faux, tout ce qui se dit de la nature, quand il ne peut convenir avec les circonstances de cette histoire.

Ne vous étonnez donc pas , si je vous renvoye si souvent à la Genese , & si je défere tant aux principes de Monsieur Descartes. La plûpart de ses sentimens sont si conformes à ce que Moïse a dit, qu'il semble n'être devenu Philosophe que par la lecture de ce Prophéte. Mais, afin que vous connoissiez plus aisément combien il y a de rapport entre l'Ecriture & sa Philosophie, j'ay dessein de vous expliquer le premier Chapitre de la Genese à la lettre ; & vous verrez que pour cela , je vous diray presque les mêmes choses, que je vous disois dernierement, en vous exposant les principes de Monsieur Descartes.

La seule difference que vous y trouverez , c'est que Monsieur Descartes écrit les choses plus particulierement , & dans le dessein de les faire connoître en elles-mêmes : au lieu que Moïse écrit comme un historien , qui ne parle de la Nature , qu'autant qu'il le faut, pour nous faire admirer la puissance de son Auteur. Ainsi , l'un ne dit que les principales choses ,

chofes ; & l'autre va dans un plus grand détail. Mais
enfin, tout ce détail n'eſt viſiblement qu'une explication plus étenduë, & une ſuite de ces choſes principales, dont Moïſe a fait le recit d'une maniere ſi
belle, ſi conciſe, ſi hardie, & ſi veritable.

Je vous diſois l'autre jour que Monſieur Deſcartes dans le commencement de ſes principes uſe de
beaucoup de raiſonnemens, pour montrer qu'il y a
un Dieu ; Que tout ce qui eſt n'eſt que par luy ; Qu'il
a commencé ce grand Ouvrage, que nous appellons
le Monde, en créant les corps ; Qu'il les a mûs déſ-
lors, & qu'il continuë toûjours de les mouvoir. Je
vous diſois auſſi, que parmi tant de differences que les
figures peuvent mettre entre les corps, Monſieur
Deſcartes en fait remarquer trois principales. Qu'il
démontre qu'il y en a une tres-grande quantité qui
ſont ronds comme des petites boules : d'autres aſſez
ſubtils pour remplir les eſpaces que ces boules laiſſent
entr'elles ; & d'autres encore que leurs figures irré-
gulieres embarraſſent de ſorte les uns dans les autres, qu'ils peuvent compoſer les plus grandes maſſes.

J'ajoûtois à cela, qu'examinant les divers changemens, que peut avoir ſouffert ſucceſſivement la matiere ou l'aſſemblage de tous ces corps, Monſieur
Deſcartes montre qu'il ſe peut être formé pluſieurs
maſſes de differentes grandeurs d'une figure approchante de celle de la terre, audeſſus deſquelles il fait
voir qu'il a dû reſter quantité de particules, les unes
ſemblables à celles qui compoſent l'eau, & les autres
ſemblables à celles qui compoſent l'air. Que cet amas

H h

de terre, d'eau , & d'air , a dû être mêlé & entouré
d'un nombre prefque infini de ces petits corps faits
en globules, & de ces autres plus fubtils, qui en doivent remplir les intervales. Et qu'enfin Monfieur
Defcartes répéte fouvent que Dieu entretient dans
un mouvement continuel cette matiere fubtile , qui
autrement ne pourroit être mûë.

Or tout cela, fi vous y prenez garde, n'eft autre
chofe que décrire philofophiquement, & avec affez
d'exactitude , pour en faire connoître les moindres
circonftances, les mêmes merveilles que Moïfe a dé-
Création. crites hiftoriquement en ces quatre lignes. *Dieu créa*
d'abord le Ciel , & la Terre. Or la Terre étoit inutile, &
ne rapportoit rien , parce qu'elle étoit toute couverte d'eaux
profondes. Les tenebres étoient fur toute la face de cet abîme ,
& le Seigneur agitoit une matiere fubtile audeffus des eaux.

Premier Si on veut fuivre l'un dans le progrés de fes rai-
jour. fonnemens, & l'autre dans le progrés de fon hiftoire ; on pourra juger que c'eft de Moïfe que Monfieur Defcartes avoit appris, que la lumiere avoit été
faite avant le Soleil : du moins on verra que cet endroit de la Genefe , qui depuis tant de fiecles a mis
tous les efprits à la torture , fe trouve heureufement
expliqué, & fuivant la lettre , par les principes de
Monfieur Defcartes.

Moïfe ayant fait voir la Terre infertile , à caufe
des eaux qui l'environnoient , & la matiere celefte
inutile, parce que les mouvemens n'en étoient pas
reglez ; fait voir enfuite que Dieu, qui ne fait rien
en vain , commença par ordonner toutes ces cho-

fes , en créant la lumiere. Il s'explique magnifiquement à fon ordinaire , & fait parler le Seigneur d'une façon , qui eft capable toute feule de perfuader que c'eft le Seigneur même, qui le fait parler ainfi.

Voicy fes termes : *Dieu dit que la lumiere foit , & la lumiere fut.* Il ajoûte , que le Seigneur trouva fon Ouvrage excellent; qu'il divifa la lumiere des tenebres ; & qu'il donna le nom de *jour* à la lumiere , & celuy de *nuit* aux tenebres.

Il n'y a perfonne de bon fens qui ne voye , que Moïfe ayant expofé que d'abord Dieu créa le Ciel & la Terre , & que des corps affez fubtils pour être appellez *Efprits* , étoient portez çà & là , ne comprenne que tous les corps étoient déja créez : Qu'il entretenoit dés-lors dans toute la matiere autant de mouvement qu'il en conferve maintenant ; & que ce qu'il a fait dans toute la fuite de fix jours , n'a été que pour ordonner ces corps déja créez , & pour en regler tous les mouvemens.

De forte que, fi en parlant comme un hiftorien, Moïfe a marqué le premier Jour de cette ordonnance admirable par la formation de la lumiere ; cela nous fignifie feulement que Dieu difpofa les corps , comme il faloit qu'ils le fuffent , pour produire ce merveilleux effet. Ce qui fuffifoit à l'Hiftorien : mais le Philofophe a dû expliquer , comment ces corps ont dû être difpofez pour cela.

C'eft pourquoy , choififfant entre toutes les figures celles qui pouvoient le mieux convenir aux petits corps qui caufent la lumiere ; & voyant que ceux qu'il avoit dépeints comme des globules, étant mûs en certain fens, fatisferoient neceffairement à tout ce qu'on a reconnu des rayons que fait la lumiere ; Monfieur Defcartes a fuppofé qu'il s'étoit formé differens tourbillons de ces petits corps ronds, & que plufieurs tournant autour d'un même centre, une partie de la matiere, qui remplit leurs intervales, s'étoit raffemblée vers le centre, d'où elle avoit pouffé les globules qui l'environnoient ; en forte que ce preffement des globules avoit fait de la lumiere en tous les endroits, où il s'étoit trouvé un fuffifant amas de matiere fubtile.

Mais il ajoûte que, comme en ce commencement il n'y avoit pas encore un grand nombre de ces plus fubtiles parties dans les centres des tourbillons, l'action qui preffoit les globules, ne s'étendoit pas loin: ainfi les endroits, où fon effet ne pouvoit parvenir, demeuroient en tenebres, tandis que les autres étoient déja éclairez. Ce qui convient merveilleufement à l'effet, que Moïfe donne à la premiere parole du Seigneur, laquelle fepara la lumiere des tenebres, dés qu'elle commença de la former. Par là auffi on peut dire, fuivant la Genefe, que la nuit étoit où les tenebres étoient reftées, & le jour, où la lumiere avoit commencé.

Il eft à propos, M. R. P. que vous obferviez que par ce mot de *lumiere*, on ne doit entendre icy que ce qui eft caufe que les corps, qu'on nomme lumineux, excitent en nous le fentiment qui nous les fait appercevoir, & non pas le fentiment même.

On confond fouvent ces deux chofes ; & c'eft affu-
rément de là, que viennent tous les doutes qu'on a
fur ce fujet. Mais il me femble, qu'en ce que Moïfe
a écrit de la lumiere, il eft évident qu'il n'a voulu
parler que de ce qui fe rencontre de la part des corps,
& non pas de l'effet qu'elle produit dans les fujets
capables d'en avoir le fentiment ; puifqu'il eft certain, felon ce Prophete, que lors que ce qu'il appelle *lumiere*, fut créé, il n'y avoit encore aucune de
toutes les créatures capables de fentir.

Je vous prie d'obferver en paffant une feconde
chofe, qui eft, que ce fentiment que nous avons à
l'occafion des corps lumineux, eft tellement de la
part de nôtre ame, & fe rapporte fi neceffairement au
mouvement de certaines parties de nôtre cerveau,
que bien fouvent, fans que les nerfs de nos yeux
foient excitez par aucun corps lumineux, nous avons
le fentiment de la lumiere. Ainfi dans les fonges, le
cours fortuit des efprits, émouvant ces parties de nôtre cerveau, dont l'ébranlement eft inftitué pour exciter en nous ce fentiment, nous fait voir clairement
des objets qui ne font pas prefens. Et par la même
raifon ceux, qui marchant dans un lieu bien fombre,
fe heurtent la tête contre le mur, font fujets à voir
mille feux. D'où nous devons conclure, que ces mouvemens du cerveau, qui n'ont rien de femblable aux
penfées qui viennent en l'ame à leur occafion, peuvent être excitez par d'autres corps, que par ceux
qu'on appelle lumineux. Mais il a été fort à propos

Hh iij

84

de ne donner ce nom qu'à des corps, dont la figure & le mouvement fuffent fi proportionnez à la délicateffe de nos yeux, que leurs nerfs puffent en être ébranlez fans douleur, & fans danger pour les autres parties de nôtre corps. En quoy il me femble que Monfieur Defcartes a merveilleufement bien réüffi, n'étant pas poffible d'affigner aux corps lumineux de figure plus propre que celle qu'il leur donnne, ni de mouvement plus convenable que celuy qu'il leur attribuë.

Moïfe, rapportant ce qui fe paffa dans le fecond Jour, pour la formation du Firmament, s'exprime en ces termes : *Dieu dit, que le Firmament foit au milieu des eaux, & qu'il les fepare les unes des autres.* Il ajoûte qu'auffi-tôt le Firmament fut fait, & que les eaux furent féparées des eaux, en forte qu'il y en eut au-deffus & audeffous du Firmament, qu'il appella LE CIEL.

Pour entendre comment les eaux ont été féparées les unes des autres par la formation du Firmament, fuivant la penfée de Monfieur Defcartes, il ne faut que dire ce qu'il croit des eaux, & ce qu'il croit du Firmament.

Ceux qui ont un peu lû ce qu'il en a écrit, fçavent qu'après avoir confideré tous les effets de l'eau, il a penfé que les particules qui la compofent devoient être unies, longues, & pliantes; & que par cette feule fuppofition, il a rendu raifon de tout ce qui arrive à l'eau, foit qu'elle coule, foit qu'elle s'étende dans un vafe, foit qu'on la voye en gouttes, foit

qu'elle forme de l'écume, soit qu'elle s'éleve en vapeurs, ou que restée sans mouvement, elle paroisse en-
glace, ou en neige.

On sçait aussi qu'il suppose qu'il y a eu un grand
nombre de ces particules, fort unies, & fort pliantes, mêlées à d'autres particules, dont la plûpart a-
voient des figures si embarrassantes, que leur assemblage ne pouvoit former que des masses dures.

Enfin, on sçait qu'il suppose que ces dernieres
particules ont été la matiere de plusieurs masses à peu
prés semblables à la terre; & comme ces masses n'ont
pû être bien solides & bien dures, que par un extrême pressement des particules rameuses qui les composent, il est évident que les particules d'eau, qui
y étoient mêlées, en ont été chassées, & qu'ainsi les
superficies de ces grandes masses en ont dû être toutes
couvertes.

Cela posé, il faut maintenant observer, que selon
Monsieur Descartes, la formation du Firmament
n'est autre chose que le parfait arrangement de tous
les tourbillons, dont j'ay déja parlé au sujet de la
Lumiere. Leur nombre est si grand, & l'espace qu'ils
remplissent si immense, que si le mot de *Firmament*,
selon la plus veritable interpretation, signifie une
vaste étenduë, rien ne merite mieux ce nom que
leur assemblage. Mais, comme on ne doit marquer le
temps de la formation de chaque chose, que par le
moment qui luy donne sa perfection, Monsieur Descartes ayant supposé que l'assemblage de tous les
tourbillons n'étoit pas encore bien ordonné, lors

que la lumiere commença, ni leur mouvement bien
libre, ne marque le temps de la formation du Firmament, qu'au moment qu'ils ont été si bien ajustez,
que l'écliptique des uns répondant aux poles des autres, ils ont commencé à se mouvoir entr'eux d'un
mouvement tout-à-fait libre, & tellement concerté,
que pas un n'a reçû d'obstacle de tous ceux qui l'environnoient.

C'est en cet instant que, suivant son hypothese,
les masses qui se sont rencontrées dans le même
tourbillon où étoit la terre, ont commencé d'en être
séparées par la matiere du tourbillon, qui s'est coulée
entr'elles, & qui les a tenuës plus ou moins éloignées
du centre, selon la difference de leur grosseur, ou de
leur solidité. Or, comme nous avons remarqué,
qu'elles étoient toutes couvertes de leurs eaux, & que
la matiere des tourbillons, qui selon cette doctrine,
est la matiere du Firmament, les a séparées de la
terre, on a pû dire, suivant la même doctrine,
aussi-bien que, suivant la Genese, que les eaux
ont été séparées des eaux par la formation du Firmament.

Ainsi, Monsieur Descartes, qui semble toûjours
suivre Moïse, dispose les eaux de sorte, qu'il y en a
audessus & audessous du Firmament : car on sçait que
ce que le Prophete appelle en cet endroit le dessous,
est la terre que nous habitons, & que tout ce qui en est
séparé par la matiere celeste, se peut dire à nôtre
égard, être audessus du Firmament.

Je n'explique pas cela plus au long, & je n'examine

mine point combien ces differens refervoirs d'eaux,
que Monfieur Defcartes met en differentes parties
du Ciel , reprefentent bien ces *cataraĉtes* , dont le
Seigneur tira , dans les jours de fa colere , dequoy
inonder toute la terre.

Je ne fais point auffi de réfléxion fur les changemens, qui font arrivez à la terre par cette prodigieufe
quantité d'eaux. C'eft peut-être la caufe ✶ des differentes faifons , des nuages , des pluyes , & de la premiere apparition de cet admirable Phenomene , dont le
Seigneur fe fervit , pour affurer Noé contre les
frayeurs d'un nouveau Déluge, lors qu'il luy promit
de fermer pour jamais les cataraĉtes, qu'il avoit ouvertes pour fa vengeance : mais cela nous meneroit
trop loin.

qu'elle n'avoit auparavant, à l'égard du Soleil.

* En effet
l'Ecriture
ne parle de
la difference
des faifons,
qu'aprés le
Deluge,
qui en a pû
être la cau-
fe , en fai-
fant pren-
dre à la ter-
re une autre
fituation ,

Au troifiéme jour, Moïfe remarque que les eaux
couvrant tout le rond de la terre , il fut à propos de
les affembler en certains lieux, afin que les autres demeurant à découvert, elle pût produire des herbes,
des plantes & des arbres de tout genre. Il dit que la
même parole , qui avoit operé les merveilles des
jours précédens , opera encore celle-là. A quoy il
ajoûte que ce qui parut à fec , fut appellé *Terre* , &
que l'affemblage des eaux fut appellé *Mer*.

Or il eft évident que, fi la Terre fût demeurée parfaitement ronde, les eaux n'auroient pû être affemblées en des endroits, pour en laiffer d'autres à fec.
Ainfi il faut croire que le même jour , qui vit la fépa-
ration des eaux fur la terre, vit auffi la formation des

*Troifiéme
jour.*

I i

collines & des montagnes ; & que certaines parties
de la terre, s'élevant audessus des autres , laisserent des
vallées entr'elles pour lit aux eaux , & des creux audessous de leurs élevations , pour recevoir une quantité d'eau , approchante de celle qui ne devoit plus
paroître. C'est ainsi que Monsieur Descartes explique
la chose. Il explique aussi comment la Terre a pû
produire les herbes, les plantes & les arbres , & comment les differens sucs, qui sont agitez dans le sein de
la terre , s'insinuënt dans les diverses semences, dont
les pores sont ajustez à leur figure.

Je vous prie en cet endroit , M. R. P. de remarquer que Moïse ne dit point que Dieu ait fait d'a-
me pour les plantes. Il dit seulement que la terre, renduë feconde par la parole du Seigneur , les a produites. Cependant les Philosophes , qui ont toûjours eu
recours à des ames, quand ils ont voulu expliquer les
effets de certains corps organiques, dont ils ne pouvoient démêler les ressorts, en ont donné une à chaque plante. Ils ont crû qu'il étoit impossible d'expliquer la végétation sans cela.

Mais Monsieur Descartes , n'ajoûtant rien à
l'Ecriture , où Moïse a parlé des plantes , de leurs
semences , de leur accroissement & de leurs fruits ,
sans y parler d'ame, a crû qu'il n'en faloit point supposer, pour rendre raison de leur nourriture. Il a encore montré si clairement que la végétation se faisoit par le mouvement local des parties, qui arrivent
de nouveau, & par le rapport de leur figure avec les
pores de la plante , à l'accroissement de laquelle

elles font propres, qu'il n'y a aucune perſonne un peu accoûtumée au raiſonnement, qui n'avouë, aprés avoir examiné ce qu'il dit ſur ce ſujet, qu'il ne reſte pas la moindre apparence que les plantes ayent des ames.

Vous ſçavez pourtant que quelques-uns veulent encore ſoûtenir qu'il y a des ames végétatives. Mais enfin, M. R. P. qui les peut autoriſer ? ce n'eſt pas la raiſon. Elle perſuade à tous qu'il ne faut point multiplier les eſtres ſans neceſſité ; & puiſque l'on reconnoît manifeſtement que la figure & le mouvement peuvent être les cauſes entieres de la végétation, il ne faut pas inutilement recourir à des ames.

Ce ne peut être auſſi l'autorité, ni des hommes, ni de l'Ecriture ſainte. Celle des hommes ne peut être conſiderable contre l'évidence des notions naturelles, & contre les experiences par leſquelles cette erreur eſt convaincuë. Pour celle de l'Ecriture ſainte, il eſt manifeſte qu'elle n'eſt pas pour eux : car on n'y voit rien qui approche de ce qu'ils veulent attribuer aux plantes, ni de cette ame, qu'ils appellent *végétative.*

La quatriéme parole forma deux grands luminaires dans le Firmament, pour diviſer entierement *Quatriéme jour.* le jour de la nuit, & marquer la difference des jours, & des années. La même parole forma auſſi les Etoiles, ſuivant l'hiſtoire de Moïſe.

Monſieur Deſcartes, expliquant cela par les moyens naturels, dit que les differens tourbillons, qui s'étoient formez de toute la matiere celeſte, ayant été ajuſtez

les uns aux autres, comme il étoit plus commode pour la continuation de leurs mouvemens, il cou-
la une si grande quantité de la matiere la plus subtile vers leurs centres, par le pressement des globu-
qui tendoient à s'en éloigner, qu'elle fut capable
de repousser ces globules jusqu'aux extrêmitez de
chaque tourbillon; & former ainsi des rayons,
comme ceux dont l'effort nous fait voir le soleil si
brillant.

Il ajoûte que cette matiere subtile assemblée au
centre de chaque tourbillon, put avoir assez de force
pour pousser les globules des tourbillons voisins, &
pour y rendre son action sensible. Si bien que, selon cet Auteur, cet amas de matiére subtile, qui
se forma dans le centre du tourbillon, où étoit la
terre, fut à son égard le plus grand luminaire, ou si
vous voulez, le Soleil. Les amas qui se formcrent
dans les autres tourbillons, furent les Etoiles; & celle
de toutes les grandes masses, qui se trouva la plus proche de la terre, & la mieux disposée à repousser vers
elle la lumiere du Soleil, fut le moindre Luminaire,
ou si vous voulez, la Lune. Je n'en dis pas davantage.
On sçait si communément que la difference des jours,
des nuits, des saisons, ou des éclypses vient
de la differente situation, où se rencontrent la Terre,
le Soleil, & la Lune, que je serois ennuyeux de répéter icy ce que Monsieur Descartes écrit sur ce
sujet.

Cinquiéme & sixiéme Jour. Le cinquiéme Jour, Dieu dit: *Que les eaux produisent
tout Reptile ayant ame vivante, & tout Volatile. Et le*

fixiéme il dit : *Que la Terre produife ame vivante , felon fon genre , Reptiles & Bêtes.* Je n'ajoûte pas le refte, car il fuffit de dire que Dieu le voulut , pour faire entendre que cela fut ainfi.

Cet endroit nous apprenant que , fi l'on peut dire, que les poiffons & les autres Bêtes ayent des ames, ces ames font produites par les eaux ou par la terre : Monfieur Defcartes a crû , avec raifon , que ce qu'on appelle *ame* icy , n'eft autre chofe , que des petits corps ajuftez de forte aux organes des poiffons & des autres bêtes, qu'ils les font croître, vivre & mouvoir.

Il a merveilleufement bien expliqué à ce fujet la circulation du fang, la maniere dont il s'échauffe dans le cœur : comment il coule dans les artéres, dont les pores differens laiffent échapper des particules , que leur figure rend propres à la nourriture des membres ; & comment les plus délicates parties fe développent des autres pour monter au cerveau , d'où elles fe diftribuënt dans les mufcles , & vont fervir au mouvement de tout le corps.

Il explique fi nettement toutes ces chofes par la feule figure, & le mouvement des petits corps, & par la difpofition des organes, qu'il n'en peut refter aucun doute. Et, afin que l'on ne s'étonne pas de ce qu'il dit de la ferveur du fang, dont il fait le reffort, principal de toutes ces fonctions, qu'on appelle ordinairement *vitales* ou *animales* ; il prouve que cela doit neceffairement arriver par les corps , fans qu'il foit befoin d'aucune ame , ajoûtant à fes raifonnemens l'exemple de certaines liqueurs, qui font froides au toucher, quand elles font feparées, & qu'on voit s'échauffer tout d'un coup jufqu'à boüillir, dés qu'elles font mêlées enfemble. Comme cette ferveur arrive aux liqueurs qu'on ne foupçonne pas d'avoir des ames, Monfieur Defcartes n'a (ce me femble) rien établi que de raifonnable, quand il a dit que la ferveur du fang, jointe à la difpofition & au rapport des organes, pouvoit fans ame caufer la nourriture & le mouvement des bêtes.

Il me femble même qu'il a eu raifon (voyant que ce que la Vulgate appelle *ame vivante*, étoit produit par les eaux, ou par la terre) de croire que ces fortes d'ames n'étoient que des corps. Et veritablement il y a tant de paffages, par où l'on peut connoître que ç'a été la penfée de Moïfe, qu'il eft étonnant de voir que quelques-uns en doutent encore.

Je vous fatiguerois, M. R. P. de vous les rapporter tous : mais je vous fupplie de faire un peu de réfléxion fur le dix-feptiéme Chapitre du Levitique : vous y verrez parfaitement ce qui anime la chair & les bêtes. *Anima omnis carnis in fanguine eft.* Le Prophete dit, que *l'ame de toute chair eft dans le fang*; & c'eft ce que dit Monfieur Defcartes. Mais dans le Chapitre douziéme du Deuteronome, Moïfe ufe d'un autre tour, pour faire entendre que les bêtes n'ont point d'autre ame que le fang. *Hoc folùm cave, ne fanguinem comedas ; fanguis enim eorum pro animâ eft.* Prenez garde, dit-il, *de n'en pas manger le fang, car leur fang eft leur ame.* Et, afin qu'on l'entende mieux encore, il

ajoûte : *Et idcircò non debes animam comedere cum carni-*
bus , sed super terram fundes quasi aquam. Et cela étant,
dit-il, *vous n'en devez pas manger l'ame avec les chairs,*
mais vous la verserez en terre comme de l'eau. N'est-il
pas vray, M. R. P. que ces ames que la terre produit,
que l'on peut manger, & que l'on peut répandre sur
la terre comme de l'eau, ont grand droit d'être com-
ptées entre les corps ?

Je demeure bien d'accord que le sang, quand il
est échauffé, s'exhale en parties fort délicates, &
que cesont ces parties, qui font la nourriture
& le mouvement. Mais quelques délicates qu'elles
soient, ce sont des corps ; & elles ne tiennent pas plus
du spirituel, que la flamme qui est composée de parties encore plus subtiles, & qu'on ne s'est jamais avi-
sé d'appeller spirituelle.

Je m'étonne de ce que ceux qui ont donné des
ames à tout ce qui se nourrit, n'en ont pas donné à
la flamme, qui convertit en elle tous les corps ausquels elle s'attache. Et, pour mieux dire, je m'étonne comment on a pû attribuer à des ames, la cause
de la nourriture & du mouvement, veu qu'on ne voit
que les corps capables d'être mûs, & que la nourriture n'est qu'une addition de corps à d'autres corps.
Mais, sans donner tant au raisonnement, n'est-il pas
visible, M. R. P. que Moïse, qui en doit être crû,
ne reconnoît pour cause du mouvement & de la nourriture des bêtes, que le sang ? Je ne pense pas que cela
se puisse contester par ceux qui voudront prendre la
peine de l'examiner.

Mais, afin que vous connoissiez mieux la force
de tous ces passages, que je n'ay pris jusqu'icy que
selon la Vulgate, & qui, suivant cette version, ne
laissent aucune difficulté, bien qu'on y ait employé
le mot d'*ame* ; je me veux servir d'un moyen, qui sera puissant sur vôtre esprit, & qui vous pourra persuader mieux que tout autre.

Vous sçavez plus d'une langue, M. R. P. & entr'autres vous sçavez l'Hebreu que je ne sçay pas,
Cependant je vous diray qu'il y a quelque temps,
que faisant réfléxion sur cet endroit de l'Ecriture,
où il est parlé de l'ouvrage du cinquiéme Jour, & de
celuy du sixiéme ; il me parut tant de difference,
entre la maniere dont la formation des brutes &
celle de l'homme a été faite, que je crûs (quelque
mot dont on se soit servi dans la Vulgate) qu'il faloit qu'on eût employé dans l'Hebreu des termes
fort differens.

Je voyois que la Vulgate dit que les brutes ont
une ame vivante, & qu'elle employe le même mot
pour signifier la vie de l'homme. Mais je voyois
qu'outre cette ame vivante, que la Vulgate attribuë
à l'homme comme aux brutes, elle ajoûte qu'il a été
fait à l'image de son Auteur, que je sçavois être un
pur Esprit. D'où je concluois que, cette ressemblance
ne se pouvant tirer du corps, puisque son Auteur
n'en a point, il faloit necessairement qu'elle se tirât
de quelque chose d'un ordre superieur, en un mot,
de l'Esprit. A cela je joignois ce que la Vulgate exprime, en parlant de l'homme au second Chapitre de
la

la Genese, où je voyois que le Seigneur,qui l'avoit
fait vivant comme les bêtes, luy avoit inspiré quelque chose que les bêtes n'avoient pas, & qui me
sembloit devoir être en luy le principe d'une vie
toute differente de la leur, & la cause de cette avan-
tageuse ressemblance, qu'il devoit avoir avec son Auteur.

Toutes ces choses me persuadoient déja beaucoup à l'avantage de l'homme : mais,croyant que je
pourrois mieux découvrir le sens de ces passages, en
me les faisant expliquer sur l'Hebreu, j'eus recours
à Monsieur de Compiégne, que l'on connoît pour
le plus habile que nous ayons en cette langue. Je le
priay de me faire la version du premier & du second
Chapitre de la Genese; & dans cette version j'ay trouvé la preuve entiere de ce que j'ay toûjours pensé,
& de ce que Monsieur Descartes avoit écrit sur ce
sujet. Car j'ay vû qu'à l'endroit de la generation des
poissons, & des autres brutes, où la Vulgate dit que
l'eau & la terre ont produit *des ames vivantes*, mon
Traducteur dit que la terre & l'eau ont produit *des
individus vivans*. Ce qui porte un beau sens, & fait que
la chose s'exprime d'une maniere bien plus concevable : car il est fort intelligible que la terre & l'eau
ayent produit des individus vivans, c'est-à-dire,
qu'elles ayent été ajustées de sorte, par la main puis-
sante du Seigneur, qu'elles ayent formé des corps
organiques, qui étant propres à la nourriture & au
mouvement, en quoy consiste toute la vie des corps,
ont dû être appellez vivans ; mais qui ne pouvant

K k

être divifez , fans être entierement détruits , ont dû être appellez *individus*.

En fecond lieu , je vois à l'endroit, où il eft parlé de la formation de l'homme , que non feulement il a été formé de bouë par les mains du Seigneur, & qu'il eft devenu par ce moyen un *Individu* vivant comme les bêtes : mais outre cela je vois qu'avec cet Individu , ou corps organique qui le fait nourrir & mouvoir comme les bêtes , il a reçû une autre chofe que mon Interpréte appelle *Mentem* , & que j'appelle *Efprit* , ou *Penfee*.

Tellement que, comme il n'eft point parlé d'ame pour les plantes dans la verfion Vulgate, ainfi que je l'ay remarqué , il n'en eft point auffi parlé dans l'Hebreu pour les brutes. Il n'eft point dit non plus qu'elles ayent de fentiment (ce que je vous prie d'obferver) mais feulement il eft dit qu'elles ont la vie & le mouvement. Et, parce que cette vie & ce mouvement dépendent de l'arrangement & de la correfpondance de plufieurs organes , dont la divifion empêcheroit l'effet , Moïfe , pour fignifier cet affemblage par un feul mot , ufe de celuy de נפש , qui veut dire *Individu*.

Mais ce que nous devons fur tout confiderer , c'eft que le même Prophéte veut fi bien faire entendre que l'homme a un corps organifé comme les brutes , & que ce corps vit par les mêmes principes qui les font vivre , qu'aprés avoir dit que l'individu de chaque bête fut produit par l'eau ou par la terre , il dit que celuy de l'homme fut auffi formé de bouë. Et, pour nous faire concevoir que cette bouë, qui étoit auparavant divifible fans peril, fut arran-gée de forte qu'elle devint un individu, comme chacun des autres corps vivans ; il s'exprime par le même mot, dont il s'eft fervi en parlant des bêtes. Mais en même temps il ajoûte que le Seigneur infpira à cet individu vivant, dont il vouloit faire un homme, une chofe qu'il exprime par le mot de נשמה, qui veut dire *Efprit* ou *Penfée*.

galchama *qui veut dire: corps.*

Cela me paroît fi fort, M. R. P. qu'il ne me fem-ble pas qu'il puiffe refter aucun fcrupule fur ce point, touchant ce que nous avons à croire d'orefnavant des brutes & de l'homme. Moïfe nous fait connoî-tre clairement que les brutes vivent & fe meuvent, parce que le fang & l'arrangement de leurs organes font de chacune d'elles un corps individu, qui demeure propre à ces deux effets, tandis que cet arrangement dure. Pourquoy donc leur attribuer autre chofe que ce corps individu, qui peut rendre raifon de leur vie, & de leur mouvement?

D'ailleurs, le Prophéte ne dit point qu'elles ayent de fentiment. Pourquoy feignons-nous qu'elles en ayent? ou du moins quel danger y a-t-il d'affurer qu'el-les n'en ont pas?

Enfin cet homme infpiré de Dieu pour nôtre in-ftruction, nous apprend que les brutes n'ont que ce que le corps peut avoir, & que nous avons un corps comme elles. Mais il ajoûte qu'avec cela nous avons un Efprit, ou fi vous voulez, une ame, que l'on fçait être feule capable de fentir, de juger, de vouloir, &

K k ij

de toutes les autres façons de penſer. Pourquoy donc n'aſſurerons-nous pas que les brutes n'ont que le corps, & qu'elles ne ſentent point? Et pourquoy ne dirons-nous pas qu'avec un corps ſemblable à celuy qu'elles ont, qui ne nous fait point reſſembler à nôtre Auteur, nous avons une ame, qui nous donne le merveilleux avantage de luy reſſembler, autant que cela peut convenir à des creatures.

Aprés cela, M. R. P. ſi vous me voulez dire encore que l'opinion de Monſieur Deſcartes eſt dangereuſe, en ce qu'elle fait vivre & mouvoir les brutes ſans ame; je vous répondray que l'hiſtoire de Moïſe eſt donc bien dangereuſe, puis qu'elle nous apprend la même choſe.

Mais, ſi aprés avoir vû combien Moïſe ſepare en l'homme ce qui le fait vivre & mouvoir, d'avec ce qui le fait penſer, vous examinez comment le Symbole de ſaint Athanaſe, que nous liſons tous les jours, comme la regle de nôtre Foy, définit l'homme, vous verrez qu'il dit que la chair & l'ame raiſonnable le font tout ce qu'il eſt. Il ajoûte que, comme ces deux ſubſtances, toutes differentes qu'elles ſoient, ne font qu'un même homme; ainſi Dieu & l'Homme ne fait qu'une même Chriſt. Mais, comme en JESUS-CHRIST il n'eſt pas permis, quel que ſoit l'union de ces deux natures, de les confondre, pour attribuer à l'une ce qui vient de l'autre; il y a toûjours un extrême danger de confondre dans l'homme les deux ſubſtances qui le compoſent, & les fonctions qui dépendent de chacune d'elles.

Ceux qui donnent au corps le fentiment, ou d'autres perceptions qui ne peuvent convenir qu'à l'a-
me, font fujets à croire que l'homme, comme les
bêtes, n'a que le corps. D'autre côté ceux qui penfent que l'ame eft ce qui caufe la nourriture & les
mouvemens en l'homme, font fujets à croire que
les bêtes, qui fe nourriffent & fe meuvent, ont une
ame comme luy ; & quand il n'y a plus de difference entre les ames que du plus au moins, il y a un
Axiome, qui difant que le plus & le moins ne chan-
gent pas l'effence, fait qu'on s'accoûtume bien-tôt à
croire, que fi tout perit en la bête par la mort, il ne
refte rien auffi de l'homme, quand il a perdu la vie.

Pour moy, M. R. P. je ne doute nullement que ce
qui s'eft dit des ames fenfitives, qu'on attribuë aux
plantes & aux bêtes, n'ait fait croire aux Impies,
que celles qu'on attribuë aux hommes, pouvoient
être de même nature.

Si ma Lettre n'étoit déja trop longue, je pourois
vous expliquer les plus étonnantes fonctions des
brutes, par la feule conftruction de leurs organes,
comme on vous explique toutes les opérations d'u-
ne montre, par l'arrangement de fes parties. Je pourois
vous faire voir qu'il n'y a de difference entre les
machines artificielles & les naturelles, qu'en ce que
l'Auteur de la nature eft plus grand ouvrier que les
hommes ; & qu'il a fçû appliquer enfemble des
parties plus délicates & plus mobiles, que ne font
celles dont nous compofons ordinairement nos machines. Je pourois auffi vous démontrer qu'il n'y a

rien qui nous foit connu dans les brutes, même dans le finge, qu'on ne puiffe expliquer par le corps, & qu'en l'homme il y a des penfées, que toutes les diverfitez qu'on peut imaginer dans les figures & les mouvemens, ne peuvent expliquer. Mais je paſſe-rois les bornes, que je me fuis preſcrites; & il me fuffit de vous avoir fait voir que Monfieur Deſcar-tes a toûjours fuivi Moïfe, pour vous faire avoüer, que fa philofophie n'a rien de dangereux.

Je veux pourtant bien vous avoüer que la forma-tion du Monde, felon Monfieur Deſcartes, femble avoir quelque chofe de different de celle de Moïfe. Mais, quand vous aurez confideré le deſſein du Pro-phete, & celuy du Philofophe; vous avoüerez que cette difference ne doit pas faire dire que l'un fe foit détaché de l'autre.

Moïfe a fans doute expliqué la chofe comme elle s'eft faite. Il a fait créer la Terre, les eaux, les par-ties celeftes, puis la lumiere, & le refte. En forte que, quand le Soleil a été formé, la Terre étoit déja enrichie de fruits, & parée de fleurs. Au lieu que Monfieur Deſcartes fait le Soleil caufe, non feule-ment des fruits & des fleurs, mais encore de l'aſſem-blage de pluſieurs parties aſſez interieures de la Ter-re. Il ne la fait même former que long-temps aprés le Soleil, bien que l'Ecriture marque, qu'elle a été créée auparavant.

Mais il faut prendre garde à deux chofes. La pre-miere, que Monfieur Deſcartes luy-même a dit que fon hypothefe étoit fauſſe, en ce qu'il fuppofe que

la formation de chacun des Eſtres s'eſt faite ſucceſſivement; & qu'il aſſure que cette maniere étant peu
convenable à Dieu, il faut croire que ſa toute-puiſſance a mis chaque choſe dans l'état le plus parfait où
elle pouvoit être, dés le premier moment de ſa pro-
duction.

La ſeconde, que Monſieur Deſcartes n'a dû, comme Philoſophe, expliquer que la raiſon pour laquelle les choſes ſe conſervent comme elles ſont, & les
effet differens que nous admirons maintenant en la
nature. Or, comme il eſt certain que les choſes ſe
conſervent naturellement par le même moyen qui
les a produites; il étoit neceſſaire, pour éprouver ſi
les loix qu'il ſuppoſe que la nature ſuit pour ſe conſerver, ſont veritables, qu'il examinât ſi ces mêmes
loix euſſent pû la diſpoſer comme elle eſt. Et trouvant que, ſelon l'hiſtoire de Moïſe même, bien que
le Soleil ait été formé depuis la terre, c'eſt neanmoins par le Soleil que Dieu conſerve la Terre
comme elle eſt maintenant, puiſque ſa chaleur eſt
cauſe de toutes les productions, & de tous les changemens qui arrivent en elle; il faloit que Monſieur
Deſcartes montrât que ce même Soleil auroit pû la
mettre en l'état où nous la voyons, ſi Dieu ne l'y
avoit miſe en un inſtant par ſa toute-puiſſance.

A la verité, la maniere dont Monſieur Deſcartes
décrit que le Soleil a diſpoſé la terre, eſt ſucceſſive;
ce qu'il avoüe, ainſi que je l'ay déja remarqué, être
peu convenable à Dieu quand il produit. Mais enfin, comme ce que Dieu fait en conſervant le mon-

de, est successif, & qu'il le doit être, afin que chaque chose ait une certaine durée ; il a été à propos que nôtre philosophe examinât si les principes, qu'il établissoit pour rendre raison de la durée de tous les êtres naturels, auroient pû les produire par succession de temps : ce qu'il a executé avec une justesse, qui me paroît incomparable. Ainsi Monsieur Descartes n'a rien fait en cela qui soit contraire au dessein de Moïse.

Ce Prophete sçavoit que c'est par le Soleil que Dieu conserve la terre, & les êtres naturels, du moins ceux qui sont les plus proches de nous. Mais, de peur qu'on ne crût que cette astre fût la cause de tout ; Moïse a voulu précisément que l'on sçût que la lumiere, qui est celle de toutes les creatures qui dépend le plus du Soleil, a été faite avant luy. Et cela étoit necessaire, pour marquer à ceux qui sçauroient ces merveilles, que Dieu les a toutes operées par sa seule volonté ; & que, s'il les conserve maintenant avec une espéce de dépendance entr'elles, neanmoins elles ne se doivent ni l'être ni la conservation les unes aux autres, mais à Dieu seul.

De son côté Monsieur Descartes, qui avoit à expliquer cette correspondance, que Dieu a mise entre les êtres naturels, & qui devoit rendre raison par le Soleil, de tout ce qui se fait dans la partie du monde qui nous est la plus connuë, ne pouvoit mieux nous faire entendre combien le Soleil est bien disposé par la premiere puissance à entretenir l'état naturel de tout ce que nous voyons, qu'en montrant que

que, fuivant cette même difpofition , le Soleil auroit pû mettre par fucceffion de temps nôtre monde
en l'état où il eft , s'il n'avoit été plus à propos de
former toutes les créatures dans un ordre contraire à celuy qu'exigeoit la dépendance qui eft maintenant entr'elles , & de former chacun des êtres d'u-
ne maniere, qui fît connoître que, comme l'Auteur
du monde n'avoit eu befoin de rien pour tout faire, il n'avoit pas befoin de temps pour produire aucune des chofes que nous admirons.

Enfin, M. R. P. fi vous confiderez que la même
fageffe , qui mit le premier homme en l'état le
plus parfait dés le moment de fa produdion, foûmit fa confervation aux mêmes loix, dont il a fait
dépendre la formation de ceux qui font nez de luy ;
& que pour bien connoître la nature de l'homme, il
feroit plus commode d'examiner les differens
changemens qui arrivent à la femence , depuis la
conception jufqu'à la naiffance de ceux qui font en-
gendrez, que d'examiner la formation, miraculeufe
de celuy que la toute-puiffance acheva en le commençant : Vous trouverez fans doute, que pour bien
fçavoir fi ce qu'on penfe des loix qui confervent
l'ordre de la nature , eft veritable ; il n'y a point de
meilleur moyen , que de voir fi elles auroient pû le
produire.

Je n'examine pas icy, M. R. P. fi ce que l'on croit
communément de la ftabilité de la terre, s'explique
mieux par l'hypothefe de Monfieur Defcartes , que
par celles qui l'ont precedée.

Je n'examine pas non plus, si elle est plus vraye que les autres. Il a dit luy-même comme je l'ay déja remarqué, qu'elle pouvoit être fausse. Et veritablement entre une infinité de moyens, dont Dieu se peut servir pour faire une même chose, il est difficile d'assurer duquel il s'est en effet servi. Mais il me semble que les hommes ont sujet d'être contens, quand ils en ont trouvé un qui peut expliquer tous les phénoménes, & qui n'est pas contraire à ce que l'Ecriture ou l'Eglise nous propose. Monsieur Descartes a eu si peur de rien avancer qui ne fût pas conforme à ce qu'elles nous prescrivent, qu'il a soûmis expressément au jugement de l'une, ce qu'il semble avoir entierement tiré de l'autre.

Princip. de Descartes I^{r.} part. n. CCII.

Ainsi, quiconque lira ses Ecrits dans le même esprit qu'il avoit en les faisant, ne sera point en danger de se tromper jusqu'à l'heresie, & sera toûjours prêt à reconnoître ses erreurs, si-tôt que ceux qui sont préposez pour diriger sa croyance, l'en feront appercevoir. Pour moy, je suis persuadé que, si l'on condamnoit ce que Monsieur Descartes a écrit de la maniere, dont se font les divers aspects du Soleil & de la terre; & que, si jugeant que ce n'est pas assez de stabilité pour elle, que d'être toûjours au milieu de toute la matiere celeste qui se trouve entre le corps de la Lune & le sien, on venoit à décider que le cercle, que Monsieur Descartes fait parcourir à toute cette matiere en un an autour du Soleil, est opposé à ce qu'on doit croire du repos de la terre, ses plus grands sectateurs, imitant

fa foûmiſſion , ſe foûmettroient les premiers. Car
enfin , comme ils ſçavent , par des démonſtrations
évidentes , non ſeulement que c'eſt Dieu qui eſt cauſe du moûvement de la moindre portion de matiere,
mais encore que c'eſt ſa main tout-puiſſante qui la
conduit par tout ; il leur ſeroit bien plus aiſé qu'à
d'autres , de concevoir que cette même main peut diriger les mouvemens du Soleil & de toute la matiere celeſte autour de la terre, ſans qu'elle en reçoive le
moindre ébranlement.

Au reſte , je crois ne pouvoir trop répéter que
Monſieur Deſcartes n'a pas pretendu que ſon hypo-
theſe fût veritable en general , & même qu'il a reconnu qu'elle étoit fauſſe en certaines choſes. Mais , encore un coup , j'eſtime qu'il a eu raiſon de penſer,
qu'il étoit permis aux hommes de faire des ſuppoſi-
tions , & qu'elles étoient toutes recevables , pourvû
qu'elles ſatisfiſſent à toutes les apparences , & qu'elles
ne fuſſent pas contraires à la Religion.

Vous trouverez , M. R. P. en quelqu'une de ſes *Tom. 2. des Lettr. p. 352. 358. 359. & Diſc. de la Method. p. 60.*
Lettres , qu'il s'eſt mis fort en peine , lors qu'il a vou-
lu avancer certaines propoſitions , de ſçavoir ſi elles
n'avoient pas été condamnées par la Chambre de
l'Inquiſition de Rome. C'eſt par les motifs de cette
pieuſe crainte , qu'il dédia ſes Méditations à Meſſieurs
de Sorbonne. Et enfin il paroît dans toute ſa conduite qu'il n'eût pas voulu pour toute la ſcience du monde , & pour toute la gloire qui en peut revenir , courir le hazard , je ne dis pas d'un anathême , mais de
la moindre cenſure. Je vous diray encore que je

L l ij

pense connoître une partie des meilleurs esprits, qui font le plus attachez à ses sentimens ; & je n'en connois point qui n'abandonnât sa doctrine, si elle étoit censurée. Je ne sçay s'il en arriveroit de même à ceux qui suivent Aristote, si l'on condamnoit ses opinions de nouveau : je dis de nouveau, car vous sçavez, M. R. P. qu'elles l'ont été par les Loix, & même par un Concile. Cependant, quoy que depuis on n'ait rien changé aux Canons sur cette matiere, plusieurs s'imaginent le pouvoir suivre de bonne foy. Mais insensiblement je passerois les bornes que je me suis prescrites. Mon principal dessein n'est pas de blâmer Aristote : je veux seulement justifier Monsieur Descartes ; & je pense l'avoir fait suffisamment. Je suis,

M. de Launoy de variâ Aristotelis fortunâ.
Conc. Senon. an.
M. CCIX.

MON REVEREND PERE,

Vôtre tres-humble & tres-obéïssant serviteur,
DE CORDEMOY.

De Paris le 5. Novembre 1667.

I. TRAITÉ

DE

METAPHYSIQUE.

Ce qui fait le bonheur, ou le malheur des esprits.

I. **D**IEu a créé les esprits pour être heureux:
ils ne le peuvent être, s'ils ne connoiffent en quoy consiste le bonheur, s'ils
ne le veulent, & s'ils n'y font sensibles.

II. Ils ne peuvent entendre ni vouloir, sans être
affectez auparavant; c'est-à-dire, sans éprouver en
eux-mêmes quelque changement à l'occasion des objets, qui font ou spirituels ou corporels.

III. Si le changement, qu'un esprit éprouve à l'occasion des objets, ne fert qu'àles luy faire apperce-

voir, c'est une simple perception ou sensation.

Si la seule perception est agreable ou désagreable, c'est un simple attrait, ou une simple aversion.

Mais, si l'objet affecte l'esprit d'une maniere, qui le fasse souffrir, cet état est la douleur ; l'état contraire est le plaisir.

IV. La simple sensation l'incline à vouloir connoître.

L'agrément l'incline à se vouloir unir ; & l'aversion à vouloir le contraire.

Le plaisir l'incline à se vouloir tenir uni ; & la douleur à se vouloir désunir.

V. Comme il est créé pour être heureux, il tend incessamment à le devenir : cette pente est cause de toutes ses actions ; & il cherche sans cesse les moyens, qui le peuvent faire arriver à cette fin.

Dés le moindre changement, qui arrive en luy à l'occasion d'un objet, il le veut connoître, pour sçavoir si ce n'est point ce qu'il desire, ou du moins quelque chose de propre à luy procurer ce qu'il desire.

Dés qu'il apperçoit cet objet avec quelque agrément, il incline à s'y unir.

Et, dés qu'il sent du plaisir par cette union, il ne s'en veut plus séparer, du moins tant que ce plaisir dure.

VI. Il est dangereux mêmes qu'il ne prenne le plaisir, qu'il trouve dans les moyens, pour le veritable bonheur, qui ne se peut trouver que dans la fin pour laquelle il est créé.

Plus il tend à cette fin, quand il ne la connoît pas, plus il est sujet à perdre son bonheur. Ainsi il luy importe d'user de toutes ses lumieres, pour discerner ce qui doit faire ce bonheur, d'avec tout le reste.

Il est capable de discerner la fin des moyens, & de faire un juste choix de ces moyens.

VII. Il ne peut faire ce choix, s'il n'est libre : comme il ne peut être libre, s'il n'a la force d'examiner ses sensations, celle de resister à ses inclinations, celle de s'appliquer à connoître; & enfin celle de donner ou retenir son consentement.

VIII. Il doit sur tout prendre garde à deux choses. L'une, que s'il a été fait sensible au bonheur, il a aussi été fait sensible aux moyens d'y parvenir : mais que cette sensibilité pour les moyens ne luy a été donnée, que pour les luy faire souhaiter par rapport à cette fin. L'autre, que quand il arrive que, faute d'examiner, il prend les moyens pour la fin, il les poursuit avec toute l'ardeur & toute la pente, qu'il a naturellement pour la fin même.

Ainsi les mauvais Anges, considerant la beauté de leur être avec plaisir, & prenant ce plaisir (qui ne devoit servir qu'à les exciter à aimer le Createur) pour leur plus grand bien, ils s'y sont arrêtez comme leur fin, & se sont perdus. Il leur étoit bon qu'ils fussent sensibles au plaisir de se voir si parfaits. Mais il n'étoit pas bon qu'ils s'arrêtassent à ce plaisir, parce que n'en pouvant être satisfaits, & le voulant être par leur nature, le défaut de cette satisfaction a été le plus sensible mal, qu'il leur pût arriver.

Il eſt évident même que, plus cette pente qu'ils ont
au bonheur eſt grande, plus ils s'attachent & ſe rendent ſenſibles au plaiſir imparfait, où ils veulent
faire conſiſter tout leur bonheur. Mais en même
temps il eſt évident que, plus ils s'attachent à ce plaiſir imparfait, & plus ils ſouffrent de ne pas trouver
de ſatisfaction en la ſeule choſe, pour laquelle ils
ayent de la ſenſibilité.

IX. Il n'y a que les eſprits, qui puiſſent être ſenſibles, comme il n'y a que les corps, qui puiſſent être
mûs.

X. Les bêtes ne ſont que des corps capables de tous
les mouvemens, qui ſervent à la végétation & à la
progreſſion.

XI. Les hommes ont auſſi un corps capable de
tous les mouvemens neceſſaires à la végétation & à
progreſſion : mais avec cela ils ont un eſprit fait pour
être heureux, & conſéquemment cet eſprit eſt con-
noiſſant, voulant & ſenſible.

XII. Le corps du premier homme a été formé
avant que l'eſprit y fût uni ; & comme ce corps auroit pû ſe nourrir & être mû diverſement, ſelon la proportion, qui eſt entre ſes organes & les autres corps,
cet eſprit auroit pû connoître, vouloir & ſentir avant
leur union.

La ſeule choſe, que Dieu fit pour unir ce corps &
cet eſprit, fut de faire mouvoir ce corps, non ſeulement à l'occaſion des autres corps, comme il fait
mouvoir celuy des bêtes, mais encore à l'occaſion des
volontez de cet eſprit ; & de donner des ſenſations &

　　　　　　　　　　　　　　　　　　　　　　des

des inclinations à cet efprit à l'occafion des mouvemens de ce corps.

XIII. Il fuffifoit que cet efprit eût à l'occafion du
corps auquel il fut uni, des fenfations, que les autres efprits n'euffent pas, pour le rendre different des
autres efprits, & propre à informer ce corps :
Comme il fuffifoit que ce corps eût des mouvemens a l'occafion des volontez de cet efprit, pour le
rendre different des corps de toutes les bêtes, & propre à cet efprit.

XIV. Il faut fur tout confiderer que cet efprit &
ce corps furent faits, afin qu'en s'uniffant, il en re-
fultât un homme ; & fi dans cette union de deux
parties qui paroiffent fi differentes, on veut regarder le corps comme la matiere, & l'efprit comme
la forme de ce tout phyfique, on le pourra avec beaucoup de raifon. Car il eft vifible que l'efprit eft caufe
de la plus effentielle difference, qui foit non feulement entre l'homme & les bêtes, mais entre le corps
de l'homme & tous les autres corps de l'univers.

XV. Si le principe, qui fait mouvoir les corps des
bêtes, fe peut appeller *ame*; l'efprit qui eft uni à un
corps, doit être appellé *ame* avec bien plus de raifon.
Mais, fi l'efprit peut être appellé *forme* ou *ame*, parce
qu'en effet il anime & qu'il informe ; il ne faut pas
regarder cette ame ou cette forme comme les autres
ames ou les autres formes, qui ne font pas des fubftances feparables des fujets, qu'elles animent ou
qu'elles informent.

XVI. Comme ce que Dieu fait, eft toûjours le
M m

mieux qu'il puisse être, l'ame du premier homme étoit maîtresse des mouvemens de son corps ; & toutes choses étoient si bien disposées dans ce corps & dans tout le reste de la nature, qu'elle n'en pouvoit recevoir que des sensations agreables.

Ce n'est pas que dés lors cette ame ne fût capable de douleur, puis qu'elle étoit sensible ; & si le corps, auquel elle étoit unie, eût été violemment frappé, elle eût dû en ressentir du mal. Mais cette bonne disposition du corps & de toute la nature jointe aux connoissances claires & distinctes qu'elle avoit de tout ce qui pouvoit servir au corps, ne le laissoit point sujet aux accidens, qui peuvent causer la douleur.

Lors que Dieu eut formé le corps de la premiere femme, d'une portion de celuy du premier homme, il y unit aussi un esprit ou une ame ; & en leur ordonnant de croître & de multiplier, il posa une espéce de loy entre luy & eux, par laquelle il s'obligea de disposer la matiére, pour former des corps semblables aux leurs, & de créer des ames comme la leur, toutes les fois qu'ils voudroient avoir des enfans.

Il ne leur fit connoître ni les divers mouvemens, qu'il donneroit à la matiére pour en former ces corps, ni comment il créeroit ces ames : il fit seulement dépendre cette formation & cette creation d'une action, qu'il remit à leur volonté.

Il leur promit un bonheur éternel, s'ils usoient bien de tout ce qu'il avoit créé pour eux, & ne leur fit qu'une seule défense, qui fut de manger un fruit, qui ne leur étoit pas nécessaire.

Il fit dépendre d'eux non seulement leur propre bonheur, mais encore celuy de tous ceux qui devoient naître d'eux ; & c'étoit les rendre parfaitement heureux, que de leur promettre une grande postérité, & de les rendre maîtres de son bonheur.

En cet état rien ne leur manquoit : leur corps étoit bien disposé ; leur ame en étoit absolument la maîtresse ; leurs sens n'étoient point trompeurs ; leurs inclinations n'étoient point violentes ; leur entendement étoit éclairé ; leur volonté étoit droite. Ils connoissoient toutes les creatures : ils sçavoient comment ils en devoient user ; & la seule chose qu'ils ne connoissoient pas, étoit le fruit dont l'usage leur avoit été défendu.

Ils n'avoient qu'à bien user de leurs sens, de leurs inclinations, & de leurs connoissances. Leurs sens leur faisoient appercevoir les objets : ils en connoissoient les proprietez ; & n'avoient à l'occasion de leurs sens aucuns mouvemens déreglez, qui leur fît souhaiter autre chose que ce qu'ils sçavoient leur être propre. Il leur étoit même aisé de suivre l'ordre de leur Auteur, puisque la vûë du seul fruit, qu'il leur avoit défendu, ne leur causoit aucun appétit déreglé. Veritablement il leur paroissoit agreable aux yeux : mais toute la nature avoit le même agrément pour eux ; & ils n'avoient pas besoin de toute la lumiere, que Dieu leur avoit donnée pour concevoir, que celuy qui avoit tout formé, les ayant menacé de mort, s'ils en mangeoient, la chose arriveroit infailliblement comme il l'avoit prédite.

Cependant, dés que la femme entend dire qu'ils feront comme Dieu même, s'ils en mangent, elle le fuggere à l'homme; & pour fe refoudre en cette occafion, il n'examinent ni qui eft celuy qui leur a donné le confeil de manger de ce fruit, ni qui eft celuy qui leur en a fait la défenfe. Ils s'arrêtent feulement à penfer qu'il étoit bon d'être comme Dieu; & fe rapportant plus à leurs fens, qu'à ce que leur Auteur leur avoit dit de ce fruit, ils trouvent ce fruit agreable aux yeux, ils y portent la main, ils le trouvent agreable au goût, ils en mangent.

Ainfi leur ame fe déregla d'elle-même; & le déreglement de leur corps fuivit avec celuy de toute la nature. Ils connurent le mal: ils devinrent fujets à la douleur, à la mort, & tellement affujettis à leur corps, qu'il ne leur refta plus de liberté qu'autant qu'il en faloit, pour achever de fe perdre comme les démons.

Le Fils de Dieu par fon Incarnation & par fa mort a réparé avantageufement ce mal. Mais ce remede, qui eft d'un ordre fupérieur à la nature, eft tel, qu'encore qu'il éleve les hommes à des chofes, qui paffent tout ce qu'Adam auroit pû faire en l'état parfait où Dieu l'avoit mis, il laiffe pourtant encore fentir à ceux qui y ont participé, tous les defordres, que la nature a foufferts par le peché du premier homme. Leur ame eft déreglée, leur corps l'eft auffi; & ce déreglement a paffé de l'ame du premier homme à leur ame, comme il a paffé de fon corps au leur.

II· TRAITÉ

DE

METAPHYSIQUE·

Que Dieu fait tout ce qu'il y a de réel dans nos actions,
sans nous ôter la liberté.

I. Dieu est cause de tout ce qui est : il est cause que les substances corporelles sont , & qu'elles sont capables d'être étenduës. Ainsi tous les corps tiennent leur être, & leur étenduë de luy : il les a créez, il les conserve.

De même il est cause que les substances spirituelles sont, & qu'elles sont capables de penser, c'est-à-dire, d'entendre, de vouloir, *&c.* Ainsi tous les esprits tiennent leur être & leurs pensées de luy : il les a créez, il les conserve.

I I. Il n'a fait les corps capables que de passions : ils sont étendus, ils sont figurez , ils sont situez, ils sont mûs ; mais ils sont incapables d'action.

De même il a fait les esprits capables de passions. Ils ont des sensations, des perceptions, & sont affectez d'une infinité de manieres differentes : mais ils sont aussi capables d'action; ils veulent.

III. Quoique Dieu fasse tous les corps & leur étenduë, & qu'ils ne subsistent que par luy, on ne dit pas qu'il soit corps, ni qu'il soit étendu ; & l'extension appartient au corps, comme sa substance luy appartient, quoy que Dieu l'ait faite.

De même, quoique Dieu fasse les esprits & leurs pensées, il n'est ni leur être, ni leurs pensées. Dieu n'est pas ce qu'ils sont, leur substance est à eux : c'est bien luy qui les fait penser, mais c'est eux qui pensent.

Enfin Dieu cause les passions des esprits, mais elles sont differentes de luy ; & de même il cause les actions des esprits, mais elles sont differentes de luy. Et, comme on ne peut pas dire que les passions des esprits soient ses passions, mais seulement que ce sont les passions des esprits, on ne peut pas dire que les actions des esprits soient ses actions, mais seulement que ce sont les actions des esprits.

IV. Si Dieu a fait tous les êtres, parce qu'il est tout-puissant, il est visible qu'étant tout sage, il les a faits pour la plus belle fin, c'est-à-dire, pour luy-même. Et les êtres corporels ne connoissant pas cette fin, n'ont pas besoin d'action pour s'y porter, il suffit qu'ils soient capables de passion, & d'être dans tous les differens états, qui conviennent à cette fin. Mais les esprits, qui connoissent cette fin, ont besoin d'action pour y aller.

V. Dieu les y pouffe inceffamment. Ils en ont un defir continuel : ils ne peuvent même s'empêcher de fouhaiter d'y arriver; & c'eft pour cela que, tandis que rien ne leur obfcurcit l'entendement, & qu'ils connoiffent parfaitement les moyens d'y parvenir, toute l'action de leur volonté y tend. Mais, dés que leur entendement eft obfcurci, & qu'il fe préfente diverfes chofes à eux, dont l'apparence eft telle, qu'ils ne fçachent encore que choifir, c'eft alors qu'ils fufpendent cette action. Et, bien que Dieu les pouffe inceffamment à leur fin, & même qu'il les pouffe à choifir quelqu'un des moyens, qui fe prefentent pour aller à cette fin, comme ils ne fçavent fouvent que choifir, ils demeurent en fufpens; & cela eft une action. Car ils refolvent de ne point choifir; & cette refolution eft une action, qui veritablement ne feroit pas en eux fans Dieu, mais qui eft leur action, & non celle de Dieu.

V I. Dans la fuite, lors qu'ayant deliberé, ils fe déterminent à un moyen plûtôt qu'à l'autre, il eft encore vray que fans Dieu cette détermination, qui eft une action, ne feroit pas en eux : mais il eft vifible auffi que cette action n'eft point celle de Dieu, & que c'eft la leur.

V I I. Enfin, quand ils choififfent bien, ils meritent récompenfe; & quand ils choififfent mal, ils meritent punition. Dans le premier cas, il eft vifible que Dieu a tout fait, & tout fait faire. Il a continué de les porter vers la fin, & vers les moyens d'y parvenir. Sans luy l'action de fufpendre, pour déliberer fur le choix de ces moyens n'auroit point été en eux, ni celle de fe déterminer aprés avoir deliberé; & confequemment il a tout fait, ou tout fait faire. De même dans le fecond cas, il eft vifible qu'il a fait, ou fait faire tout ce qui s'y trouve de réel, car il a porté les efprits à leur fin : il les a portez au choix des moyens d'y parvenir; & fans luy, ils n'auroient ni déliberé, ni choifi. Ainfi il a fait ou fait faire tout ce qu'il y a de réel ; & fi les efprits ont mal choifi, c'eft un défaut, dont ils font feuls coupables. Dieu avoit fait ce qui étoit de luy,& ce qui fuffifoit pour bien agir;& les efprits n'ont pas ufé du pouvoir,qu'il avoit mis en eux.

VIII. Suivant ces principes, un homme peut avec les mêmes difpofitions interieures, à la vûë des mêmes objets, & dans des circonftances toutes femblables,choifir tantôt ce qui méne à fa fin derniere, & tantôt ce qui en détourne. Par exemple, un homme avec une grande faim, peut rencontrer un jour de jeûne un repas bien apprêté; penfer qu'il luy eft défendu d'y toucher jufques à ce que l'heure de manger foit venuë, & attendre en effet que cette heure foit venuë pour manger. Et le même homme peut un autre jour de jeûne avec la même faim, à la vûë d'un repas femblable, & aprés une auffi forte reflexion fur la défenfe de manger avant l'heure, n'attendre pas qu'elle foit venuë, & manger.

Cela fuit de fa liberté; & Dieu fait également dans les deux cas tout ce qu'il y a de réel. Car dans l'un & dans l'autre, il porte l'ame de cet homme neçeffairement à fon bonheur : il la porte auffi, mais fans neceffité

ceſſité, à manger, comme à un bien, qui eſt auſſi dé-
ſtiné à cette fin en certaine circonſtance. Enfin il luy
donne le pouvoir de réfléchir ſur ce qui eſt le mieux,
& celuy de choiſir.

Or il eſt évident que, quand cet homme choiſit
de paſſer juſqu'à l'heure où il eſt permis de manger,
il eſt porté par Dieu à cela, comme à un moyen de
parvenir au bonheur parfait; & il eſt certain qu'il
laiſſe tout faire à Dieu en ce cas, puiſque Dieu le
porte au bonheur; qu'il luy fait voir le moyen qui
convient à cette fin, & qu'il le porte à ce moyen.
Mais, quand cet homme choiſit de manger avant
l'heure, il eſt évident qu'encore que Dieu faſſe tout
ce qu'il faut, c'eſt-à-dire, encore qu'il le porte au
bonheur; qu'il luy faſſe conſiderer auſſi fortement
que dans l'autre cas, qu'il ne convient pas à cette fin
de manger avant certaine heure, & qu'il le porte à
attendre cette heure, neanmoins parce qu'en même
temps il le porte vers le repas, comme vers un objet,
qui naturellement eſt convenable à ſon bonheur, cet
homme au lieu de laiſſer faire à Dieu qui le porte à
attendre l'heure de manger, & luy fait conſiderer
que c'eſt le meilleur party, aime mieux ſe laiſſer aller
à l'autre mouvement, & ſe tient au repas.

Certainement tout ce qu'il y a de réel en cela, Dieu
le fait: car il le porte au repas, mais en même temps
il le porte à attendre l'heure; & pour le mettre en
état de mériter, il luy donne le pouvoir de choiſir,
c'eſt-à-dire, d'attendre l'heure, ou de manger avant
l'heure. Et cet homme, au lieu de ſe laiſſer aller au

N n

premier, qu'il voit le plus conforme à la volonté de
Dieu, c'eſt-à-dire au bien, demeure au dernier, ne
voulant pas uſer de tout le pouvoir qu'il a d'aller au
premier, ni laiſſer faire à Dieu qui l'y porte. Si bien
que ce qu'il y a en cela de mal ou de défectueux, vient
purement de l'homme, & non de Dieu.

---

*Des ſenſations, qui regardent les corps ; & d'où vient que
l'ame confond ces ſenſations avec leurs objets.*

I. **L**ES ſenſations ſont données à l'ame, pour appercevoir ou l'état de ſon corps, ou les corps
qui le touchent immediatement, ou les effets des corps
éloignez, ou enfin les corps mêmes.

II. L'ame rapporte chaque ſenſation à la choſe,
pour laquelle elle luy eſt donnée. Ainſi elle rapporte aux parties de ſon corps la douleur, le plaiſir, &c.
parce que la douleur & le plaiſir ſont des ſenſations,
qui luy ſont données, pour appercevoir l'état de ſon
corps.

III. De même elle rapporte aux corps, qui affectent immediatement le ſien, la ſenſation du toucher & du goût, parce que ces deux ſenſations luy
ſont données, pour appercevoir les differences des
corps, qui touchent immediatement le ſien.

IV. Elle rapporte auſſi aux corps éloignez les ſenſations de l'oüie & de l'odorat, parce que ces deux
ſenſations luy ſont données, pour appercevoir les effets des corps éloignez.

V. Enfin elle rapporte aux corps mêmes toutes les fenfations de la vûë , parce que cette fenfation luy eft donnée pour les appercevoir.

VI. De forte que , l'ame appliquant toûjours fa fenfation à la chofe , pour la perception de laquelle elle luy eft donnée, il luy arrive ordinairement de la confondre avec cette chofe.

TROISIÉME PARTIE,

CONTENANT

Divers petits Traitez sur
l'Histoire & la Politique.

OBSERVATIONS

SUR

L'HISTOIRE

D'HERODOTE.

LA premiere chose, qui me paroît de cet Historien, est qu'il a bien connu ce qui doit servir de sujet à l'Histoire. Il n'a fait la vie d'aucun Prince en particulier, & ne s'est arrêté qu'aux choses principales, qui ont servi aux changemens notables des Etats, dont il s'est proposé de parler. Il déclare d'abord qu'il veut écrire les grandes & merveilleuses entreprises des Grecs & des Barbares. Il ne dit pas qu'il va écrire la vie de Cresus, celle de Cyrus, ou celle de quelque autre Prince; & s'il en releve quelques circonstances, ce n'est précisément que celles qui ont servi à l'établissement ou à la ruine de quelque Empire. Par cette

raiſon, il ne dit pas un mot de l'enfance, ni de l'éducation de Creſus, parce qu'elles ne ſervent de rien à
l'hiſtoire de Lydie, par laquelle il commence ſon
premier Livre. Mais dans la ſuite du même Livre,
en écrivant l'hiſtoire d'Aſie, il parle fort de la naiſſance de Cyrus, & releve entr'autres une action, que
ce Prince fit étant encore enfant, parce qu'elle ſervit à
à le faire reconnoître d'Aſtiages, & donna commencement à cette puiſſance, qui rendit enfin les Perſes
vainqueurs des Medes & de toute l'Aſie.

II. En ſecond lieu, je trouve ſa maniere de reciter tout à fait agreable. Ciceron dit quelque part
qu'elle luy plaît infiniment; & bien qu'il eût un avantage que je n'ay point, en ce qu'il ſçavoit parfaitement le grec, je ne laiſſe pas de prendre un extrême
plaiſir aux recits, que fait Herodote. Et ce grand
agrément, que ſon Ouvrage conſerve même dans
les verſions qu'on en a faites, vient ſans doute de ce
qu'il ne raconte que des choſes dignes de memoire,
& qu'il ne les a dites qu'à propos des ſujets qu'il trai-
toit. De ſorte que ceux qui le liſent, ont le plaiſir
d'apprendre à chaque moment des choſes extraordinaires, & de voir qu'elles ſervent toutes à l'Hiſtoire,
dont le fil n'eſt jamais interrompu. Par exemple, s'il
parle de la Pithie, & des richeſſes de ſon Temple, c'eſt
à propos des Oracles qui tromperent Creſus, & des
magnifiques preſens, que ce Prince avoit envoyez à
Delphes.

Si quelquefois il ſe donne la liberté de reciter un
évenement, qui ne ſerve pas tout à fait à ſon Hiſtoire,

re, ce qui arrive tres-rarement, il prend toûjours
garde à deux chofes. L'une, que cet évenement foit
rare, afin qu'il divertiffe: l'autre, qu'il ait affez de rapport aux chofes dont il traite, pour faire qu'on n'en
perde pas le fouvenir; fur tout il obferve de le raconter en peu de mots. C'eft ainfi qu'il rapporte en douze lignes l'avanture d'Arion, parce que cet excellent
Muficien arriva à la Cour de Périandre dans le temps
qu'il moyennoit un accord entre les Milefiens & les
Lydiens. Au refte, cette aventure auroit paru agreable, quand elle auroit eu moins de liaifon à l'hiftoire de Lydie. Ciceron dans le fecond Livre de
l'Orateur, dit qu'encore qu'un Hiftorien ne doive
reciter exactement que ce qui fert aux grands changemens des Etats, il ne faut pas neanmoins qu'il oublie les perfonnes illuftres, qui ont vêcu dans les temps
dont il écrit l'hiftoire, quoy qu'ils n'ayent point eu
de part aux affaires, principalement lors qu'ils ont
été excellens en quelque art, ou qu'on leur eft rede-
vable de quelque rare invention. Et c'eft peut-être
pour cela qu'Herodote, en parlant d'Arion, le vante
comme le premier Muficien de fon temps, & l'Inven-
teur du *Dithyrambe.*

III. La troifiéme chofe qu'on doit remarquer
dans Herodote, eft que jamais il ne defcend dans un
trop grand détail des chofes communes: ce qui rend
fon recit merveilleufement intelligible & fuccint.
Les Hiftoires embarraffées de mille petits évenemens,
comme des amours, ou des autres paffions particulieres des Princes, dont le fuccés n'a point apporté de

O o

notable changement dans un Etat, font toûjours fort
defagreables. Car, outre qu'on n'en fçauroit appercevoir la fuite, il eft certain qu'on lit toûjours avec
quelque efpece d'ennuy, ce qui n'a rien de remarquable, ou n'a point de rapport aux grands évenemens
qui font le principal, & à vray dire, le feul fujet de
l'Hiftoire. Herodote me paroît avoir évité ce défaut
avec beaucoup de foin ; & l'on ne voit pas qu'il ait
parlé d'aucune paffion, que de celles qui ont caufé
de grands changemens. On ne fçait, par exemple,
fi Crefus aimoit fa femme, ou s'il ne l'aimoit pas.
Mais on voit que Candaules aima fi fottement la
fienne, que cela fit paffer la Couronne de Lydie dans
la Maifon de Crefus : auffi importoit-il de fçavoir
l'un ; & l'autre ne pouvoit fervir de rien.

IV. Il me femble encore que ce qui a beaucoup
fervi à la netteté de fon Hiftoire, eft qu'il n'apporte
que rarement les preuves de ce qu'il dit. Veritablement il arrive peu que les preuves foient neceffaires ;
& comme elles intérompent toûjours la narration,
elles font toûjours fort defagreables. Cependant c'eft
de quoy l'on remplit maintenant toutes nos Hiftoires. On y tranfcrit des memoires, des contrats, &
d'autres pieces entieres, qui prouvent fouvent ce
qu'on pourroit omettre fans faire tort à l'Hiftoire,
& ce qu'on n'y fçauroit jamais inferer fans l'embarraffer. Au refte, quand on fe contente d'écrire les
chofes principales, on n'a pas befoin de tant de preuves : les caufes des grands évenemens font d'ordinaire affez connuës, ou fi quelquefois on ne fçait pas les

veritables, il y en a toûjours que l'on croit communément, aufquelles il eft bon de s'arrêter. Et il
n'en eft pas, à mon fens, de l'Hiftoire comme des
negociations : car en effet, on s'acquitte mal d'une
negociation, quand on ne fçait que ce qui paroît
des chofes que l'on negocie, & ce que le peuple en
croit. Mais on écrit toûjours bien l'Hiftoire, quand
on écrit agreablement & nettement ce que des
peuples entiers ont crû des chofes paffées.

Je fçay que l'intereft que chacun prend aux
affaires de fon temps, luy faifant rechercher tout
ce qui l'en peut inftruire dans le détail, accoûtume
infenfiblement, lorfqu'on eft un peu dans le commerce des nouvelles & du monde, à ne rien croire que ce qui eft prouvé par de bonnes pieces. Et
c'eft peut-être de là que vient cette curiofité de rechercher des memoires, & la mauvaife coûtume
de les inferer dans nos Hiftoires. Mais il femble
qu'on doit prendre garde que n'ayant pas le même
intereft de fçavoir fi exactement ce qui s'eft fait autrefois, que l'on a de fçavoir ce qui fe fait à prefent; on ne doit pas apporter le même foin pour
le découvrir. Il fuffit pour la foy des chofes paffées, que celuy qui les écrit, foit en reputation
d'homme de bien. Du refte, il faut croire qu'étant
homme d'efprit, il a démêlé autant qu'il étoit poffible, les caufes de tous les évenemens qu'il raconte,
& que ce qu'il en dit, eft tout ce qu'on peut tirer des memoires ou des pieces qu'il a recouvrées,
ou des opinions les plus communes qu'on avoit du

temps qu'il a écrit ; que si quelquefois elles font partagées, il le doit dire de bonne foy. Mais, s'il est obligé de les examiner, avant que de suivre l'une plûtôt que l'autre, il n'est pas obligé de faire un procées verbal de ses motifs, ni des recherches qu'il a faites pour cela. C'est par cette raison qu'Herodote, examinant le motif des guerres des Perses & des Grecs, recite bien ce que les uns & les autres disent à leur avantage, mais, sans alleguer ses auteurs. Il dit tout court : *Voilà ce qu'ils disent de part & d'autre : je n'ay pas resolu de rechercher plus exactement cette verité ; & je me contenteray de reciter le premier sujet des guerres, qui m'est bien connu.* En quoy certainement je trouve deux choses bien remarquables.

La premiere, que recitant ce que l'on dit de part & d'autre, il ne laisse rien ignorer de tout ce qu'on a jamais dit de vray ou de fabuleux touchant les causes de la guerre des Perses, & de celle des Grecs.

La seconde, qu'aprés avoir dit qu'il importe peu de sçavoir ce qui en est, & qu'il ne s'arrêtera qu'au premier sujet de guerre qu'il sçait avoir été entre les Perses & les Grecs, il dit que c'est Cresus qui en été la cause, sans en rapporter de preuve. Et tout ce qui peut faire croire qu'il le sçavoit, est qu'il assûre qu'il le sçait, aprés avoir ingenuëment avoüé qu'il ne sçait si les autres sujets qu'on donne à cette guerre, sont comme les Grecs, ou comme les Pheniciens l'assûrent.

Il peut arriver toutefois qu'un Historien soit obli-

gé de rendre raison du parti qu'il prend. Quand il
voit, par exemple, que tout le monde est prévenu
d'une opinion, dont il reconnoît la fausseté, il
doit exposer les motifs qu'il a de ne pas suivre cette
opinion. Et, s'il se contentoit de reciter les choses
comme il les sçait, sans montrer qu'elles ne peuvent être comme on les croit communément, ceux
qui les liroient étant tout à fait prévenus, n'y ajoû-
teroient point de foy, & n'auroient plus aucune
confiance au reste de l'Histoire. Mais la difficulté
en ces occasions, est de faire entendre sans interrompre le fil de l'Histoire, pourquoy on n'est pas
de l'opinion commune; & cette difficulté augmente bien, quand il y a plusieurs faits de suite sur lesquels il faut prendre un sentiment opposé à celuy
qui a été suivi jusques alors. Herodote néanmoins
fait connoître en quelques endroits de son Histoire, que cela se peut faire sans ennuyer les lecteurs,
& sans faire oublier la suite des choses dont il fait
le recit.

V. Je trouve encore une chose dans l'Histoire
d'Herodote, qui la rend bien differente des nôtres.
Elles sont toutes pleines de ce qui n'y devroit pas
être, & ne font presque pas mention de ce qu'elles
nous devroient principalement apprendre. Elles ne
parlent ni du naturel des païs, ni de celuy des peuples, ni de la Religion, ni des mœurs; & c'est ce
qu'Herodote fait avec une exactitude, un ordre, &
une briéveté que je trouve admirable, quand je con-
sidere la prodigieuse quantité des évenemens, qui

compofent fon Hiftoire.

Dans le peu d'étenduë qu'il donne au premier Livre, il fait voir d'où venoient les Lydiens; comment la Couronne avoit paffé de la Maifon des He-
raclides, dans celle des Mermnades, dont Crefus
étoit iffu. On voit la defcription exacte de tous les
païs qu'il gouvernoit, ou qu'il avoit rendu tributai-
res, avec une Chronologie qui fait connoître la
fuite des Rois; & tout cela fans interrompre le recit qu'il fait des profperitez & des difgaces de ce
Prince. A quoy il mêle fi bien les caufes de tous
ces grands évenemens, foit celles qu'on attribuë à
la Religion, foit celles qui peuvent venir du naturel de ces peuples, ou de leurs coûtumes, qu'on
n'ignore rien de toutes ces chofes en achevant l'Hiftoire de Crefus, bien que l'on n'ait penfé qu'à luy
pendant l'agreable recit, qu'Herodote fait de fa fortune.

Il a eu l'adreffe même de faire connoître les La-
cedemoniens & les Atheniens, par une alliance que
Cyrus rechercha vainement, & que Crefus fit avec
eux pour leur malheur. Il décrit le naturel de ces
deux Peuples, les terres qu'ils habitoient, la forme
de leur gouvernement, la fuite de ceux qui les ont
gouvernez fous divers titres, leurs differentes guerres, & l'état où étoient leurs affaires au temps de
cette alliance. Cette defcription eft fi courte, qu'elle
ne fait point oublier Crefus; & toutefois elle eft
fi claire, qu'on fçait l'Hiftoire de ces deux Peuples
alliez de Crefus, comme celle de Crefus même.

Enſuite, parlant de la reſolution que ce Prince fit de declarer la guerre à Cyrus, il en explique les cauſes, ente leſquelles il en marque deux comme lesprincipales. La détention que Cyrus faiſoit d'Aſtiage ayeul maternel de Creſus, & le droit de bienſeance qui luy faiſoit croire qu'il pouvoit envahir la Capadoce, parce qu'elle eſt proche de la Lydie, & que c'eſt un païs fertile. Il décrit ce païs, & recite en peu de mots la genealogie d'Aſtiage : ſi bien que l'on connoît tous les ſujets de cette guerre. Il en fait voir le commencement douteux, & la ſuite funeſte à Creſus, qui eſt enfin pris dans Sardis, expoſé ſur un bûcher, & puis ſauvé par un prodige, pour demeurer dans une captivité auſſy longue que ſa vie.

Herodote n'obmet en ce recit aucune des choſes, qui ont pû cauſer un ſi grand changement, comme les Oracles, les ſonges, les conſeils, les ſacrifices, & les combats.

Aprés avoir fait voir les Lydiens, & leur dernier Roy ſubjuguez par les Perſes, il commence à reciter la maniere dont ces derniers ſubjuguerent encore l'Aſie ſous la conduite du même Cyrus.

Et d'abord il donne à connoître qu'on avoit déja écrit cet exploit de Cyrus en trois manieres ; Que quelques-uns l'avoient flatté ; Que d'autres avoient diminué de ſa gloire : mais qu'il vouloit ſuivre ceux qui en avoient parlé veritablement, & ſans paſſion.

Enſuite, pour mieux expliquer les conquêtes & la naiſſance de Cyrus, il fait une deſcription gene-

rale de l'Afie; montre combien de temps elle a été
gouvernée par les Affyriens; comment les Medes
fe revolterent, & comment Dejocez l'un des Medes, fe fit Roy de Medie.

Jamais Hiftoire n'a raconté rien de plus beau ;
ni de plus adroit que le moyen dont ce Dejocez fe
fervit, pour monter au trône & pour s'y conferver.

Herodote explique auffi comment le fils de ce
Dejocez & Ciaxare fon petit fils fe rendirent maîtres de l'Afie & de l'Affyrie; & enfin comment Aftiage fils de Ciaxare, donnant fa fille Mandane en
mariage à Cambyfe qui étoit de Perfe, pour éviter
l'effet d'un fonge, fit arriver ce qu'il avoit fongé,
parce que Cyrus étant venu de ce mariage, foûmit
la Medie à la Perfe, & chaffa du trône Aftiage,
qui l'avoit voulu faire mourir.

Une chofe que j'ay trouvée fort adroite dans le
recit, qu'Herodote fait des affaires de Lydie & de
Crefus, eft que pour ne le pas interrompre, il parle
de Cyrus comme étant Roy de Perfe, fans dire
autrement d'où il vient. Il ajoûte que ce Prince te-
noit Aftiage en captivité : mais il ne parle en cet
endroit d'Aftiage, que comme étant ayeul maternel
de Crefus, fans dire qu'il l'étoit auffi de Cyrus. Et
pour ne pas embaraffer deux hiftoires enfemble, il
referve la genealogie de Cyrus au commencement
de celle d'Afie, où il dit tout ce qui peut faire connoître les Affyriens, les Medes, & fur tout les Per-
fes, qu'il vouloit reprefenter comme vainqueurs de
l'Afie fous la conduite de Cyrus.

Il

Il fait voir comment Cyrus pour achever cette
entreprife, alla dans la haute Afie, & envoya dans
la baffe Harpage, qui avoit fervi à le venger d'Aftiage, & qui s'en étoit vengé lui-même. Dans le cours
des victoires d'Harpage, Herodote fait voir le malheur & la retraite des Phocéens, celle des Teïens,
celle des Cariens & leurs loix, & celle de plufieurs
autres peuples.

Puis, venant aux Conquêtes que Cyrus fit en perfonne, il recite la prife de Babylone, les merveilles
de cette ville, les coûtumes des Babyloniens, leur
Religion, la fertilité du païs, ce que leurs Rois
avoient fait de grand : & tout cela à propos de Cyrus,
& fans difcontinuer le recit de fes exploits.

Enfin il acheve fon I. Livre par la guerre, que Cyrus fait contre les Maffagetes. Il en fait avec la même adreffe connoître le païs, les coûtumes, & la Religion. Et, après avoir expofé les fujets & la fuite de
cette guerre, il la finit par la mort de Cyrus, & la
vengeance de Thomiris Reine des Maffagetes. Il
laiffe même par un fonge que fait Cyrus avant fa
mort, le pronoftique de l'élevation de Darius, qu'il
recite dans le troifiéme Livre, après avoir écrit dans
le fecond les merveilles d'Egypte, & le fujet de la
guerre, que Cambyfe fils de Cyrus y porta.

Voyla bien des chofes en un feul Livre : cependant ce Livre n'eft pas long ; & ces chofes ne font
pas preffées : elles font toutes en leurs places. Et, comme je l'ay déja remarqué, elles font dites tellement
à propos de Crefus & de Cyrus, qu'on penfe n'avoir

P p

lû que leur hiftoire, bien que l'Auteur n'ait parlé d'eux, que pour faire connoître les changemens confiderables de la Lydie & de l'Afie.

Une fi merveilleufe façon d'écrire l'Hiftoire, & fi differente de celle dont on l'a écrite depuis, m'a fait penfer à rechercher les caufes d'une fi notable difference.

Et la premiere penfée, qui m'eft venuë en faifant cette recherche, eft qu'on n'a jamais fi bien réüffi en toute forte d'Ouvrages, & principalement en ceux de l'efprit, que dans le temps, où l'on ne s'étoit pas encore avifé d'en donner des regles.

Je voy, par exemple, tous les Sçavans affûrer qu'Homere, Pindare, Efchyle, Sophocle, Euripide & d'autres encore, ont eu mille fois plus d'agrément & de force que tous ceux qui font venus depuis; & j'obferve que dans le temps qu'ils ont écrit, on n'avoit point encore fait de regles pour les Poëmes.

Je remarque la même chofe pour les Hiftoriens : nous n'en voyons point égaler Herodote, Tucidide, & ceux qui ont écrit, avant qu'on fe fût imaginé que l'hiftoire étoit fujette à certaines loix, qu'on ne pouvoit jamais enfreindre.

Quelques-uns croyent avoir trouvé ces loix dans Ciceron : d'autres les ont cherchées ailleurs; & quelques mots rencontrez en differens Auteurs, leur ont été comme autant de preceptes, qu'ils ont crû devoir obferver fcrupuleufement, fans y rien ajoûter ou diminuer. Cependant ils n'ont pas confideré que Ciceron n'a pas prétendu établir des regles; qu'il a tout

au plus obfervé les differentes manieres d'écrire l'hiftoire ; & que bien loin d'en donner des preceptes
qui fe dûffent toûjours pratiquer de la même façon,
il a donné beaucoup de loüanges à des Hiftoriens, qui
avoient fuivi des manierestout à fait differentes. Ce
qui me fait croire qu'on pourroit mieux écrire l'hiftoire qu'on ne l'écrit de nos jours, fi l'on pouvoit fe
défaire de deux penfées que l'on a communément,
& que j'eftime deux grandes erreurs.

Les uns fe perfuadent qu'il faut fervilement imiter ceux qui ont eu grande réputation dans les temps
paffez, fans prendre garde que ces anciens Auteurs
n'ont merité toute la gloire qu'ils ont euë de leur
vivant, & qu'ils confervent encore, que parce
qu'ils n'ont imité perfonne, & n'ont fuivi que
leur génie. Je fçay bien qu'il faut lire les anciens :
mais il les faut lire comme on frequente les Sages,
pour apprendre à difcerner ce qui eft bien d'avec ce
qui eft mal, fans s'amufer à les copier. Car il eft certain que chacun étant propre à quelque chofe, la
fera toûjours bien, pourvû qu'il ne contraigne
pas fon génie en la faifant.

La feconde erreur où d'autres font tombez, eft
qu'ils ont crû que Ciceron, & d'autres grands hommes ont donné pour loix ce qu'ils ont dit de l'hiftoire. Mais pour ne m'arrêter qu'à Ciceron, il me paroît que ce n'a pas été fa penfée : car encore qu'il
dife au fecond livre de l'Orateur, que la premiere
loy de l'hiftoire eft de ne jamais rien avancer que l'on
connoiffe faux, & de ne rien cacher de ce que l'on

fçait être vray, parce qu'on ne doit ni flatter, ni diffi-
muler, il eſt viſible qu'il ne prétend pas donner de
loy. Car il ajoûte qu'il n'y a perſonne qui ne ſçache
bien que la verité eſt le fondement de l'hiſtoire. Tellement que c'eſt une loy du bon ſens & de la raiſon,
qui ne permet pas que celuy qui veut apprendre de
grands évenemens à tout le monde, uſe de flatterie
ou de menſonge. Mais ce n'eſt pas une loy que Ciceron ait faite, puiſque luy-même dit que c'eſt une
verité, que tout le monde ſçait.

Il eſt vray que dans la ſuite il dit que, pour bien
écrire l'hiſtoire, il faut ſçavoir bien arranger les choſes, & les paroles ; qu'en recitant les choſes, on doit
conſiderer l'ordre des temps , décrire bien les païs,
propoſer clairement les deſſeins , reciter nettement
les actions , & bien expoſer ce que la ſageſſe , la té-
merité, ou le hazard ont de part aux grands évenemens, qui font le principal ſujet de l'hiſtoire. Enfin
il dit que le ſtile de l'Hiſtorien doit être fort different de celuy du barreau.

Mais en verité, dire qu'il faut écrire nettement ;
ſçavoir la Geographie, ſuivre la Chronologie , remarquer les choſes memorables, & qu'un Hiſtorien
doit écrire autrement qu'un Avocat ne plaide , qui
font toutes choſes, que la droite raiſon perſuade également à tout le monde ; ce n'eſt pas propoſer des
loix, ni preſcrire la maniere préciſe dont on doit faire toutes ces choſes : & loin d'en avoir eu la penſée,
Ciceron dans le même endroit vante parmi les Grecs
des Auteurs, dont les manieres ont été abſolument
differentes.

On peut voir comme il parle d'Herodote, de Tucidide, de Theopompe, & de quelques autres, qui
tous avoient bien écrit à son gré, quoy qu'ils euffent
écrit tout à fait diversement. Entr'autres il en remarque deux, dont l'un avoit écrit d'une façon approchante de celle des Retheurs, & l'autre d'une maniere plus douce & moins élevée. Ce qui donne à connoître que Ciceron, aprés avoir exposé ce que la raison veut qu'un homme de bien & de bon sens obferve en écrivant l'hiftoire, ne propose l'exemple de plufieurs excellens Hiftoriens qui ont écrit tres-diverse-
ment, qu'afin que chacun connoisse qu'il doit suivre
son génie, & que c'eft la seule regle qu'il se doit pref-
crire quant à la maniere.

Pour moy, comme je ne sçaurois me persuader qu'il
y eût parmi les Grecs ou les Romains de plus grands
esprits que parmi nous, je croi qu'ils ne nous ont
surpassez, que parce qu'ils se sont moins embarrassez
que nous de ces chofes inutiles. Ils suivoient en chaque chofe la droite raison, c'eft-à-dire, ce que le sens
commun y fait connoître à tout le monde, & du refte leur génie. Ainsi, ne contraignant point leur naturel, ils faifoient tout avec plus de grace, & d'une
façon plus originale : au lieu que nos Auteurs se con-
traignent par de fausses regles, ou veulent copier trop
fervilement. Encore s'ils sçavoient difcerner entre
les differentes obfervations, que de grands hommes
ont faites sur les Poëtes ou sur les Hiftoriens, celles
qui leur peuvent convenir, pour ne suivre que les
maximes, & n'imiter que les Auteurs qui approchent

le plus de leur génie, comme Ciceron remarque que Philiftus avoit imité Thucidide ; cela feroit fupportable : car enfin, fi nous n'avions point d'originaux, nous aurions au moins de bonnes copies.

Mais chacun veut indifcretement imiter l'Hiftorien, ou le Poëte, qu'il croit le meilleur, fans examiner s'il a des talens qui répondent à ceux de l'Auteur qu'il fe propofe pour modele. Souvent même on s'en propofe trois ou quatre à la fois, croyant raffembler en un feul ouvrage les graces de plufieurs, fans confiderer que jamais certaines beautez ne conviennent avec d'autres, & que ce rapport de tant de chofes qui font belles chacune à part, fait ordinairement un compofé, qui ne laiffe à pas une l'agrément qu'elle auroit hors de ce mélange. Joint que, fi l'on a du talent pour les uns, on n'en a pas toûjours pour les autres : fi-bien qu'on ne fçauroit faire un Ouvrage que fort inégal, quand on veut imiter à la fois tant de differens Auteurs.

Enfin, l'exemple d'Herodote doit convaincre fur ce point : je ne me fouviens pas d'avoir oüi dire à perfonne que cet Auteur luy déplût. Ciceron dit qu'il luy plaît infiniment. Quelques-uns doutent de ce qu'il a dit : Plutarque qui aime trop les Grecs, l'accufe d'avoir écrit malicieufement leur hiftoire. Mais tous conviennent qu'il a écrit nettement, agréablement, & avec une briéveté, qui ne l'a pas empêché de dire tout ce qu'il devoit dire des lieux, des temps, & des perfonnes. Or il eft évident qu'il n'a paru fi original, que parce qu'il a fuivi fon génie : jufques à luy ceux qui avoient écrit l'histoire, avoient raconté les choses sans ornement, & sans aucune liaison que celle que le temps mettoit entre elles. Mais Ciceron remarque que cet Auteur a été le premier qui ait orné ce genre d'écrire, & dit qu'il y trouve tant d'éloquence, qu'il ne le sçauroit lire qu'avec un extrême plaisir. Et il est évident que, si Herodote eût contraint ce beau génie, en se faisant une loy de la maniere, dont ceux qui le précedoient ont écrit, il n'auroit été tout au plus qu'un bon gazetier. Ses Ouvrages seroient demeurez ensevelis dans le même oubli, qui nous a dérobé les écrits de ceux qui l'ont précedé. Et Ciceron qui pouvoit en avoir lû quelques-uns, ne l'auroit pas mis au dessus d'eux, s'il n'avoit osé faire que ce qu'ils avoient fait.

De même, si Thucidide qui a écrit quelque temps aprés, l'avoit servilement imité, il n'auroit tout au plus que la réputation d'un fidéle copiste; & ses ouvrages auroient peut-être péri comme ceux de Philistus, qui l'avoit si bien imité. Mais, parce qu'étant d'un autre génie qu'Herodote : il a écrit d'une autre maniere & d'un autre stile, il a merité les éloges que luy donne Ciceron, & que tant d'autres luy ont donnez avant, & depuis. Enfin, nous n'avons que les Histoires qui ont paru originales, qui se soient conservées jusques à nous; & il ne faut pas pretendre écrire pour la posterité, si l'on contraint son génie, ou si l'on s'amuse à copier les autres.

CE QU'ON DOIT OBSERVER
en écrivant l'Histoire.

I. **M**Arquer autant qu'on le peut, les temps & les lieux.

II. Marquer dés les premiers Regnes, & sous chacun, l'état des païs, qui composent maintenant la France, & de ceux qui ont rapport à ce royaume.

III. La maniere, dont on vivoit en chacun de ces païs.

IV. Les differentes Religions, les progrés de la Chrétienté, & les héréfies.

V. Marquer tout cela à propos de ce qui s'est passé à l'égard des François, en quelque païs qu'ils ayent été.

VI. Ne raconter que les grands évenemens, & n'écrire rien en détail que les causes des grands changemens.

VII. N'oublier ni les femmes, ni les enfans des Rois : mais ne parler des Rois mêmes qu'à propos des affaires ; & ne relever aucune circonstance de leur vie, que celles qui ont servi aux grands changemens.

VIII. Songer bien que les Rois font à la verité les plus remarquables personnes de l'histoire, mais que les grands changemens en font le veritable sujet ; Que, comme souvent un ministre, & quelquefois une femme y a plus de part que les Rois, on est
obligé

obligé en plusieurs endroits de donner plus de place ,
& de relief à ce qu'a fait ce Ministre , ou cette femme ,
qu'à ce que le Roy de leur temps a fait.

I X. Que, quand les affaires publiques font le fil
de l'histoire, il est toûjours suivi ; & que , quand les
Rois ou les Princes n'y font considerez qu'autant
qu'ils ont servi à les faire changer, on les y fait entrer avec bien plus d'agrément, que lors qu'on se met
en tête de ne parler des affaires , que selon qu'elles
servent à relever, ou à diminuer la gloire des Rois
ou des Princes.

X. Qu'il n'est permis de suivre toutes les années
d'un Prince , & toutes ses actions en détail, que
quand on entreprend d'écrire sa vie en particulier ;
& qu'alors on peut ne parler des affaires , que pour
le faire paroître tel qu'il a été : mais qu'en écrivant
l'histoire generale, il ne faut parler des Princes , que
que pour faire paroître quels ont été les differens
mouvemens de l'Etat.

X I. Les vies particulieres doivent tenir du Roman
pour être agreables ; & en ce cas elles font ordinairement tres-dangereuses : car les choses , qui doivent
servir de sujet au Roman , font si extraordinaires ,
ou si passionnées, qu'elles ne peuvent être imitées par
les Princes sans exposer tout.

X I I. A cause de cela, il faut éviter d'entrer trop
dans le détail de ces choses, lors même qu'elles servent à expliquer les grands changemens dans une
Histoire generale : & il en faut toûjours parler d'une
maniere qui les fasse voir telles qu'en effet elles font,
'est à dire , souvent tres-méprisables.

Q q

XIII. Quand on rapporte tout à une perſonne, les lecteurs n'y prennent jamais tant d'interêt, que quand on rapporte tout au public.

XIV. Il faut inſinuer dans l'Hiſtoire un amour de vertu, & de quoy donner un honnête deſir de gloire; & ſur tout faire connoître avec adreſſe en quoy conſiſte la veritable gloire.

XV. On ne le peut mieux faire, qu'en reglant le prix des actions, par la conformité qu'elles ont au devoir, & en faiſant penſer qu'il eſt plus loüable de faire pour le bien public quelque choſe, qui paroiſſe ordinaire & mediocre, que de faire quelque choſe de fort éclatant, qui ne luy ſerve de rien, ou qui luy coûte trop.

XVI. Si la matiere principale de l'hiſtoire n'eſt pas la vie des Princes, le but principal qu'on doit avoir en l'écrivant, eſt de les inſtruire. Et c'eſt encore une raiſon de rapporter tout aux affaires publiques, & de leur faire connoître qu'il n'y a rien de beau ou de bon à faire, que ce qui va à empêcher un mal, ou à procurer un bien public.

XVII. Qu'il faut éviter la critique en écrivant l'Hiſtoire; Qu'en dreſſant ſes memoires, il ne faut pas trop ſe perdre dans les recherches de la verité de certains faits; & que depuis que la verité des choſes eſt trop difficile à démêler, il ſuffit de les écrire comme on les a cruës le plus communément, à moins qu'elles ne choquaſſent le ſens commun, & ne puſſent convenir avec quelque fait, dont on a la preuve.

XVIII. Ces grandes recherches ſont cauſe, ou

que les Hiftoires font trop longues, ou qu'elles font trop embarraffées, & par confequent defagreables.

XIX. Il vaut mieux employer le temps à la compofition, & à arranger les faits de l'Hiftoire, qu'à les rechercher. Il vaut mieux auffi fonger à la beauté, à la force, à la netteté, & à la briéveté du ftile, qu'à paroître infaillible dans tout ce qu'on écrit.

XX. Pourvû qu'on fuive la vray-femblance dans les chofes douteufes, on inftruit autant ceux qui lifent l'Hiftoire, que fi l'on difoit la verité; & c'eft en cela que l'Hiftoire eft tres-differente de la negociation. En l'une il faut tout fçavoir, de peur de faire une méchante affaire: mais en l'autre il fuffit, quand on ne peut mieux, de fuivre l'apparence, qui inftruit toûjours affez.

DE LA NECESSITE' DE L'HISTOIRE,
de fon ufage, & de la maniere, dont il y faut mêler les autres fciences, en la faifant lire à un Prince.

I. UN Prince ne doit pas s'attacher à l'Hiftoire pour s'en entretenir fimplement, ni fe perfuader qu'il en merite plus de gloire, pour fçavoir tous les faits d'Alexandre, de Cefar, ou de Charlemagne, & de tant d'autres, dont on a fait des Heros. Il ne doit lire la vie de ces grands hommes, que pour imiter ce qu'ils ont eu de bon; & s'il veut fe propofer quelque chofe d'excellent, c'eft de les furpaffer. Il y a toûjours je ne fçay quoy de bas à n'é-

Q q ij

tudier que pour paroître docte ; & si quelquefois cela se peut souffrir, ce n'est que dans les personnes,
qui pour soulager leur fortune, sont obligez de donner bonne opinion de leur sçavoir. Mais on ne peut
supporter qu'un Prince fasse le docteur ; &, comme
il seroit honteux que ceux qui sçavent l'Histoire,
s'apperçussent qu'il ne la sçût pas, on trouveroit ridicule qu'il fît vanité de la sçavoir. Toute la gloire
qu'il peut tirer de cette lecture , est de montrer par
ses actions qu'il en a bien profité. C'est, à mon avis,
la premiere pensée qu'il luy faut donner sur ce sujet.

II. Il est bon de luy faire considerer, qu'on ne
met les autres hommes dans l'Histoire, que quand
ils se sont rendus remarquables par quelques actions
extraordinaires : mais que les Princes y sont mis necessairement, quelque bien ou quelque mal qu'ils
fassent , & même qu'on en a mis dans l'Histoire sous
le titre de Fainéants. De sorte qu'un Prince, qui veut
éviter l'ignominie , doit prendre garde non seulement
à ne rien faire qui soit indigne de son rang , mais
encore à montrer par de belles actions , qu'il meri-
toit de commander aux autres.

III. Quand on luy fait lire les vies des personnes,
qui se font fait remarquer par de grandes actions,
il faut luy demander quel sentiment il en a , pour
connoître s'il en juge bien , & corriger ses jugemens,
s'il en juge mal. Mais, afin qu'il sçache de bonne heure les principes , sur lesquels ces sortes de jugemens
doivent être fondez , il est necessaire de luy faire souvent considerer que ce qu'il y a de bon en chaque
action, n'est pas toûjours ce qu'elle a de plus écla-

tant, & que la veritable gloire ne confifte pas à faire des actions extraordinaires, mais à faire toûjours celles que nôtre devoir exige, quelque pénibles qu'elles foient, & quelque petites qu'elles paroiffent.

IV. On ne peut trop-tôt luy apprendre à bien diftinguer ce que le grand courage luy fait faire, d'avec ce que les grandes paffions produifent, & à connoître la foibleffe qu'il y a dans toutes les actions d'emportement, quoyque fouvent elles ayent un bon fuccés, & qu'elles faffent un grand éclat dans le monde.

V. Une autre chofe, dont il importe qu'il foit fouvent averti, eft qu'on change ordinairement le nom de certains crimes dans l'Hiftoire : l'ufurpation d'un païs voifin, s'appelle fouvent droit de bienféance ; & l'on donne le titre de Conquerans à ceux qui renverfent plufieurs trônes, pour fe foûmettre plufieurs Nations. Il faut qu'un jeune Prince fçache bien que ce qu'on nomme Bienféance n'eft pas un droit, mais un vol d'autant plus dangereux, qu'il expofe toutes les Couronnes au plus fort ; & que ce qu'on nomme fouvent Conquête, eft en effet la plus grande & la plus déteftable de toutes les tyrannies.

VI. Il concevra aifément, que le moyen le plus fûr qu'ayent les Souverains de parvenir à la gloire, eft de travailler inceffamment à rendre leurs fujets heureux, fi l'on eft foigneux de luy faire remarquer que les Princes, dont la memoire eft le plus en vénération dans l'Hiftoire, font ceux qui ont le plus aimé les peuples, que Dieu avoit commis à leur conduite.

VII. On ne luy fçauroit trop repeter, qu'un Prince doit plus à fes peuples qu'à foy-même; & les endroits de l'Hiftoire qu'il luy faut le plus faire remarquer, font ceux qui font voir que Dieu même (à qui feul il eft refervé de juger les Rois) les punit fouvent dés ce monde, de l'abus qu'ils font de leur puiffance. Il faut même qu'il fçache que ces punitions vifibles ne font pas les plus terribles jugemens de Dieu contre les Souverains, & que les Princes dont il referve la punition aprés leur mort, font les plus à plaindre, quoyque fouvent ils paroiffent tres-heureux pendant leur vie.

VIII. Une des plus utiles réfléxions qu'on le puiffe obliger de faire, eft qu'il fe voit peu de Regnes, qui paffent trente ou quarante années; & que pendant qu'elles s'écoulent, le Prince qui regne, eft perpetuellement obfedé de mille perfonnes, qui tâchent à luy faire paroître toutes chofes autrement qu'elles ne font. Si-bien qu'aprés avoir paffé ce peu de temps avec une apparence de gloire, qui n'a fouvent été que dans fon imagination, il meurt, & ne laiffe dans l'Hiftoire qu'un monument de fes foibleffes.

IX. Comme l'Hiftoire bien prife, eft ce qui peut le plus fervir à l'inftruction d'un Prince, il ne luy faut prefque parler des autres fciences humaines, qu'à l'occafion de celle-là. On les y peut mêler avec tant d'adreffe, qu'il fçache tout ce qu'il en doit fçavoir, avant même qu'il s'apperçoive de les avoir étudiées; & cette methode a fans doute de grands avantages. Car, outre qu'elle eft plus agréable que celle d'exa-

miner les fciences par certains principes propres à
chacune, il eſt certain qu'il y a bien de la peine &
du dégoût à les apprendre l'une aprés l'autre, fans
voir de quel ufage elles font dans le monde. Au
lieu que les rapportant toutes à l'hiſtoire, & ne
difant de chacune que ce qui peut être dit à propos
des lieux, des temps, des perfonnes, ou des chofes
qui fervent de fujet à l'hiſtoire, on eſt toûjours en
état de les bien entendre ; & comme on en connoît
l'utilité, on s'y applique fans peine.

X. Ainfi, en commençant l'hiſtoire par la Genefe, un Precepteur qui fçaura bien mettre en ufage
la Philofophie, & même la Theologie, pourra
fans cet embarras de principes & de fyllogifmes, dont
on fatigue les jeunes efprits dans l'école, faire
entendre au Prince ce qu'on eſt obligé de fçavoir
touchant la Création, en expliquant ce mot, & en
expofant fommairement la meilleure raifon, qu'on
ait de croire que le monde n'a pû être de toute
éternité. Il pourra faire en même temps admirer à
fon difciple la beauté de l'Univers, l'ordre de fa
création, l'excellence d'un fi grand ouvrage, & luy
donner par ce feul entretien une plus haute idée de
de la puiffance, de la fageffe, & de la bonté de
Dieu, que ne pourroient faire deux années de Philofophie, & trois années de Théologie.

XI. La Religion même, & tous fes devoirs peuvent être enfeignez & démontrez avec une évidence
toute entiere, en examinant l'hiſtoire. La maniere
dont le premier homme a été formé, & la difference
que la Genefe met entre luy & les bêtes, donne lieu

de faire connoître à un Prince en quoy confifte la dignité de l'homme, & combien fon ame eft differente de fon corps.

XII. On luy peut auffi faire connoître en quoy confiftoit le bonheur du premier homme & de la premiere femme. Un Prince, quelque jeune qu'il foit, eft capable d'entendre que Dieu, puiffant & fage comme il eft, les avoit créez dans un état plus parfait que celuy où nous fommes. Et, quand on luy fera lire dans la fuite, comment ils font devenus avec toute leur race, fujets aux paffions, à la douleur, & même à la mort, il fera capable de ces hautes leçons, & les entendra bien mieux à propos de l'Hiftoire, que fi on luy en faifoit des difcours feparez.

XIII. On pourra de même luy faire obferver dans la fuite, que Dieu s'eft comme refervé certains hommes, qu'il a diftinguez de ceux qui ne fuivant que leurs paffions, avoient perdu toute connoiffance de la veritable Divinité. On luy fera remarquer, que parmy tant d'Empires, qui ont partagé le monde, Dieu s'eft toûjours confervé les defcendans de ces hommes choifis, comme le peuple qui devoit fervir un jour à le faire connoître de tous les autres peuples de la terre. Il verra ce qu'un homme, & grand Prophete & grand Capitaine, a fait pour ce peuple par l'ordre de Dieu même ; quelles ont été les loix qu'il a établies ; & ce que ce peuple a toûjours crû de celuy qui devoit venir, pour fauver le monde.

XIV. On luy fera voir comment cette merveille s'eft accomplie ; & les exemples qu'on fçaura placer

à

à propos dans la fuite de l'Hiſtoire, luy feront connoître combien la grace,que J E S U S-C H R I S T nous
a meritée par ſa mort, repare avantageuſement le
mal,que le premier homme a fait à tous les auttes.

X V. Enfin, par la comparaiſon de ce que les Payens
croyoient de leurs Dieux , & de ce que les Juifs
croyoient du leur, on pourra luy faire évidemment
connoître l'erreur des premiers. Et en comparant ce
qui s'eſt fait par les Chrétiens depuis l'Evangile, avec
ce qui s'eſt fait par les Juifs ſous la Loy de Moïſe,
on luy fera connoître que l'une n'étoit que l'ombre
de l'autre.

X V I. Il ne faudra pas manquer, à l'occaſion de
la création generale, de luy faire concevoir ſur une
ſphere, comment l'Univers eſt fait, du moins, ce
qui nous en paroît. Et, pour luy faire connoître en
particulier comment eſt diviſée la terre que nous habitons, on pourra luy faire conſiderer ſur un globe
les deux Poles, l'Ecliptique, le Meridien, & les autres cercles principaux. On luy marquera ſimplement les quatre parties du Monde; & ſans l'obliger
à retenir les noms des differens endroits de la terre,
on commencera par luy marquer celuy où l'on croit
que le premier homme a été créé, par les fleuves qui
portent encore le nom que la Geneſe leur donne. On
ne ſçauroit croire combien il ſe rendra attentif à toutes ces choſes, quand elles feront parties de l'hiſtoire
qu'on luy recitera le plus agreablement qu'il ſera poſſible. Et, comme dans la ſuite de l'hiſtoire, on aura
ſouvent à luy montrer divers lieux qui feront , ou
plus prés, ou plus loin les uns que les autres, de tous

les differens points des cercles marquez fur le globe,
il les entendra tant de fois nommer, qu'il les retien-
dra fans peine.

XVII. Pour la Chronologie, qui eft la fcience
des temps, elle eft fi neceffairement de l'hiftoire,
qu'on ne peut fçavoir l'une, fans l'autre; & comme
il faut être fort foigneux de marquer fur le globe les
lieux où les chofes, dont il apprend l'hiftoire, fe
font paffées, il faut être fort foigneux auffi de luy
faire marquer le temps que ces chofes ont duré. Ainfi
à la fin de chaque chapitre de la Genefe, on luy fera
compter les années de la vie des perfonnes qui y font
nommées, ou de la durée des chofes qui y font ra-
contées. Et, lors qu'on viendra aux chapitres, qui
font mention des temps où il y a eu d'autres peuples que celuy, dont la Bible décrit principalement
les actions, il faudra faire remarquer au Prince, que
pendant ce temps un tel Empire commença, ou qu'un
tel Prince commença à faire grand bruit dans une
telle partie du monde, afin que liant ainfi par le
temps tous les differens évenemens, il puiffe dans la
fuite mieux juger de chacun.

XVIII. La Morale ne convient pas moins à l'hiftoire; & à vray dire, on ne doit lire l'hiftoire, que
pour apprendre à regler fes mœurs; & comme il n'y
a principalement que les hommes qui font dans les
premieres places, qui puiffent y trouver beaucoup
d'exemples pour eux, il n'y a auffi que ces perfonnes pour qui l'on puiffe dire que l'hiftoire foit
faite. C'eft une fcience purement fpeculative pour
les hommes du commun; & c'eft de là fans doute

qu'il arrive que les particuliers qui s'y donnent tout entiers, se perdent en tant de recherches vaines qui paroissent curieuses, & qui, pour les bien nommer, sont tres-souvent aussi impertinentes, qu'elles sont inutiles. Mais les Princes y trouvent quantité d'exemples pour eux-mêmes : tout leur represente ce qu'ils sont, ce qu'ils peuvent devenir, ce que certains vices leur peuvent causer de mal, & ce que certaines vertus leur peuvent causer de bien. Ainsi, ceux qui les conduisent en cette lecture, peuvent selon les occurrences, les entretenir, tantôt d'une passion, & tantôt de l'autre : leur faire concevoir le naturel de chacune, ses effets ordinaires, le profit qu'on en peut tirer par le bon usage qu'on en peut faire, les maux qu'elles causent, quand elles sont les maîtresses; & enfin comment il les faut gouverner en soy-même, ou dans les autres.

XIX. Quant à la Politique, qui est la veritable science des Rois, elle s'apprend mieux dans l'Histoire, en examinant en quoy chaque Prince a bien, ou mal fait, en disant pourquoy il est loüable, & en démêlant les causes des bons ou des mauvais succés de toutes les entreprises qu'il a faites, qu'en rafinant, comme ont fait certains Auteurs, que le commun des hommes estime les plus habiles en ces matieres.

XX. Pour les Mathematiques, elles y peuvent entrer jusques à certain point, & autant qu'un Prince les doit sçavoir. Il importe peu qu'il y rafine : on trouveroit même ridicule qu'il voulût paroître y rafiner. Il doit exercer sa raison sur d'autres choses, que sur la nature & les proprietez des triangles, ou des autres figures; & s'il en doit connoître quelque chose, ce ne doit être qu'autant que cela se rapporte aux fortifications. Pour les fortifications, on peut luy faire voir des Forts de carton, luy en faire remarquer le fort, & le foible, luy en expliquer les raisons, sans trop le peiner d'abord à les retenir : luy parler toûjours proprement de ces choses; & sans doute il en sçaura ce qu'il en faut sçavoir, pourvû que cet exercice se renouvelle souvent, & qu'à propos des sieges, ou des campemens, dont il sera fait mention dans l'histoire, on on luy fasse des cartes où ils soient representez, & qu'on luy en fasse observer toutes les particularitez.

XXI. On peut aussi luy donner le discernement des stiles, en luy faisant remarquer dans l'histoire sainte la magnificence, & la naïveté des expressions; que cette histoire ne contient que de grandes choses, & celles qu'il importe de sçavoir; qu'elle est écrite d'une maniere, qui fait sentir qu'elle est veritable, &c. Et cela, bien observé, luy formera tellement le goût, qu'on le verra bien-tôt en état de remarquer de luy-même la foiblesse du stile des autres histoires. Cela luy donnera aussi beaucoup de facilité à concevoir ce que c'est que la veritable éloquence, dont un Prince a tant à faire en toute occasion.

XXII. Il ne faut pas oublier de faire remarquer au Prince, la difference des coûtumes dans les differens païs. Il faut luy faire des caracteres, des Juifs par exemple, des Grecs, des Romains, & des autres peuples. Il faut même luy faire obferver, que le naturel des peuples tient du naturel des païs, & que fouvent ce qui plaît aux uns, déplaît aux autres.

XXIII. Il importe fur tout, de luy rendre l'hiftoire agréable : c'eft pourquoy il fe faut bien garder de luy faire paroître cette étude fâcheufe, en l'obligeant à retenir fi exactement les noms, les temps, & les chofes. Et cependant, comme on luy parleroit en vain de l'hiftoire, s'il ne la retenoit, le moyen dont on fe doit fervir, eft de recapituler chaque jour pendant une demie heure le plus qu'on pourra, de la lecture des jours précédens, avant que de lire un nouvel endroit de l'hiftoire, & d'employer un des jours de la femaine à ne parler que des chofes, qu'on verra qu'il aura le moins retenuës. L'hiftoire eft agréable d'elle même; fur tout, quand elle eft racontée par un homme, qui parle avec aifance & avec agrément: mais elle eft infupportable à un jeune efprit, que l'on contraint de retenir tout ce qu'on luy dit. Au lieu que, quand il femble qu'on ne le veüille obliger qu'à écouter, il s'y attache avec plaifir. Et quand on eft affez patient pour luy repeter fouvent ce qu'on voit qu'il n'a pas retenu, cette repetition luy rend les chofes familieres; & fon efprit ne fe trouve pas fatigué, comme quand on l'oblige d'enfiler des noms & des dattes, par la crainte d'être reprimandé, s'il les oublie. Ce qu'il y a d'avantageux à fuivre cette methode, c'eft que celuy qui luy repete fouvent les mêmes chofes, ufant de termes differens, & prenant differens tours, apprend enfin

au Prince à parler de ces matieres avec beaucoup
d'agrément & de facilité.

XXIV. Avant que de commencer ce cours d'histoire, qui doit être en même temps celuy de toutes
les sciences que le Prince doit cultiver ; il est bon de
luy faire un abregé de l'histoire, qui luy puisse donner une idée assez claire de la suite des temps, de la
naissance de chaque Empire ; & qui marquant les differentes époques, fasse assez connoître ce qui s'est
passé de l'une à l'autre, pour en faire une liaison continuë.

XXV. Il ne faut pas neanmoins dans cet abregé
de l'histoire, parler de la periode Julienne, ni de toutes les autres manieres de compter les années. Il suf-
fira de les compter à l'ordinaire : on attendra que
le Prince soit déja assez avancé dans la connoissance
de la Sphere, pour luy expliquer la periode Julienne.
Et, à propos de ce qui a donné occasion à chacune
des autres façons de compter les années, il pourra les
apprendre toutes dans le cours de l'Histoire plus
agreablement, & avec moins de peine, que si on luy
faisoit un traité separé des manieres differentes de
compter les années.

XXVI. Quand on verra qu'il aura pris par ce
moyen quelque teinture de l'histoire universelle, il
sera bon de luy faire lire la Bible. Aprés quoy on luy
fera lire les Historiens, qui ont écrit du reste du
monde ; & lors qu'on en viendra aux chapitres, qui
font mention d'un temps dans lequel il y a eu d'autres peuples que celuy, dont la Bible contient principalement l'histoire, on sera soigneux de le faire sou-

venir de ce qu'il aura déja fçû de ces autres peuples, par fon abregé de l'hiftoire univerfelle. On fera foigneux auffi, quand il lira les autres hiftoires, de le faire fouvenir de ce qui eft arrivé au peuple faint dans le temps, dont ces hiftoires font mention. Cette pratique eft d'autant meilleure, que le Prince fçaura par ce moyen, quel a été l'état de tout le monde en chaque temps, & pourra bien mieux entendre les raifons de tous les grands changemens qui y font arrivez.

XXVII. On voit par toutes ces obfervations, combien de chofes celuy qui enfeigne l'hiftoire à un Prince, doit faire à la fois; de quelle adreffe il a befoin, pour leur donner leur place à toutes; & quelle facilité d'expreffion eft requife pour reftreindre chacune dans les courtes limites que prefcrit l'hiftoire, dont le recit n'eft jamais agreable, quand il eft trop interrompu. Auffi quelque grands que foient les talens de celuy qui conduira un Prince en cette étude, il faudra qu'il médite long-temps fur chaque leçon avant que la faire, pour y mêler utilement & agréablement toutes les autres fciences.

XXVIII. On a fi peu accoûtumé d'élever ainfi les Princes, que peut-être trouvera-t-on cette maniere de leur apprendre l'hiftoire, entierement impoffible; cependant elle eft la plus naturelle de toutes. Et, fi l'on confidere que les enfans qui viennent de naître, ont déja tant l'ufage de la raifon, qu'ils apprennent en fi peu de temps à parler; on pourra aifément fe perfuader qu'il fera facile, en exerçant cette raifon par la confideration de tout ce qui regarde la vie, & la conduite des hommes, de la rendre bien-tôt capable des chofes les plus ferieufes.

Enfin, fi l'on examine la difference qu'il y a entre les enfans des artifans, & ceux qu'on éleve avec un peu plus de foin, on connoîtra qu'elle ne vient que de ce que les uns converfent avec des perfonnes qui raifonnent plus jufte, & fur de meilleurs fujets, que les gens avec qui les autres fe trouvent ordinairement. Si-bien que, quand on raifonnera de tout avec un jeune Prince, on rendra fa raifon maîtreffe de tout, & même des paffions les plus ordinaires à la jeuneffe. Cyrus, qu'on avoit accoûtumé tout jeune à raifonner fur tout, & à qui l'on avoit fait comprendre de bonne heure, que peu de chofe fuffit pour foûtenir la vie, en forte qu'il ne mangeoit fouvent que du creffon & du pain, s'étonna chez Aftiages fon ayeul, lorfqu'il vit tout l'appareil d'un grand repas. Il demanda ce que c'étoit; & quand il eut appris que tout cet apprêt fe faifoit pour dîner : *Pourquoy*, dit-il, *prendre cette peine? Et d'où vient que l'on s'embarraffe tant d'une chofe, qui fe peut faire fi aifément, & à fi peu de frais?* Un enfant qui raifonne ainfi fur le manger, marque bien que, quand la raifon eft exercée dés le premier âge, elle en devient bien plus forte.

Au refte, il faut confiderer que, s'il eft utile à chaque particulier d'apprendre de bonne heure à fe fervir de fa raifon, il eft de l'utilité de tout le monde, que ceux qui doivent commander aux autres, fçachent mieux que les autres, comment il fe faut fervir de la raifon.

DE

DE LA
RÉFORMATION
D'UN ÉTAT.

Que la réformation d'un Etat dépend de l'éducation des enfans ; & comment il les faut élever.

A Mr* FLEURY.

* C'est le Sous-Precepteur du Roy d'Espagne, de Monseigneur le Duc de Bourgogne, & de Monseigneur le Duc deBerry.

MONSIEUR,

Cest un merveilleux secret pour faire de beaux songes, que de s'entretenir le soir de belles choses, & de s'aller coucher sans souper. J'en ay fait l'épreuve cette nuit ; & je vous en ay l'obligation. Vous sçavez que nous parlâmes hier de la modestie des premiers Romains, & du nombre d'Ambassadeurs, qu'ils envoyoient fort honnêtement à pied. Vous vous

S f

fouvenez bien auffi que, recherchant les honnêtes
gens de nôtre fiécle, qui pouvoient reffembler à ceux
de l'antiquité, nous demeurâmes affez long-temps
fur le chapitre de Monfieur Conrart ; & qu'examinant dans la fuite, s'il y avoit des perfonnes à la
Cour, qui ayant été élevez dans les armes, s'exerçaf-
fent dans les lettres, comme avoient fait plufieurs
d'entre les Grecs & les Romains ; le premier qui
nous vint en l'efprit, fut Monfieur le Duc de Montaufier : de forte que nous le nommâmes tous deux
en même temps. Vous fçavez auffi, qu'après avoir
loüé le choix, que le Roy venoit de faire d'un fi
digne Gouverneur pour MONSEIGNEUR LE
DAUPHIN, nous parlâmes long-temps de l'éducation des enfans, dont nous crûmes que dépendoit
tout le bonheur des Etats ; que cela nous donna occafion de parler de quelques loix de Platon ; & que
dans la liberté de cet entretien que rien ne contrai-
gnoit, nous parlâmes fort de la Réformation d'un
Etat. Enfin vous fçavez qu'il étoit bien tard, quand
nous nous quittâmes : mais vous ne fçavez pas que
contre mon ordinaire je ne voulus point manger.

En cet état je me couchay, je m'endormis ; &
je fongeay que j'étois en voyage avec Monfieur Conrart. Je ne fçay où nous allions, ni d'où nous étions
partis : mais il m'a femblé que la chaleur nous avoit
fait defcendre de fon caroffe, pour nous mettre fous
des arbres que nous avons trouvez fur nôtre route ;
& que prefque en même temps nous avons vû arriver à l'endroit, où nous étions, douze vieillards à

pied, suivis de six valets, qui portoient leurs hardes. Cet équipage, tout petit qu'il étoit, m'a paru
si rare, & la mine de ces vieillards si relevée, que
j'ay eu une extréme curiosité de sçavoir qui ils é-
toient ; & il m'a semblé que Monsieur Conrart, qui
voyoit la peine où j'étois, m'a dit, comme si j'eusse
dû les connoître : *Demandez-vous cela ? Ce sont les douze Ambassadeurs de l'Etat reformé*. Ensuite je me suis imaginé que, marchant un peu mieux que son incom-
modité ordinaire ne sembloit luy devoir permettre,
il s'est approché de l'un d'eux, qui l'a reçû fort ci-
vilement ; & que s'étant assis l'un auprés de l'autre,
ils ont commmencé un entretien, que l'Ambassadeur
a trouvé si agreable, qu'il n'a pû s'empêcher de dire
à Monsieur Conrart : Voulez-vous bien, Monsieur, «
que je vous dise que vous êtes le premier homme «
raisonnable que j'aye rencontré, depuis que je suis «
hors de l'Etat réformé. Je ne sçay si vous y avez fait «
quelque séjour, ou si quelqu'un des nôtres a vécu «
long-temps avec vous : mais encore un coup, vous «
êtes le premier avec qui j'aye conversé avec plaisir. «

J'aurois de la peine à me souvenir de la réponse
de Monsieur Conrart : mais, comme j'avois un extrême desir de sçavoir ce que c'étoit que *l'Etat réformé*,
& pourquoy des Ambassadeurs alloient de la sorte,
je me suis imaginé que Monsieur Conrart luy ayant
dit, qu'on étoit fort étonné parmy nous de voir des
Ambassadeurs à pied, il luy a répondu, qu'on s'étonneroit bien davantage parmy eux, si des hommes,
pour vieux qu'ils fussent, avoient besoin d'être traî-

nez par des chevaux, ou portez par d'autres hommes ; qu'ils n'auroient garde de choisir pour une am-
baſſade des perſonnes qui ne pûſſent marcher, parce
que dans l'Etat réformé, c'étoit un ſigne de n'avoir
pas bonne tête, que d'avoir de mauvaiſes jambes ;
& que tout homme, qui avoit ſçû exercer ſon corps,
& vivre ſobrement, n'avoit jamais de peine à marcher, même dans le plus grand âge.

Je vous avoüe que cela me paroiſſoit de grand
ſens : mais j'étois, ce me ſemble, fâché de ce qu'il
parloit de la ſorte à Monſieur Conrart, qui a la meilleure tête, & les plus mauvaiſes jambes du monde.
Comme j'étois en cette peine, j'ay crû que l'Ambaſſadeur ayant remarqué que Monſieur Conrart avoit
marché avec aſſez de difficulté pour l'aborder, a in-
» continent ajoûté. Cela, Monſieur, n'eſt pas dit pour
» vous blâmer, car vous n'avez pas été élevé dans les
» exercices que nous ſommes obligez de faire dans les
» premieres années de nôtre vie : & tout moderé que
» vous êtes, vous pouvez être ſujet à des maux que
» ceux de nôtre païs ne ſçauroient avoir, que par un
» défaut de leur conduite. Comme l'on ſonge fort à
» leur rendre la ſanté parfaite, on les accoûtume dés
» la jeuneſſe à un grand exercice ; & on leur fait con-
» ſiderer comme de grands excés mille choſes, qui ſont
» ſi ordinaires parmy nous, que la plûpart même des
» plus honnêtes gens, qui ne veulent pas manquer à
» ce qu'ils doivent à la ſocieté, ne s'en peuvent diſ-
» penſer. Je ne me remets pas bien toute la ſuite de ce
diſcours, ni ce qu'a répondu Monſieur Conrart : mais

il m'a femblé qu'en ce moment je me fuis mêlé à leur entretien, & qu'ayant dit que je n'étois pas furpris de voir appeller un païs, où l'on vit fi regulierement, l'Etat réformé, mais que je l'étois fort, de voir qu'on eût pû reformer ainfi tout un Royaume; l'Ambaffadeur m'avoit répondu par ce difcours, dont je me fouviens mot pour mot, moy qui n'ay jamais pû retenir une ligne de ce que j'ay compofé avec le plus de temps & de peine.

Je fuis affûré, Meffieurs, que vous aimeriez à faire voyage, fi tous les païs reffembloient au nôtre. Il ny a point de ville dont les bourgeois ne foient auffi fages & auffi fçavans que ceux de Rome étoient riches, & puiffans. La Religion y eft pure, & s'obferve à peu prés comme dans les premiers fiecles de l'Eglife: les foldats y vivent auffi regulierement que des Chartreux; & le moindre d'eux eft toûjours prêt à mourir pour fon païs. On y rend la juftice de forte, que les plus grands chicaneurs n'y fçauroient faire de procés, qui dure plus de trois jours. On y paye volontiers les tributs; & ceux qui manient les finances, n'en fçauroient divertir un denier. Ces chofes font étonnantes à qui fçait comme on vit ordinairement dans le refte du monde. Cependant, Meffieurs, un jeune Prince a été l'auteur de toutes ces merveilles. Il étoit né dans les troubles: il étoit venu à la fouveraineté dés fon bas âge, il fembloit que plufieurs luy vouluffent d'abord difputer la premiere place; & le defordre étoit venu à tel point, qu'il n'y avoit prefque plus de Religion qu'en apparence.

S f iij

» La juſtice s'y vendoit, les finances étoient diſſipées,
» les peuples gemiſſoient, les ſciences étoient mépri-
» ſées, & les beaux Arts entierement abandonnez. Au
» milieu d'une ſi étrange confuſion, ce jeune Prince
» qui ſembloit devoir ceder à l'infortune de ſon Etat,
» ſe rendit le plus heureux du monde : & il uſa de
» tant de conduite en toutes choſes, qu'en moins de
» ſix ans, il répara tous les deſordres d'un ſiécle en-
» tier. Enfin, ayant conſideré que les differentes parties
» de l'Etat étoient ſujettes à des loix, la plûpart con-
» traires entr'elles, & toutes faites, ou par hazard,
» ou par caprice, ou par interêt, il crut en devoir fai-
» re qui fuſſent univerſellement obſervées, & qui
» n'euſſent pour fin que le bonheur des peuples.
»   L'hiſtoire remarque que, pour les faire meilleures,
» ce jeune Prince s'étoit propoſé comme un principe
» infaillible en matiere de loix, qu'elles ſont toutes juſ-
» tes quand elles vont à entretenir la paix & l'abon-
» dance ; & que dans un ſi grand deſſein, on ne doit
» conſiderer les particuliers, ni même l'interêt des fa-
» milles, qu'autant qu'il eſt conforme au bien de l'E-
» tat. Auſſi diſons-nous que, quoy qu'il n'eût pas en-
» core trente ans, lorſque ſes loix furent publiées, el-
» les parurent ſi juſtes, que dans les ſiécles qui
» l'ont ſuivi, jamais aucune n'a été abrogée. Sa poſ-
» terité n'a pas même ſouhaité d'y rien changer ; &
» dés ſon temps il a joüi de la gloire d'avoir achevé
» le plus grand ouvrage, que jamais Souverain ſe ſoit
» propoſé.
»   Ce qui ſemble plus étrange en cela, c'eſt que ſe-

lon toutes les apparences, il n'en devoit pas même «
concevoir le deffein. Car ce jeune Heros, dont la «
memoire fera toûjours precieufe aux peuples qu'il a «
rendu fi fortunez, vint au monde, quand on n'ef- «
peroit plus que la Princeffe fa mere pût avoir d'en- «
fans. Il commença à paroître puiffant & redouta- «
ble à fes voifins, dans un temps où l'on croyoit «
qu'il en devoit être opprimé. Il fit la paix avec eux, «
quand il les eut tous abbatus; & il travailla fans rela- «
che à reformer l'Etat, lors que le repos, qu'il s'étoit «
acquis par tant de pénibles victoires, fembloit ne le «
devoir folliciter qu'aux plaifirs. Que vous diray-je? «
Il aima tant le repos de fes peuples, & tout vaillant «
qu'il étoit, il aima fi peu ces conquêtes, qui n'ont «
point d'autre fondement que la force & le droit de «
bienféance, que pour affûrer fes frontieres, il acheta «
des places, dont il auroit pû fe rendre maître. Enfin, «
ce Prince tout jeune encore, eut dans fes propres in- «
terêts tant de moderation & de juftice, qu'étant fur «
le point de fe mettre en poffeffion de certaines Pro- «
vinces, que le droit d'une fucceffion legitime défe- «
roit à la Reine fon époufe, il voulut expliquer fes «
raifons aux peuples, dont il demandoit l'obéïffance, «
avant que de leur faire éprouver la force de fes ar- «
mes. C'étoit pour un Souverain, qui pouvoit exiger «
cette obéïffance d'une autre forte, la demander d'u- «
ne façon affez touchante : & veritablement il y a de «
l'apparence qu'ils fe feroient foûmis, s'ils avoient fui- «
vi leurs inclinations, mais elles furent contraintes «
par une injufte puiffance, qui les obligea de fe revol- «

» ter. Nos Hiftoriens nous apprennent qu'il fit des
» chofes incroyables en cette guerre ; & néanmoins
» je vous avouëray que, comme ils ne fçavent point
» flatter parmi nous , ils l'ont repris de s'être trop ex-
» pofé ; & fans doute il auroit été blâmable à jamais,
» fi l'excés de fon courage l'avoit fait périr dans une
» occafion comme celle-là.

Il m'a femblé qu'en cet endroit M. Conrart l'a inter-
» rompu, en luy difant : Je penfe en effet, qu'un Prince
» n'eft pas tant à luy-même, que plufieurs fe l'imaginent;
» & s'il eft vray que celuy-là ait porté fi haut la félicité de
» vôtre Etat, par une conduite qu'on n'auroit jamais pû
» attendre de tout autre, il faut demeurer d'acord que, fi
» fa perte eût prévenu par fa faute l'éxécution de fes def-
» feins, il auroit été refponfable de tous les maux, qu'u-
» ne fi grande perte auroit caufé, & comptable de tous
» les biens qu'elle auroit empêchés. A quoy j'ay crû que
» l'Ambaffadeur avoit reparti. Dieu nous le confer-
» va; & cette bonté infinie ne voulut pas terminer ain-
» fi une vie, qu'elle vouloit rendre illuftre par tant de
» merveilles, ni ôter fi-tôt à la terre un Heros, à qui
» l'on peut dire que rien ne manquoit de ce qu'il
» faut pour concevoir, & pour achever de grands def-
» feins. Mais, pour vous faire bien voir jufqu'où il por-
» ta celuy de la réformation , qui eft principalement
» ce que vous defirez de fçavoir , je n'ay qu'à vous dire
» de quelle maniere nous vivons.

» Il me feroit facile de vous reciter toutes les loix,
» que ce jeune réformateur nous a laiffées : car nous fom-
» mes obligez de les fçavoir par cœur. Mais il me femble

ble, que vous en comprendrez mieux le sens, quand «
je vous expoſeray en general le bel ordre qu'elles con- «
ſervent dans nôtre Etat, que ſi je vous repetois les «
paroles de chacune en particulier.   «

Vous ſçaurez donc, Meſſieurs, que nous avons «
un Roy ſi ſouverain dans l'Etat, que pour témoi- «
gner quelle eſt ſa puiſſance, nous avons coûtume de »
dire, qu'il ne doit rendre compte qu'à Dieu.   «

Il a trois Conſeils : l'un eſt pour la Guerre, l'au- «
tre pour la Juſtice, & le troiſiéme pour les Finances. «
On nomme trois Officiers generaux, pour préſider «
à ces trois Conſeils. Le premier fait en guerre à peu «
prés la même fonction, que les Connétables de Fran- «
ce faiſoient autrefois, ſelon que vôtre hiſtoire nous «
l'apprend. Le ſecond fait à peu prés la même fonction «
que vôtre Chancelier. Et, pour prendre toutes mes «
comparaiſons chez vous, afin que cela vous ſoit plus «
intelligible ; le troiſiéme fait à peu prés la fonction «
de Sur-Intendant.   «

Ainſi le Roy a toûjours trois Conſeils à ſa ſuite, «
& trois Officiers generaux. Outre cela, il envoye tous «
les deux ans en chaque Province un Gouverneur, un «
Preſident, & un Intendant.   «

Il me ſeroit difficile de vous expliquer le détail «
de la Guerre, de la Juſtice, & des Finances. Mais «
je vous puis dire en gros le principal de chacune de «
ces trois choſes. Et, ſi en vous parlant de la manie- «
re, dont vivent tous ceux qui y ſont employez, el- »
le vous paroît extraordinaire, & même impoſſible «
à juger de nous, par ce qui ſe fait chez tous les «

Tt

» autres peuples ; je vous prie ſuſpendez vos eſprits , &
» ne jugez de la verité de mes paroles , que quand vous
» aurez ſçû comment on éleve les enfans qu'on deſti-
» ne à l'épée , à la Robe , ou au maniment des deniers
» pnblics. Car je prétens qu'alors vous ne pourrez trou-
» ver étrange que nos ſoldats ſoient auſſi ſages , nos
» Juges auſſi ſçavans , & nos Financiers auſſi deſintereſ-
» ſez , que vous me l'allez entendre dire , en vous ex-
» pliquant ces trois ordres.

»   Pour commencer par les Milices , outre celles de
» laMaiſon du Prince , qui comprend tous ſes Offi-
» ciers & ſes Gardes , il y a auſſi celle de la guerre , & la
» Milice bourgeoiſe.

»   La premiere eſt gouvernée diverſement , en divers
» temps , & toûjours ſelon qu'il plaît au Roy.

»   Les deux autres ont pour chef l'Officier general ,
» dont je vous ay dit que la fonction eſt à peu prés
» ſemblable à celle de vos Connétables ; & vous pou-
» vez concevoir ſans que je vous l'explique , par quelle
» relation l'une & l'autre dépendent neceſſairement de
» cet Officier , qui leur fait éxécuter tous les ordres du
» Roy.

»   Une des principales choſes , que j'ay à vous faire ob-
» ſerver dans les armées de terre , eſt qu'elles ſont toû-
» jours ſur pied , & qu'elles campent perpetuellement ,
» ſoit en paix , ſoit en guerre. Pour cet effet, on a choſi
» differens endroits de l'Etat , les plus propres à camper ,
» & que les ſoldats ajuſtent diverſement , ſelon qu'il
» leur eſt ordonné. Ils font inceſſamment la garde du
» camp , & tous les autres exercices qui peuvent les

rendre aguerris, & les accoûtumer aux fatigues in-
feparables de leur profeffion.

Sur mer dans chaque vaiffeau, on obferve une
difcipline, qui n'eft pas moins reguliere; & fi quelquefois les vaiffeaux ceffent de voguer, en forte que
les foldats mettent pied à terre, ils campent fur
les côtes, ou dans les camps qui font preparez auprés des villes, fans jamais entrer dans aucune.

Pour les campemens, & les voyages de terre ou
de mer, les armées en reçoivent l'ordre de leurs Com-
mandans, qui les reçoivent du Roy, ou de l'Officier
general.

Mais pour les marches, les munitions, les vivres,
& les autres chofes concernant l'entetien des troupes, le Gouverneur envoyé dans chaque Province,
en a le foin. Outre cela, il a le foin de la milice
bourgeoife, & nomme tous les ans pour chaque
ville, un Capitaine de deux qui luy font prefentez
par le Procureur General que la Province élit tous
les deux ans. Vous voyez que par ce moyen le crédit du Gouverneur eft grand; & c'eft pour cela
que le Roy n'en laiffe jamais un plus de deux ans
dans la même Province.

Le Capitaine envoyé dans chaque ville, fait
affembler quatre fois pendant fon année les bourgeois de chaque quartier, pour élire entr'eux un
Tribun, dont la fonction confifte à faire éxécuter
les ordres du Capitaine par les bourgeois, & les
commander lors qu'il faut prendre les armes.

Il ne me refte plus rien, pour vous faire con-

Tt ij

» noître quel eſt l'ordre general de nos Milices, que de
» vous dire que les Tribuns peuvent être accuſez de ne-
» gligence ou de malverſation devant les Capitai-
» nes ; Qu'en même façon les Capitaines peuvent être
» a cuſez devant les Gouverneurs : & qu'enfin tous
» les deux ans le Roy tire du Conſeil de guerre des
» Commiſſaires, pour examiner la geſtion des Gou-
» verneurs.

» Que ſi, comme il arrive ordinairement aprés l'exa-
» men, ils ſont trouvez innocens, ils ſont envoyez,
» ou chez eux, ou dans une autre province, ou ad-
» mis au Conſeil de guerre, dans lequel on n'admet
» jamais que ceux qui ont été au moins deux fois Gou-
» verneurs de province.

» De même, on ne fait jamais Gouverneur, que ce-
» luy qui a été quatre fois Capitaine.

» Enfin, on ne peut être Capitaine, ſi l'on n'a ſer-
» vi pendant dix années dans les milices de la Mai-
» ſon du Roy, ou dans les armées : & l'on n'y ſçau-
» roit être admis, ſi les grands Maîtres de l'Acade-
» mie, dont je vous parleray dans la ſuite, ne cer-
» tifient qu'on y a été durant tout le temps requis
» par les loix, c'eſt à dire, depuis cinq ans juſqu'à
» vingt.

» Je ne vous dis pas touchant les Milices, cent cho-
» ſes particulieres, qui m'écarteroient du deſſein, que
» j'ay de ne vous donner qu'une idée generale de tous
» les ordres de l'Etat reformé. Quand vous y ſerez (car
» je ſuppoſe, vous ayant trouvé ſur cette route, que
» vous y allez) vous les apprendrez avec plus de plai-

fir, en vifitant les camps, que fi je vous en difois «
davantage. «

Il ma femblé que l'Ambaffadeur a fait une petite pofe en cet endroit, & que Monfieur Conrart,
ayant pris ce temps pour luy dire que nous n'é-
tions pas partis pour aller fi loin : mais qu'on ne
pouvoit trop faire de chemin, pour avoir le plaifir de voir une terre auffi heureufe que celle dont
il nous entretenoit, & que le peu qu'il fçavoit des
milices, luy donnoit une étrange curiofité d'entendre ce qui fe pratiquoit dans les autres ordres ;
l'Ambaffadeur luy a répondu :

Quelque créance qu'il me femble que vous donniez «
à ce que je raconte, je n'oferois vous dire certaines «
particularitez touchant nos foldats : il faut pourtant, «
avant que de vous parler de la Juftice, & de la ma- «
niere dont elle fe rend prrmi nous, que je vous di- «
fe deux chofes, dont il me fouvient. «

La premiere, que quand les Officiers quittent l'ar- «
mée, ils ne portent jamais aucunes armes, non pas «
même l'épée, parce que cela eft défendu fur peine «
de la vie, & n'eft permis aux gens de guerre, que lors «
qu'ils font en fonction. Mais, au lieu de les faire di- «
ftinguer de ceux qui ne font pas de leur profeffion par «
des armes qui ne fervent de rien pour lors au Roy, ni «
à l'Etat, on leur donne d'autres marques, dont on «
vous expliquera les differences dans le païs. «

La feconde, qu'aprés que chaque foldat a fait ce «
que fon devoir exige neceffairement de luy, on luy «
permet durant quelques heures de s'appliquer aux cho- «

» fes aufquelles fon génie le porte. Et , comme on leur
» fait continuer tous les beaux exercices qu'ils ont com-
» mencé dans les Académies publiques, il y a cetains
» jours où ils font des combats de barriere, des courfes ,
» des revûës,& fouvent même des attaques,ce qui eft un
» merveilleux divertiffement pour les villes voifines.En-
» fin, comme on les a tous élevez aux beaux Arts,il n'y
» en a point qui ne les cultivent ; & ce qui vous plaira ,
» fans doute, plus que tout , c'eft que jamais ils ne par-
» lent entr'eux de faire fortune, de fe vanger, de faire
» un grand repas ; ou de fe procurer d'autres plaifirs.
» Ils s'entretiennent de l'hiftoire, qu'ils fçavent tous
» parfaitement dés l'Académie ; des moyens de fe vain-
» cre foy-même ; de vaincre les ennemis de la patrie ,
» fans les haïr ; de ce qu'il faut faire pour arriver à la
» perfection des Arts , ou des fciences , & du fecret de
» les appliquer au bien des autres hommes.

» Je ne vous aurois pas relevé cecy , fi je n'étois ja-
» mais forti de l'Etat reformé, & fans cela je n'aurois
» pas fujet d'admirer que des foldats vécuffent de la
» fotte. Car,étant accoûtumé dés ma jeuneffe à voir
» chacun bien inftruit de ce qu'il doit à fa profeffion,
» & à croire que celle des armes fe peut accommoder
» à la vertu la plus fevere ; je n'aurois pas regardé celle
» de nos foldats comme une chofe extraordinaire. Mais
» ce que j'ay vû dans mon voyage, me fait mieux con-
» cevoir que je n'avois fait, les obligations que nous
» avons à nôtre fage Reformateur, de nous avoir ou-
» vert par fon inftitution une voye fi aifée à certaines
» vertus, dont la pratique femble fi difficile à ceux qui

n'ont pas eu une éducation comme la nôtre. Et d'ail- «
leurs, je connois que, si en parlant aux étrangers du «
bonheur de nôtre Etat, je leur en dois relever quel- «
que circonstance, c'est principalement celle-là. Il «
peut être pourtant que j'aye été plus avant que je ne «
m'étois proposé : mais pardonnez ce petit écart à un «
homme, qui croit ne pouvoir trop loüer les soldats «
de son païs, aprés ce qu'il vient de voir chez les «
étrangers. Je me persuade que je ne vous ay pas dé- «
plû, & que vous avez été bien aise de voir par nos «
gens de guerre, qu'il n'y a point de profession, dans «
laquelle on ne puisse vivre regulierement, quand on «
y est bien institué. Vous allez voir la même chose «
dans les deux ordres de la Justice & des Finances, dont «
j'ay encore à vous parler. «

LA JUSTICE.

LE chef de la Justice, aprés le Roy, est cet Officier general, dont je vous ay dit que la fonction approche de celle du Chancelier de France.

A ce premier Officier, sont soûmis les Presidens
que le Roy envoye de deux en deux ans dans les
provinces ; & chaque President nomme pour chaque ville un Magistrat, de deux qui luy sont presen-
tez par le Procureur general de la province.

Avec ce Magistrat, le Roy envoye six Assesseurs
en chaque ville ; & vous pouvez comprendre par ce
que je vous ay dit, que si le President n'est que pour
deux ans dans la province, le Magistrat & tous les

Officiers qui l'accompagnent , ne font dans chaque
ville que pour un an.

Le Magiſtrat donne tous les jours une audience ,
qui commence par la lecture que l'on fait hautement
de tous les contrats qui ont été reſolus l'apreſdînée du
jour précedent. A cette lecture affiſtent les parties
contractantes , pour dire ſi elles perſeverent ; & quand
cela arrive , le baluſtre leur eſt ouvert , pour aller
ſigner ſur le bureau du Greffier , en preſence de tout
l'auditoire.

Ce moyen eſt bon, a dit, ce me ſemble, Monſieur Conrart , pour empêcher toutes les fraudes. On
tire encore un autre avantage, a reparti l'Ambaſſadeur, de cette lecture publique des contrats, qui eſt
que l'on n'y ſouffre jamais aucune clauſe , qui ſoit
contre les loix , ou contre les bonnes mœurs.

Au reſte , quand je vous dis qu'il y a tous les jours
audience , ne vous imaginez pas , s'il vous plaît , qu'il
y ait tous les jours des cauſes. On veut parmy nous,
que le Magiſtrat ſoit toûjours prêt à terminer les differends : mais tous les particuliers ſont ſi bien élevez,
chacun ſçait ſi bien dés l'Académie , ce qu'il doit à
la loy ; & d'ailleurs vous voyez par ce que je vous ay
dit de la maniere de paſſer les contrats, qu'on y laiſſe
ſi peu de matiere de procés, que jamais preſque il
n'arrive de conteſtations. Les Juges s'occupent plus
à examiner les contrats qu'on lit chaque jour, à pourvoir aux familles, lorſque les chefs viennent à leur
manquer, & à tous les autres changemens auſquels
la condition des hommes eſt ſujette, qu'à juger des
                                                    procés.

procés. Auſſi de temps en temps on a propoſé des loix, pour diminuer le nombre des Juges, parce qu'on ne voyoit preſque plus de differends entre les particuliers. En effet, il ſemble qu'il y avoit grande raiſon à faire ce retranchement, & même que cela n'auroit pas été contraire à l'intention du premier reformateur, qui ayant trouvé beaucoup de deſordres, avoit été obligé d'établir beaucoup de Juges en chaque province, & en chaque ville. Neanmoins on a eu tant de reſpect dans tous les temps pour les moindres choſes qui ſont de ſon inſtitution, qu'on n'a jamais voulu changer celle-là.

Voilà un bel exemple, dis-je, à tous les Princes qui ſont jaloux de leur puiſſance : ils n'ont qu'à en uſer pendant leur vie, comme vôtre illuſtre reformateur ; & ils en joüiront long-temps aprés leur mort. A quoy l'Ambaſſadeur répondit : Ce que vous dites, eſt vray. Car enfin, l'on peut dire que nôtre ſage réformateur regne encore ſur nous, puiſque nous obéïſſons à ſes loix, & qu'on les garde plus ſcrupuleuſement, qu'au temps même qu'il les a faites. Mais outre que l'on croiroit expoſer l'Etat, ſi on changeoit la moindre choſe à ſes Ordonnances, je vous diray, pour reprendre nôtre diſcours, qu'on a toûjours crû qu'il valoit mieux avoir des Juges ſans procés, que des procés ſans Juges. Ainſi on n'a rien retranché, ni du nombre des Magiſtrats, ni du nombre des Juges, que nôtre ſage réformateur avoit inſtitué.

Suivant cette inſtitution, il y en a un en chaque quartier de la ville, qui eſt nommé par le Roy. Il ju-

Vu

ge avec deux Affeffeurs nommez par le Préfident de la Province; & l'un de fes principaux foins , eft de faire executer les ordres que le Magiftrat donne pour la police : étant certain que ce qui regarde le public , eft prefque toute l'occupation des gens de Juftice.

Il ne me refte plus rien à vous dire en particulier des Juges des quartiers, finon qu'ils peuvent eux , & leurs Officiers être accufez par qui que ce foit du peuple devant le Magiftrat, pourvû que l'accufateur tienne prifon , afin d'être puni, s'il eft évidemment calomniateur.

De même , le Magiftrat & les Officiers de la Magiftrature peuvent être accufez devant le Prefident.

Pour la geftion des Prefidens, elle eft examinée par des Commiffaires que le Roy tire du Confeil de Juftice, dans lequel on n'admet jamais que ceux qui ont été deux fois Prefidens dans les provinces : & ces perfonnes ne peuvent manquer d'être fort experimentées, puifque nul ne peut être Prefident, qu'il n'ait été en quatre magiftratures.

On ne peut auffi arriver à la magiftrature, fi l'on n'a été Affeffeur pendant fix années; & l'on ne fçauriot être Affeffeur, qu'aprés qu'on a été Avocat durant quatre années devant les Juges , & fix années devant les Magiftrats.

Enfin, on ne reçoit point d'Avocat, qui ne fçache par cœur toutes les loix, & qui ne foit capable d'expliquer fur le champ avec netteté un fait, dés qu'on luy en a fait la propofition.

Et , afin qu'on puiffe connoître s'il a cette capaciré, il en fait quatre épreuves en public devant le Magistrat & les Affesseurs, qui luy font repeter les deux premieres fois toutes les loix. Les deux autres fois, ils luy proposent des faits sur lesquels il est obligé de parler, pour le parti que le premier venu des affistans luy marque; & il faut avant tout cela, qu'il ait été dans l'Académie tout le temps que l'on y doit être, & qu'il ait le moyen de vivre honnètement.

Je croy qu'il est bon de vous faire observer, qu'on porte par quartier, & par avance aux Officiers de la Magistrature, la pension qui leur est destinée.

On en porte aussi une au Juge, & aux Affesseurs de chaque quartier : mais les Avocats ne commencent d'être pensionnaires, que quand ils sont admis à plaider devant le Magistrat.

Il est bon encore de vous dire, avant que de vous parler des finances, que ceux qui font Avocats, n'étant pas toûjorus occupez par les affaires des particuliers, s'éxercent en public certain jour de la femaifur de grands sujets qu'on leur donne, pour lesquels ils n'ont jamais plus de deux jours pour se preparer. Outre que cela divertit le peuple, (dont on ne sçauroit que trop considerer, ni choisir les divertissemens) cela l'instruit; & les Avocats se mettent en état par ces épreuves, non seulement de bien parler des affaires des particuliers, mais de traiter les affaires publiques, & d'être envoyez en ambassade, lors qu'ils ont atteint l'âge, & qu'ils ont servi dans les emplois, par où il faut avoir passé, pour être ad-

V u ij

mis au Conseil de Justice, duquel on tire toûjours
ceux des Ambassadeurs, qui doivent porter la parole, ce qui fait que leurs negociations avec les étrangers réüssissent si bien. Il est vray que l'estime qu'on
a par tout de leur probité, la coûtume qu'ils ont de
ne rien prétendre que de raisonnable, & la fermeté
avec laquelle on sçait que le moindre d'eux est capable de soûtenir la cause publique, peut beaucoup,
pour obliger ceux avec qui ils traitent, à ne leur rien
refuser. Mais avec tout cela, vous sçavez que tous
les voisins d'un Etat ne sont pas également raisonnables, & que souvent il y en a que leur passion ou
leur ignorance, qui est toûjours mêlée de soupçon,
rend difficiles à persuader ; & c'est en ces occasions,
que la grande habitude que ces Ambassadeurs ont
à parler, sert merveilleusement. Car je vous laisse à
penser quels doivent être des Orateurs, que l'on choisit entre des vieillards exercez à parler en public,
dés qu'ils ont l'usage de la parole. Mais je m'apperçois que malgré moy, je vous en dis plus de chacun des ordres, que je ne voudrois : ainsi je fini-
ray tout court ce qui regarde la Justice, & ceux qui
l'administrent, pour vous parler des finances.

LES FINANCES.

I L y a des Royaumes, où le nombre des Officiers
de finance est excessif, & où tout le monde doit
être destiné à cet employ. Mais dans le bienheureux
païs dont je vous parle, il n'y a rien de si bien re-

glé, ni qui occupe moins de perfonnes ; & pour vous
faire comprendre quel en eft le regime, il eft à propos de vous dire d'abord, qu'il n'y a que trois fortes
de deniers qui fe levent au nom du Roy, fçavoir
le revenu de fon domaine, les capitations, & les
amendes.

Je ne vous explique pas ce que c'eft que le domaine & les amendes : car vous avez, ce me femble, quelque chofe de femblable en France. Mais je
croy vous devoir expliquer plus précifément ce que
c'eft que *les capitations*. C'eft ce que paye chaque
perfonne pour les charges, & les neceffitez de l'Etat.
Les moindres perfonnes payent autant que les plus
riches : mais ceux qui en ont d'autres fous leur puiffance, payent pour eux ; & s'il y a des pauvres en
un Diocefe, ils font comptez ; & leurs capitations
font rejettées fur les Beneficiers, qui payent outre cela, la nouriture, & l'entretien des Invalides. Que
s'il y a des pauvres qui puiffent travailler, & qui
n'ayent pas eu affez d'induftrie pour apprendre un
métier, les Beneficiers, ainfi que je l'ay dit, font
chargez de leur nouriture, & de leur capitation. Mais
on employe ces pauvres, qui peuvent travailler, aux
ouvrages publics : ainfi il n'y a point de mendians.
Ceux qui ont le plus grand train, payent le plus ;
& le revenu des Benefices eft le mieux employé,
qu'il le puiffe être.

Un des plus grands biens qui arrivent de lever par
capitation égale, eft qu'il n'y a ni taxe, ni recou-
vrement : car chacun eft obligé de porter les capita-

Y u iij

tions de sa famille; & il le fait d'autant plus volontiers, que pour peu de chose il est quitte de tous
les autres droits. Par exemple, un bourgeois qui aura cent têtes sous son obéïssance, payera cent écus:
la capitation étant, à la reduire suivant vos monnoyes,
environ d'un écu par tête; & moyennant cela, il n'a
point à payer de droit d'entrée, pour toutes les denrées qui se consomment chez luy. Il a chaque chose
pour ce qu'elle vaut; & je pourrois vous dire cent autres utilitez que l'on retire de cette sorte de levée :
mais vous les concevez mieux, que je ne pourrois
vous les exprimer.

Je vous feray seulement observer que le Roy fait
peu de dépense, pour recüeillir de si grands deniers,
& qu'ils passent par peu de mains, avant que d'être
portez à l'Epargne : car l'Intendant, qui est envoyé
par le Roy dans chaque province, nomme pour
chaque ville un Tresorier. Ce Tresorier fait choisir
de trois mois en trois mois un bourgeois de chaque
quartier, qu'on appelle à cause de cela, Elû, lequel
a soin de recevoir les capitations de chaque habitant, ou des Beneficiers, tant pour eux que pour
les pauvres. Outre cela, il reçoit les deniers du domaine, & les amendes qu'il porte au Tresorier de
la ville, aprés qu'il a payé les Officiers qui ont pension dans le quartier, & les charges particulieres.
Ce Tresorier fait porter les deniers qu'il reçoit, à
l'Intendant de la province, aprés avoir payé les pen-
sions des Officiers de la Magistrature, & les charges
generales de la ville; & l'Intendant aprés avoir fait

payer les Officiers, la Milice, & les charges de la province, fait porter les deniers à l'Epargne. Que s'il arrive quelques contestations pour les capitations (ce qu'on n'a presque jamais vû) l'Elû de chaque quartier les juge avec deux bourgeois, qui sont tenus d'accepter la charge, quand ils sont appellez.

Enfin les Elûs peuvent être accusez devant le Treforier : de même, le Treforier peut être condamné par l'Intendant ; & le Roy donne tous les ans des Commissaires aux Intendans, comme on en donne aux Prefidens & aux Gouverneurs en pareil nombre, & tirez du Confeil des Finances. Vous concevez bien par ce que je vous ay observé des autres Confeils, qu'on n'admet personne en celuy-cy, qu'il n'ait été quatre fois Treforier : mais on observe de ne jamais faire Treforiers que ceux qui ont au moins cent mille écus de bien.

Je passe sous silence les peines que la loy prononce contre l'infidelité de ceux qui manient les deniers publics : le moindre divertissement doit être puni de mort. Mais depuis la reformation, l'histoire n'en marque point d'exemple ; & veritablement il feroit difficile qu'il arrivât du desordre dans les Finances par les Officiers. On les choisit si à leur aise, & ils sont tellement élevez dans la créance que chaque Citoyen n'a rien qui ne soit au public, qu'ils ne s'avisent jamais de le voler pour s'enrichir. Pour les particuliers, ils sont tres-soigneux de porter leurs capitations : car ils sçavent par l'experience de leurs ancêtres & par celle des peuples voisins, que quand

on ne fait pas les levées par tête, on leve une ſi grande
quantité de droits ſur tant de differentes choſes, ſi
inégalement, eu égard aux perſonnes, ou aux biens,
par tant de mains differentes, & par conſequent a-
vec ſi peu d'ordre, que le peuple eſt toûjours opprimé ; les fripons toûjours riches ; & le Prince toûjours ſi incommodé, que ne pouvant rien entreprendre, l'Etat eſt toûjours en proye. Comme
ces peuples ſont accoûtumez à raiſonner de bonne
heure, ces veritez leur paroiſſent ſi évidentes, qu'ils
ſeroient affligez ſi on ôtoit les capitations ; & jamais
on ne les voit murmurer, quand on les augmente.
Ils ſçavent que le Souverain doit toûjours avoir un
grand fonds, pour les beſoins preſens de l'Etat, &
qu'il y a certaines occaſions dont on perdroit les avantages, s'il faloit attendre les moyens d'en profiter.
C'eſt dans ce même eſprit, qu'ils ſont ravis de voir
toûjours ſur pied de grandes armées durant la plus
profonde paix. Comme ils aiment mieux les Juges
que les procés, ils aiment mieux auſſi les ſoldats que
la guerre ; & ſont perſuadez, qu'il vaut mieux que
l'Epargne ſoit trop pleine, que de voir les deſſeins du
Roy retardez, faute d'argent. C'eſt pourquoy l'on
ne s'étonne point parmi nous de voir hauſſer, ou diminuer les capitations : on eſt aſſûré que tous les deniers vont à l'Epargne ; & l'on croit que le Roy, qui
eſt le ſeul qui en diſpoſe, n'a jamais intention de ruiner l'Etat, dont il eſt le Souverain.

L'EGLISE.

L'EGLISE.

VOus pouvez concevoir par ce que je vous ay déja dit, que ce païs doit être bienheureux : mais ce qui fait durer son bonheur plus que toute autre chose, est sa Religion. Sans elle, on a beau faire des loix pour regler la Justice, la Guerre, & les Finances, il n'y en a point que l'on ne puisse enfreindre. Mais, quand la Religion soûtient les loix, & que c'est elle qui ménage les forces & les finances d'un Etat, il subsiste toûjours en repos. Aussi n'y a-t'il rien de si exactement observé dans celuy-cy, que ce qui concerne la Religion. Elle y est bonne par tout, & elle y est si universellement la même en tous les endroits, qu'il n'y a pas une seule personne, qui ait la moindre créance differente de celle de toute l'Eglise. On ne souffre pas qu'aucun Hérétique en approche ; & pour cela on fait faire à qui que ce soit une profession de foy, en y entrant.

Les Evêques resident indispensablement ; & si le Roy en appelle quelques-uns auprés de luy, ils sont obligez de se défaire de leurs Evêchez.

Les autres Beneficiers, quels qu'ils soient, sont obligez aussi à la residence : en sorte que, s'ils sont absens durant un mois, sans congé de leur Superieur, leur benefice est vacant, sans qu'il soit besoin de le faire ordonner ; & quand le Superieur dispense sans cause, il perd luy-même son benefice. Enfin, la residence est d'une necessité si absoluë, que quel-

X 2

que jufte que foit le fujet d'une abfence, & quelque autorifée qu'elle foit par le Superieur, on compte tous les jours qu'elle dure; & le Beneficier abfent, en perd à proportion les fruits de fon benefice. Pour cela il y a un Tarif de chaque benefice, par lequel les journées font évaluées; & celuy qui eft prepofé pour la levée des capitations, prend des Superieurs la lifte de ceux qui ont été abfens, & les fait payer ce qu'ils doivent pour leur abfence, outre ce qu'ils doivent pour la capitation; & ce qu'il y a pour les abfences, fe diminuë fur ce qu'il faudroit pour les capitations, ou l'entretien des pauvres.

Tous les Evêques n'ont qu'un même revenu avec les Chanoines.

Quant aux Abbez & aux Prieurs, ils font tous obligez de vivre regulierement avec leurs Religieux, fuivant la premiere inftitution de leur Ordre.

De même, les Curez vivent en commun avec les Prêtres de leur Paroiffe, c'eft-à-dire, qu'on les entretient, & qu'on les nourrit chacun chez eux du revenu de la Cure.

Il y a autant de Cures en chaque ville, que de quartiers; & nôtre fage réformateur avoit ordonné, qu'autant qu'on le pourroit, les Religieux qui avoient des Monafteres dans l'enceinte des villes, feroient mis dans les quartiers de la campagne, parce que cela convient mieux à la folitude, dont ils font profeffion. D'ailleurs, le fecours qu'ils peuvent rendre aux Chrétiens, fe reffent mieux dans les champs, qu'à la ville, où il eft difficile que tous les laboureurs & les autres perfonnes qui fervent à la culture des terres, s'affemblent fi précifément à certaines heures dans une même Paroiffe : & cette loy qui n'a pû s'execu-ter dés qu'elle a été faite, a été trouvée fi jufte , que comme on a tenu la main à la faire obferver , enfin les chofes font en tel état, qu'il n'y a plus aucuns Con-vens dans les villes.

Vous concevez bien qu'ayant remis toutes chofes dans la pureté des premiers fiecles, on ne reçoit au-cune perfonne dans le Clergé , qui n'ait une fonction neceffaire dans quelque Eglife ; & cela s'obferve fi re-gulierement , que jamais on ne fait un Clerc , que quand il y a une place vacante qu'il puiffe remplir.

DISPOSITION DE CHAQUE VILLE.

JE penfe vous en avoir affez dit , pour vous faire connoître la difpofition generale de cet Etat, & même pour vous faire concevoir en particulier cel-le de chaque ville. Il n'y en a point, dont le territoi-re ne foit divifé en differens quartiers , qu'on a fait les plus égaux, qu'il a été poffible. Les uns font com-pris dans les murs ; & les autres, pour être hors l'en-ceinte, n'en font pas moins de la ville. Il y a dans chacune un château capable de loger le Capitaine, & les Officiers de la Capitainerie : il y a même en toutes un appartement pour le Gouverneur de la Province, lors qu'il fait fa vifite.

Il y a auffi un Palais, qu'on nomme le Palais de la Ville, où loge le Magiftrat, avec tous les Offi-ciers de la Magiftrature : on y referve toûjours un appartement pour le Préſident, quand il va par les villes.

Enfin, il y a en chaque ville un hôtel, où loge le Treſorier avec les Officiers de la Treſorerie, & dans lequel on laiſſe un appartement pour l'Intendant, & un autre pour les aſſemblées des Notables. Outre ce-là, chaque ville a ſon Académie pour la Religion, pour les loix, pour l'éloquence, pour les ſciences, & pour les beaux arts.

Je vous ay dit auſſi, que chaque ville a un audi-toire pour ſon Magiſtrat; & chaque quartier un pour ſon Juge.

Mais je croy vous devoir obſerver deux choſes, qui ſont aſſez belles, & que vous ne devineriez pas, à juger de ce qui ſe fait au païs dont je vous parle, par ce qui ſe fait dans les autres royaumes.

La premiere, que tous les ouvriers d'un quar-tier, & de même métier, travaillent ſous un ſeul maître, qui les loge, & les nourrit tous avec leurs femmes & leurs enfans. Il les paye ſuivant leur con-vention, en ſorte que chacun paye ſa capitation; & lors que le maître vient à mourir, les ouvriers en éli-ſent entr'eux le plus capable, en preſence du Juge du quartier, & par l'avis de tous les autres maîtres des autres quartiers.

Il en eſt de même des Marchands en détail, qui dans chaque quartier ſont tous en un même en-droit; & ceux de même marchandiſe ſont aſſociez : ce qui ne peut faire craindre de monopole, attendu que l'on met toûjours le taux aux denrées.

Mais afin qu'en chaque quartier ni les ouvriers, ni les marchands en détail ne se mêlent point trop avec les bourgeois, tous les ouvriers & les marchands en détail d'un quartier, sont en des endroits separez & fermez.

La derniere chose que je voulois vous dire, est qu'en chaque quartier il y a un, ou plusieurs hospices, pour recevoir les voyageurs, où tout est vendu par un Officier préposé par le Magistrat. On attache un tarif à la porte de l'hospice, où le prix de chaque chose est écrit; & si l'Officier en prend davantage, qu'il n'est taxé, ou s'il falsifie le tarif, il est puni de mort. Quant à la maison & aux meubles, ils appartiennent aux bourgeois proprietaires des maisons du quartier, qui sont obligez de bien entretenir l'hospice de tous les meubles necessaires, sans que cela augmente le prix des vivres qui s'y débitent: Vous pouvez croire que les bourgeois en sont fort soigneux, parce que cela leur rend à eux-mêmes la commodité de voyager plus grande.

Vous pouvez bien juger aussi, que l'on ne souffre pas qu'aucune personne reçoive les bourgeois, ou les artisans chez soy, pour se faire traiter, pour joüer, ou pour d'autres débauches: ces choses sont défenduës, à peine de la vie.

Je ne vous explique pas en cet endroit mille choses, qui s'observent exactement en chaque quartier, soit pour l'honnêteté, soit pour la sûreté, soit pour l'ornement des Eglises, des places publiques, des maisons, des ruës, & des chemins. Et, quoy que ce détail

fût capable de vous faire admirer l'esprit de nôtre sage Réformateur, sa prévoyance, & son exactitude;
neanmoins, pour ne vous pas retenir trop long-
temps, je croy ne vous devoir plus expliquer en particulier, touchant la disposition de nos villes, que ce
qui concerne les Académies publiques.

ACADEMIES PUBLIQUES.

JE suis obligé de vous dire en commençant, qu'il
y a toûjours sur la principale porte de chacune
des Académies, un buste du Prince, qui réforma le
païs, & qui le mit par ses sages loix, dans le repos où
il a duré depuis. On a voulu par-là perpetuer la mémoire de ce jeune Heros; & l'on a crû que c'étoit sur
tout en ce lieu, qu'il en falloit laisser des monu-
mens. En effet, c'est par l'institution des Académies, qu'il a trouvé le secret de faire de bons citoyens; & c'est la belle éducation qu'on y donne à
tous les enfans, qui nous a si bien accoûtumé à toutes
les vertus, sans lesquelles on ne sçauroit aimer, ni
conserver le repos de la patrie. Je ne vous parle ni
des differentes devises, ni des ornemens qui accompagnent pour l'ordinaire le buste de ce Prince, afin
que vous ayez plus de plaisir à les voir; & puis n'ayant
que peu de temps à vous entretenir, j'aime mieux
l'employer à vous dire les choses à quoy m'engage
necessairement le recit, que je vous fais de nos Académies.

Il y a ordinairement trois courts en chacune,

La premiere est pour les Officiers.

La seconde est destinée aux Maîtres de l'Académie.

Et la troisiéme, aux jeunes gens qui y doivent être instruits.

Je ne vous diray rien en particulier de tous les divers appartemens. Mais je dois vous faire remarquer (pour être plus intelligible dans la suite) qu'on met en differens endroits les enfans, selon la difference de leur âge, & qu'il y a pour leurs exercices trois grandes salles, dont chacune a toutes ses fenêtres sur une lice, autour de laquelle sont des galeries, où des Statuaires & des Peintres travaillent ordinairement, & où des Architectes dessignent.

Au delà des lices, il y a des jardins differens pour les fleurs, les fruits & les plantes : au bout desquels il y a divers logemens pour des Chirurgiens, & des Chimistes, avec tous les appartemens, & toutes les choses necessaires aux expériences qu'ils sont obligez de faire. Il y a aussi pour loger le Maître des jardins, les laboureurs, & toutes les autres personnes qui servent au jardinage, à la culture, ou au pâturage. Car vous concevez bien que l'on a donné à chacune des Académies le plus d'étenduë que l'on a pû, & qu'il n'y en a point qui n'ait un parc assez considerable, pour en tirer toutes les commoditez de la vie. C'est pour cela qu'elles ont presque toutes été bâties aux extrémitez des villes : l'on a même recherché avec soin, les endroits où il y avoit des eaux en abondance, on a eu soin d'y faire des plants d'arbres ; & enfin,

il n'y en a aucune que l'on n'ait mis en état de fervir, non feulement à l'éducation des jeunes gens,
mais encore au divertiffement des citoyens de chaque ville.

Dés que les enfans ont cinq ans accomplis, on
les méne au Magiftrat, pour les faire prefenter au
grand Maître de l'Académie. Ils y demeurent neceffairement jufqu'à vingt ans, fi quelques notables in-
commoditez ne les en empêchent; & ils ne peuvent
(comme je penfe vous l'avoir déja dit) entrer en aucune charge de l'Epée, de la Robe ou des Finances,
ni dans aucune fonction Ecclefiaftique, qu'ils n'ayent
fait ce temps d'exercice.

Il me femble que Monfieur Conrart faifant ré-
flexion fur ce que nous difoit l'Ambaffadeur, n'a pû
s'empêcher de l'interrompre, pour luy dire, qu'il
trouvoit bien rude d'enlever des enfans fi jeunes à
leurs meres, & que c'étoit les rendre bien étrangers
à leur famille, que de les en ôter fi-tôt, & pour un
fi long-temps.

Vous trouveriez donc bien plus rude encore, (a
répondu l'Ambaffadeur) fi je vous difois, qu'il n'y
a point de mere qui ne nourriffe elle-même fes enfans: mais on eft perfuadé parmi nous, que la ten-
dreffe des meres ne peut que rarement s'accorder avec
les bonnes habitudes, que les honnêtes gens doivent
prendre dés la jeuneffe, fur tout aux chofes pénibles.

D'ailleurs on craint que les domeftiques ne leur
donnent de fauffes impreffions, & leur gâtent l'imagination par de mauvais contes.

Enfin,

Enfin, nous croyons qu'il faut élever les enfans pour le bonheur de la patrie, & non pas pour le plaifir de leurs familles ; & en cela, je fuis affûré que nous ne nous trompons pas. Car on voit que quand les jeunes gens font élevez dans la penfée de ne fervir que le public, il arrive toûjours qu'ils rendent leurs familles heureufes, par l'honneur & le crédit qu'ils acquierent entre leurs citoyens. Au lieu que les enfans élevez délicatement, & pour le plaifir de leurs parens, s'emportent à leurs paffions, & deviennent fouvent l'opprobre de leurs familles. Mais, fans examiner cette queftion, qui me feroit paffer les bornes d'un fimple recit, & pour vous faire trouver bon que l'on ôte fi-tôt chaque enfant à fa famille, je n'ay qu'à vous dire fuccintement ce qu'on leur fait faire dans le lieu d'Exercices que je vous ay décrit ; & vous avouërez que, quand ils y ont demeuré jufqu'à vingt ans, ils font plus propres à leurs familles, que s'ils n'en étoient jamais fortis.

EXERCICE DES ENFANS
depuis cinq ans jufqu'à dix.

DEs fix heures du matin, ils commencent leurs exercices par la priere, & puis on les inftruit des chofes qui concernent la Religion.

Enfuite, on leur fait reciter les loix, qu'ils ont apprifes le foir précédent. *Les loix*, a dit, ce me femble Monfieur Conrart, *& pourquoy fi jeunes? Afin qu'ils*

Y y

les sçachent plûtôt, a répondu l'Ambassadeur. Et si la
premiere heure se doit employer au premier devoir
de l'homme, qui est de connoître Dieu, la seconde
de se doit employer au second devoir, qui est de
connoître ce qu'on est obligé de faire pour l'Etat;
& je vous diray une chose qui m'a surpris dans les
païs où j'ay passé, que de voir punir, suivant la ri-
gueur des loix, des personnes qui n'en avoient jamais oüi parler.

Car, quand il faudroit supposer que l'on connoît
toûjours assez les crimes, & la punition que chacun merite, il faut avoüer qu'il y a mille choses
pour le regime universel de l'Etat, de la police, &
des familles, ou pour le regime particulier de son
propre bien, ausquelles on peut manquer bien dangereusement, faute de sçavoir les loix de son païs,
& ausquelles on ne manqueroit pas, si on les appre-
noit de bonne heure. Mais permettez-moy de vous
dire ce qui se fait dans l'Académie, sans m'obliger à
vous expliquer les raisons pour lesquelles on le
fait.

Aprés que les enfans ont recité les loix, on leur enseigne à parler correctement leur langue; & tout cela sans les presser, parce qu'ils ont cinq ans entiers
pour apprendre les parties d'oraison, qui sont les
élemens des langues. S'il m'étoit permis de vous interrompre, a repris Monsieur Conrart, non pour
improuver la methode, que vous avez de donner
des leçons de vôtre langue même, mais pour en loüer
la coûtume, je le ferois avec plaisir. J'ay toute ma

vie aimé la langue de mon païs ; & je n'ay prefque
cultivé que celle-là, croyant qu'il fuffifoit à tout
honnête homme de fçavoir bien celle de fa patrie,
mais qu'il n'étoit pas permis à un homme qui eft
un peu du monde, de ne la fçavoir que mediocre-
ment. Ainfi, l'on ne peut affez approuver le foin
que l'on prend chez vous, de montrer aux plus
jeunes enfans la langue du païs. Je voy bien que
cette connoiffance jointe à celle des loix, que vous
leur faites apprendre de fi bonne heure, en fait
bien-tôt des hommes parfaits ; & je ne doute point
que ceux qu'on a tant admirez à Rome & en Grece, n'ayent fuivi cette voye, pour arriver aux grandes chofes, qu'on leur a vû faire dés leur premiere
jeuneffe.

Ce que l'hiftoire m'en apprend, a répondu l'Ambaffadeur, m'en donne les mêmes idées qu'à vous,
mais il me femble qu'il leur manquoit bien des vertus, que le Chriftianifme nous a découvertes, &
dont vous verrez qu'on a mêlé bien utilement les
inftructions à l'éducation des enfans de nôtre Etat.
Mais, pour ne pas interrompre l'ordre de leur exercice journalier, je vous diray fommairement, comme j'ay commencé, que pour ne rien negliger de
toutes les chofes neceffaires durant l'heure, qui fuit
celle, où on leur a donné quelques leçons touchant
leur langue, on leur explique les figures de la Bible,
& de l'hiftoire univerfelle.

Aprés cela, on les fait lire & écrire ; & l'on a
grand foin de former leur prononciation en lifant.

On employe la derniere heure du matin à les faire
danfer. *Oferois-je prendre la liberté de vous faire encore une*
queftion, a dit, ce me femble , Monfieur Conrart,
Hé ! n'eft-ce point fatiguer de fi jeunes enfans , que de les obli-
ger à un travail fi affidu , & à une attention fi continuelle?
Je voy que ceux dont vous nous parlez , font occupez depuis
fix heures du matin jufqu'à midy fans aucun relâche , & à
des chofes qui me paroiffent , ou tres-ferieufes , ou tres-penibles.
Cependant, Monfieur , a répondu l'Ambaffadeur ,
fi vous y prenez garde , ces chofes font fi bien mêlées, que l'une divertit de l'autre. En la premiere
heure , ils n'ont qu'à écouter ; en la feconde ils recitent ; en la troifiéme , on ne leur parle que de leur
langue ; ce qu'on leur propofe en la quatriéme heure , les divertit , parce qu'on leur montre les figures,
ou de la Bible , ou des autres Hiftoires. Enfuite ils
lifent , puis ils danfent : cette diverfité fait qu'aucune
de ces occupations ne les ennuye ; & , comme les mêmes exercices durent pendant cinq années , on les
preffe fi peu fur chacun , qu'ils n'ont prefque pas de
peine à les apprendre , & néanmoins ils fe les rendent familiers , à force de les repeter.

A midy , ils font un repas de peu de mets , &
pendant lequel on obferve fort leur contenance. On
reprend ceux qui mangent trop vîte , parce que cela
eft mal fain & malhonnête : ont veut qu'ils foient
tres-propres en cette action ; & on les accoûtume à
ne manger précifément que de ce qui fe rencontre
devant eux.

Aprés le dîner , qui ne dure jamais plus de trois

quarts d'heure, ils vont dans les jardins, & dans les galeries des Arts. Là , fans les obliger à retenir le nom des fimples, des fleurs ou des arbres, il y a toû-jours quelqu'un de qui ils les peuvent apprendre; & les Artifans leur répondent fur tout ce qu'ils leur demandent touchant les Arts.

A deux heures, ils font l'exercice dans la lice, avec de petites armes. Aprés quoy on leur montre la Geo-graphie dans des Cartes extrémement grandes, & des globes où les montagnes, & les autres élevations font en relief. Alors on leur donne quelque temps pour faire colation, & puis on les fait compofer en leur langüe, & en latin.

Enfuite ils apprennent par cœur les chofes qui con-cernent les langues; & felon les faifons, ils retour-nent dans les jardins, ou dans les galeries des Arts, ou dans l'appartement des Chymiftes & des Chi-rurgiens, où quelqu'un leur répond fur ce qu'ils de-mandent.

Aprés fouper, ils s'entretiennent en fe promenant doucement jufqu'à huit heures. Alors ils apprennent les loix par cœur; & à neuf heures on les fait cou-cher, aprés une priere qu'ils font en commun.

Pendant tous leurs exercices, on leur fait garder un grand filence. On punit ceux qui frappent , ou qui difent des injures : mais on punit bien plus feve-rement ceux qui difent une injure pour une injure, ou qui rendent un coup pour un coup ; & on leur fait demander pardon aux Maîtres, d'avoir entrepris de faire ce qui n'appartient qu'à eux. On leur apprend

Y y iij

fur tout, à ne point mentir; à fe garder les paroles
qu'ils fe donnent, & à ne les pas donner legerement;
à n'être point jaloux les uns des autres; à fe contenter de leurs talens; à reconnoître qu'ils ne les ont pas
d'eux-mêmes, & qu'ils en doivent toûjours ufer le
mieux qu'il eft poffible.

Vous trouverez peut-être, ces leçons un peu ferieufes pour des enfans, & peut-être même les ju-
gerez-vous affez inutiles. Mais, fi vous faites un peu
de reflexion fur la difference qu'il y a pour l'ordinaire entre les enfans de vos Princes, & ceux de vos
artifans, vous concevrez aifément, qu'on n'eft jamais
fi fufceptible des bonnes, ou des mauvaifes impreffions, que dans la plus tendre jeuneffe, & que s'il y
a quelque temps, où l'on doive parler fort ferieufement avec les enfans, c'eft dans le premier âge. Je
n'entens pas, quand je dis qu'il leur faut parler ferieufement, qu'il ne faille jamais rire avec eux, ni les
laiffer divertir: au contraire, j'eftime que cela eft abfolument neceffaire. Mais on croit parmi nous, qu'on
doit examiner leurs moindres actions, & leur faire
remarquer en chacune, ce qu'il y a veritablement de
bon ou de mauvais; & c'eft ce que j'appelle leur parler ferieufement. Ainfi, lorfqu'il arrive quelque que-
relle entr'eux, on fe mocque du plus emporté, comme du plus lâche; & en toutes les occafions où cela
fe peut faire à propos, on leur repete qu'il y à plus
de cœur à pardonner, qu'à fe venger, & qu'un homme doit plus à Dieu, à fon Prince, & à fon païs,
qu'à foy-même. Par ce moyen, on leur apprend de

bonne heure à connoître en quoy confiste le veritable honneur.

Au refte, on fe garde bien, quand on les veut loüer d'avoir bien fait, de leur dire qu'ils font de beaux garçons, ni de les dégoûter de faire quelque chofe, en leur difant qu'ils font plus laids après l'avoir faite. On tient que cette maniere de les exciter, ne leur infpire que de la vanité, & que cette fauffe gloire ne fçauroit jamais produire de veritables biens. On ne leur promet point non plus de beaux habits, ni de bijoux; & fouvent on pare de petits finges, dont on fe mocque, pour leur donner du mépris de ces bagatelles. Enfin, on ne leur propofe jamais de prix, ni pour les exercices du corps, ni pour ceux de l'efprit, croyant que cela ne peut fervir qu'à les rendre jaloux ou envieux. Et, comme on doit tout faire par raifon, & que les premieres penfées qu'on a de chaque chofe, demeurant toûjours les plus fortes dans l'efprit, on tâche de ne leur en donner dans ce bas âge, que de tres-raifonnables. C'eft une chofe étrange, que dans tous les autres païs, on ne gouverne les enfans que par leurs paffions, comme par le manger, par les beaux habits, par les joüets, ou bien en leur donnant des loüanges, en les méprifant, ou en leur promettant des recompenfes; & dans celuy-cy, on ne les gouverne que par raifon. Auffi arrive-t'il que les paffions font fi fortes dans les enfans, qui font élevez à l'ordinaire, qu'à peine s'apperçoit-on dans toute la fuite de leur vie, qu'ils ayent de la raifon. Au lieu que

parmi nous on exerce la raifon de fi bonne heure,
que devenant bien-tôt la plus forte en eux, à peine
s'apperçoit-on, quand ils font un peu avancez en âge,
qu'ils ayent des paffions.

Il m'a femblé qu'à la fin de ce raifonnement, Monfieur Conrart prenant la parole, a dit à l'Ambaffadeur en me regardant ; *Vous luy faites bien du plaifir de*
parler ainfi ; & je m'affure que s'il vous a tant écouté fans
parler, il ne vous interrompra pas pour vous contredire en
cet endroit. Mais fouffrez, a-t-il ajoûté, l'un & l'autre, que pour refoudre une difficulté qui me vient
fur ce que vous dites, je vous demande comment
on pourra exciter les enfans, fi jamais on ne leur
propofe de recompenfe ? Il me femble que cela
eft impoffible ; & peut-être même que les paffions
leur ayant été données pour les regir, jufqu'à ce
qu'ils ayent l'ufage entier de la raifon, c'eft les
expofer beaucoup, que de ne fe pas fervir de leurs
paffions pour leur avancement. A cela, il m'a
femblé que Monfieur Conrart continuant de me
regarder, comme attendant la réponfe de moy, je
luy ay répondu, que fi on vouloit examiner l'origine des paffions, on trouveroit peut-être qu'elles
viennent toutes en l'ame à l'occafion du corps ; &
qu'ainfi on pourroit conclurre, que n'étant utiles
que pour luy, il n'y a pas grand fujet d'efperer de
nous avancer beaucoup dans la vertu, qui ne regarde que l'ame, en nous excitant par les paffions,
qui ne regardent que le corps. Mais que le temps
de nôtre entretien ne permettant pas d'examiner
toutes

toutes ces queſtions , je le ſupplois de conſidɛrɛr ſeulement deux choſes. L'une, que la raiſon étant auſſi entiere dans les enfans, que dans les hommes parfaits, ils n'ont beſoin que d'expérience, c'eſt à dire, de connoître les choſes ſur leſquelles ils doivent exercer leur raiſon ; & que cela étant, il ſe faloit bien garder de leur propoſer d'abord les moindres choſes , telles que ſont les objets des paſſions, comme ſi elles étoient les meilleures, & dignes de leurs ſouhaits.

La ſeconde, que les enfans ſe gouvernant aiſément par l'exemple (ce qui marque qu'ils refléchiſſent beaucoup ſur tout ce qu'ils voyent) il ſuffit de leur en donner de bons, pour les exciter à bien faire. Que cela me faiſoit regarder comme un grand trait de ſageſſe , la coûtume qu'on a dans l'Etat reformé, d'ôter de bonne heure les enfans à leurs meres, & aux domeſtiques, pour les mettre dans un lieu , où n'ayant que de bons exemples , ils n'ont que faire d'être excitez par d'autres moyens. Qu'au reſte , s'il étoit bon de ſe ſervir de de quelque paſſion, pour exciter un enfant, dont le temperament rendoit le naturel un peu dur , c'étoit de la crainte, parce que cette paſſion étant en nous pour nous faire fuir ce qui nous eſt mauvais, il n'étoit pas dangereux que les perſonnes qui élevent des enfans, après leur avoir dit inutilement beaucoup de fois qu'une choſe eſt mauvaiſe, les fiſſent punir, quand ils s'obſtinent à la faire. Car alors les enfans, joignant à l'idée de cette choſe ,

Z z

le mal qu'elle leur cause, en peuvent concevoir une salutaire aversion, qui les fait sages. Aussi a-t'il été dit que la crainte *est le commencement de la sagesse,* mais cela ne peut être dit des autres passions. Car, encore que dans la suite de la vie, on les puisse toutes éprouver salutairement à l'égard de certaines choses, néanmoins il est veritable que dans la premiere jeunesse, on ne les peut exciter que dangereusement, parce que cela les rend trop fortes, & que ne pouvant être excitées que par des objets qui plaisent, à cause du bien qu'ils font au corps, on s'accoûtume à n'aimer que ce qui luy est bon. Si d'ailleurs on leur propose quelque prix, en leur inspirant comme un bon sentiment, qu'il est honnête de vouloir vaincre ses camarades pour l'obtenir, on leur ouvre l'esprit à mille mauvaises pensées, qui peuvent quelquefois donner du divertissement dans leur jeunesse, parce qu'elles ne produisent que de petits maux, qu'on ne regarde pour lors que comme des gentillesses. Au lieu que dans la suite de la vie, on voit que tel qui ne haïssoit dans le College que celuy qui avoit emporté le prix sur luy, est un ambitieux lors qu'il est dans le monde, & croit pouvoir haïr tous ceux qui sont au dessus de luy.

J'étois, comme vous voyez, en belle humeur; & il ne faut pas s'étonner de ces effets d'imagination dans un songe, où l'on croit parler des choses ausquelles on pense assez souvent. Mais néanmoins il m'a semblé que ne voulant pas parler plus long-temps devant deux perſonnes auſſi ſages, que celles devant qui je croyois être, j'ay laiſſé continuer le vieil Ambaſſadeur en ces termes. Je ſuis dans les mêmes ſentimens où je vous voy ; & je penſe que nous n'avons de tyrans au monde, que parce qu'on ne ſçait pas ce que c'eſt que la veritable gloire. Mais je m'amuſerois vainement à des reflexions qui vous ſont, à ce que je voy , auſſi familieres qu'à moy ; & je dois ſonger que vous aimeriez peut-être mieux ſçavoir comment on continuë l'éducation de la jeuneſſe parmi nous.

POUR LES JEUNES GENS, DEPUIS DIX ans juſqu'à quinze.

SI-tôt que les enfans ont atteint dix ans, on les met juſqu'à quinze dans la ſeconde ſalle. Déz cinq heures du matin , aprés qu'ils ont ſatisfait au devoir de la Religion , on les fait compoſer en leur langue, & en latin. Enſuite on leur fait lire les vies des perſonnes, qui ſe ſont renduës illuſtres par leurs bonnes mœurs, ou par de grandes actions. On leur demande le ſentiment qu'ils en ont : on leur fait ſouvent conſiderer que ce qu'il y a de bon en chacune, n'eſt pas toûjours le plus éclatant, & que le veritable honneur ne conſiſte pas à rechercher de faire des actions extraordinaires, mais ſeulement à faire toûjours celles que nôtre devoir éxige de nous, quelque pénibles qu'elles ſoient, ou quelque baſſes

Z z ij

qu'elles paroiſſent. On prend garde ſur tout à les
rendre plus ſçavans dans l'Hiſtoire Eccleſiaſtique,
& dans celle du dernier ſiécle de leur païs, qu'en
tout le reſte.

Cette lecture étant finie, on commence à leur faire juger les differens de leurs camarades, ſuivant les
loix qu'ils ont appriſes par cœur, & qu'on leur explique mieux par des exemples qu'ils ont devant
leurs yeux, que par de longs diſcours. On corrige
leurs jugemens ; & l'on obſerve toûjours de faire
opiner les plus jeunes les premiers : on leur fait
expliquer leurs ſentimens, le plus nettement qu'il
eſt poſſible. Les plus âgez parlent enſuitte ; & les
Maîtres les reprennent s'ils ont manqué.

Deux heures entieres étant conſommées en cet
exercice, qui eſt l'un des plus honnêtes, & des plus
utiles où l'on puiſſe les appliquer, on les fait monter à cheval, ou s'exercer à la courſe, à la lutte, ou
à nager, ſelon le temps, juſques à midy. Et, quoy
qu'il ſemble que cette heure ſoit mal-propre à des
exercices ſi violens, on croit toutefois qu'il eſt bon
d'en uſer ainſi, pour les accoûtumer au travail.
On obſerve ſeulement de ne les mettre aux grands
exercices, que ſur les deux ou trois dernieres années du ſecond âge.

Ils dînent à midy, & s'en vont juſques à une heure dans les jardins, & dans les galeries, pour expliquer à de plus jeunes, ce qu'ils ont ſçû des Arts
& des plantes.

Depuis une heure juſques à deux, ils apprennent la musique. A deux heures on leur montre les Mathematiques & l'Astronomie , autant que ces sciences sont utiles communément : car ceux que leur génie y porte, s'y peuvent adonner aprés les années d'exercices finies.

On leur apprend particulierement l'Arithméti-que , les fortifications , les principes des Méchani-ques, l'usage de la Boussole , & tout ce qui con-cerne la Marine.

On employe l'heure suivante aux grands exer-cices des armes. Ils font collation ; & puis on leur explique l'Anatomie , les Cartes, les causes de la nourriture, du mouvement , & de tout ce qui se fait en eux par le corps, qu'on leur fait distinguer de l'a-me, d'une maniere d'autant plus aisée , qu'on ne se sert que de termes communs , & que des lumieres que chacun a naturellement de ces deux choses. On leur explique aussi l'accroissement des plantes , les divers effets des figures & du mouvement , & gene-ralement toutes les choses qui concernent la science naturelle.

Vers la fin du second exercice, on leur fait faire en ces mêmes heures un cours de Chymie. Aprés quoy, ils apprennent les loix , s'ils ne les sçavent pas bien encore, ou autres choses , suivant leur gé-nie. Enfin , ils soupent: ils vont aux galeries ou aux jardins, d'où ils se retirent, pour faire reflexion sur ce qu'ils ont fait le jour, & sur ce qu'ils ont appris de nouveau ; & se couchent comme les autres.

POUR LES JEUNES HOMMES DEPUIS
quinze ans jusqu'à vingt.

ILs se lévent à quatre heures : ils étudient le latin dans les meilleurs Auteurs ; & ceux qui ont
du génie pour les autres langues, les étudient jusqu'à
sept heures. On employe l'heure qui suit, à la lecture de l'Histoire ; & depuis huit heures jusqu'à dix,
on les exerce à l'éloquence, en les faisant parler sur
divers sujets, & sur tous les differens qui sont à de-
cider entr'eux, sur lesquels ils plaident devant d'autres qui jugent. Par les plaidoieries, on connoît
s'ils sont propres à instruire, & à émouvoir ; & dans
les délibérations, on connoît le fort & le foible de
leurs raisonnemens. On dit à chacun ce qu'il faut
qu'il pratique, pour rendre sa prononciation plus
nette, plus forte, plus agréable, ou plus hardie ; ce
qu'il faut faire pour fléchir la voix, pour rendre les
mouvemens du corps plus souples & plus reglez. On
leur apprend la proprieté des termes, l'arrangement
des choses ; ce qui se doit dire avec chaleur, ou sans
mouvement : sur tout, on tâche de leur inspirer l'a-
mour de verité, le mépris du gain, & de la fausse
gloire ; & on les avertit souvent que le vray bien,
même de ce monde, consiste en l'innocence, & en
l'intention de n'employer tous les talens que l'on
acquiert, ou qu'on a de la naissance, & sur tout celuy de la parole, qu'à faire justice, ou à procurer
qu'elle se fasse.

Aprés cela , on les fait monter à cheval , courir
& luiter. On les fait fouvent nager tous vêtus, &
quelquefois tous armez : car nous eftimons qu'il eft
inutile de fçavoir nager, fi ce n'eft pour fe fauver en tout état , & pour paffer facilement des
rivieres, dont la profondeur fait croire aux ennemis ,
qu'ils font en fûreté.

Dés qu'ils ont dîné , ils vont dans les jardins ,
dans les galeries, & dans les endroits où l'on labou-
re , pour entendre parler des plantes, des arbres, des
fleurs, des manieres de labourer & de cultiver ; des
faifons qui y font propres, & generalement de tout
ce qui concerne les jardins , le labour , & le pâturage. Ou bien, ils vont dans les écuries, & entendent parler des chevaux, de leurs maladies, & des
remedes qui s'y peuvent appliquer : ils apprennent
à les brider, à les feller, & toutes les chofes qu'un
bon Cavalier doit fçavoir.

A deux heures, on leur fait une leçon de l'éloquence, & de fes caufes. Ils s'exercent enfuite aux
armes , foit à pied , foit à cheval , & quelquefois
fur l'eau.

Aprés cet exercice , on leur fait une leçon de
morale, qui confifte principalement à leur faire connoître l'ame & fes paffions ; le profit qu'on en peut
tirer, par le bon ufage qu'on en peut faire ; les maux
qu'elles caufent, quand elles font les maîtreffes ; &
enfin comment il les faut gouverner en foy-même ,
& dans les autres.

Dés que cette leçon eft achevée , ils retournent

aux jardins, aux galeries, aux écuries , aux labora-
toires, & par tout où leur génie les mene.

Ils reviennent pour souper , & retournent encore
à la promenade, ou aux galeries.

Enfin , ils se retirent pour faire reflexion sur ce
qu'ils ont fait le jour, & sur ce qu'ils ont appris de
nouveau, finissant la journée comme les autres.

Il est bon que vous sçachiez que les plus habiles
artisans de l'Académie donnent aux ouvriers, qui
travaillent pour les bourgeois, deux heures par jour,
dans lesquelles ils leur apprennent la raison des choses qu'ils font tous les jours , & les redressent souvent
dans leurs mauvaises pratiques.

De même, les jardiniers & les laboureurs de l'A-
cadémie, instruisent les jardiniers & les laboureurs
des particuliers ; & ces instructions se donnent aux
heures que les enfans de l'Académie ne font, ni
dans les jardins, ni dans les galeries.

Les jours de Fêtes , on fait le matin des actions
publiques sur des sujets que le Magistrat envoye :
tous les habitans , même les femmes de la ville, y
assistent.

L'aprésdînée , on fait des courses , & des combats
dans les lices, ou sur l'eau ; & quand il n'y a point
de fêtes dans la semaine, on fait ces exercices publics le Jeudy.

Je pense vous en avoir assez dit, pour vous faire
concevoir que les jeunes hommes qui sortent de
cette Académie , font d'honnêtes gens, & de bons
citoyens. Ils sçavent la Religion , & la loy de leurs
païs

païs. Ils se connoissent eux-mêmes : ils sçavent, autant que cela est necessaire, comment est faite la terre qu'ils habitent, & comment est fait le reste du monde, du moins selon qu'il nous paroît. Enfin, ils sont capables de se gouverner eux-mêmes, de conduire leurs familles, & même de servir l'Etat, quand ils y sont appellez. Et vous voyez que, comme ces Académies sont établies depuis long-temps, il ne doit y avoir parmi nous, que d'honnêtes bourgeois. Aussi vous puis-je dire que tous les Etrangers, qui entrent dans l'Etat reformé, sans sçavoir comment tout le monde y est instruit, s'imaginent toûjours que le premier habitant qu'ils rencontrent, est le plus honnête homme du païs. Comme il est difficile d'en entretenir aucun des choses ordinaires, qu'il ne les sçache tres-bien, & qu'il en sçait beaucoup que l'on ignore communément ailleurs, ceux qui l'en entendent parler, ne sçachant pas d'où cela vient, le regardent comme un prodige. Mais, quand on a un peu demeuré parmi nous, & qu'on a connu plusieurs de nos citoyens, on voit qu'ils sont tous sçavans en tout ce que les hommes doivent sçavoir. Et ce qu'il y a de plus agréable, c'est qu'ils sont si accoûtumez à la science, qu'ils ne s'apperçoivent point qu'ils en ayent, quand ils ne voyent pas les étrangers. Mais quand il leur arrive d'en recevoir chez eux, ou de faire voyage, c'est alors que par la difference qu'il y a d'eux aux autres hommes, ils sentent ce que peut l'éducation, & l'obligation qu'ils ont à leur sage Réformateur.

Je suis fort trompé, si la longueur de mon recit
ne vous a fatiguez. J'ay dit pourtant le moins de
choses inutiles, qu'il m'a été possible ; & peut-être
que, si j'eusse voulu retrancher de mon discours, j'aurois eu peine à vous faire comprendre la disposition
generale de l'Etat reformé.

Pendant que je croyois entendre tout cecy, il m'a
semblé que le temps se couvroit, & que justement
comme l'Ambassadeur finissoit, la pluye est tombée
si abondamment, que je ne pouvois pas me tirer
du lieu où j'étois.

En cet état, j'ay perdu de vûe M. Conrart, & les
douze Ambassadeurs : & aprés d'autres peines, que
je ne pourrois expliquer, j'ay crû vous avoir rencontré, lisant un rouleau de parchemin gâté en plusieurs
endroits, & que vous me disiez : C'est grand dom-
mage, les douze Ambassadeurs qui viennent de par-
tir, m'ont dit que le torrent des eaux qui sont tom-
bées tout à coup en ces lieux, avoient emporté avec
une partie de leurs hardes, plusieurs rouleaux où
leurs loix sont écrites ; & je viens de trouver autour
d'un arbre celui-cy, qui nous apprendroit de belles
choses, s'il étoit entier, mais par malheur il n'y a
qu'une partie des loix de l'Etat reformé.

Admirez, je vous prie, jusqu'où va la force de
l'imagination ! & combien ce songe est suivi ! Monsieur Conrart s'est retrouvé : nous sommes re-
montez dans son carrosse ; nous y avons lû vingt-
deux loix, qui comprennent toute la conduite des
familles, & trente - deux autres pour la punition

des crimes. Il m'a femblé même qu'aprés les avoir
lûës, Monfieur Conrart nous difoit ; Que j'ay de
regret, Meffieurs , de ne pouvoir entrer dans cette
heureufe terre ! Et que je vous exhorte de bon cœur,
vous qui le pouvez , d'y aller apprendre les autres
loix qui nous manquent. Il y auroit veritablement
de la difficulté à introduire dans des Royaumes fort
corrompus, un ordre auffi grand & auffi merveilleux,
que celuy de l'Etat reformé : mais enfin , cela n'eft
pas impoffible.

Un jeune Prince dont l'efprit eft grand , dont la
volonté eft droite, & dont les refolutions font fer-
mes; en un mot, un Prince comme le nôtre, peut aifément faire obferver toutes ces chofes ; & tout de
bon, il me paroît qu'il s'y prend comme il faut. Sa
naiffance, & les fuites de fa vie font auffi pleines de
merveilles, & le font reffembler parfaitement au
Heros de l'Etat reformé. Il a fait la paix auffi jeune:
il ufe de fon repos encore plus glorieufement, qu'il
n'a fait de fes armes ; il a déja corrigé des abus qu'on
croyoit fans remede ; il fait des loix, & il n'a pas
encore trente ans.

Je penfe méme qu'avant cet âge, il aura fait d'auffi
grandes chofes pour nous,& felon nos manieres, que
celuy dont la memoire eft en fi grande benediction
dans l'Etat reformé. Je voy d'ailleurs, qu'il fait élever
Monfeigneur le Dauphin, d'une maniere à nous faire
tout efperer. Vous en pouvez bien préfumer par ce que
tout le monde publie du cœur & de l'efprit de
Monfieur le Duc de Montaufier. Mais , comme dans

la bonté particuliere, qu'il a toûjours euë pour moy,
il m'a découvert une grande partie de ses penſées,
je vous puis aſſûrer, qu'il ne laiſſera point prendre
de fauſſes idées au jeune Prince, dont il luy a confié
la conduite. Il a toute la force qu'il faut pour reſiſter
à ce torrent, qui emporte la plûpart du monde, &
ſur tout les jeunes Princes, à ſuivre plûtôt une mauvaiſe coûtume, que la raiſon ; & ſi quelqu'un peut
trouver de grands moyens pour rendre la France heureuſe, par l'éducation de toutes les perſonnes qui la
doivent ſoûtenir un jour, c'eſt de luy ſans doute,
qu'on doit attendre ce ſecours.

J'étois rempli de ces penſées, lorſque, ſuivant la
la coûtume, que j'ay de refléchir ſur tout ce qui
me vient en l'eſprit, il m'a ſemblé fort étrange, & même impoſſible qu'il fût né en divers
temps deux Heros ſi ſemblables en tant de
choſes ſi extraordinaires, que le Roy, & le Prince dont je croyois avoir oüi raconter de ſi grandes
merveilles.

Cette reflexion a commencé à me faire ſoupçonner,
que je rêvois ; & puis m'appercevant que je ne ſçavois
pas même l'endroit du monde, où étoit ſcitué l'Etat
reformé, & que cet Ambaſſadeur qui devoit être d'un
païs fort éloigné du mien, ne parloit pas neanmoins
une autre langue que la mienne ; j'ay reconnu, voyant
que tout cela n'avoit aucune liaiſon avec le reſte de ma
vie, que j'avois fait un ſonge, & non pas un voyage.
Et, comme on ne fait en dormant, des reflexions de
la nature de celle-là, que lorſque le ſommeil étant

prés de sa fin, n'est plus si pesant, je me suis incontinent éveillé. Si-tôt que j'ay pû être en état, j'ay écrit
avec toute la vîtesse, dont je suis capable, les loix que
je croyois avoir lûës avec vous, de peur de les oublier.
Et voyant avec combien de facilité je m'en étois sou-
venu , j'ay fait dessein de vous en écrire tout le
songe.

Nous examinerons ensemble, comment on peut
imaginer pendant le sommeil, tant de choses en si peu
de momens ; comment elles se peuvent suivre avec
tant d'ordre ; & d'où vient qu'il faut ensuite tant de
temps pour les mettre sur le papier. Si certaines gens
sçavoient que j'en eusse tant perdu à écrire une vision-
naire (car si jamais lettre a merité ce nom, c'est celle-cy) ils me blâmeroient.

Pour vous, Monsieur, je sçay que vous en aurez
d'autres pensées, & que plusieurs endroits de mon
songe, vous feront faire d'utiles reflexions. Quand
ma lettre ne serviroit qu'à vous divertir, je ne tien-
drois pas mes peines perduës ; & j'en serois trop payé,
si elle avoit fait rire Monsieur Conrart.

DES MOYENS
DE RENDRE
UN ÉTAT HEUREUX.

IL faut toûjo urs avoir en vûë ce qu'il y a de plus parfait ; & bien qu'on ne doive pas esperer d'y parvenir, il faut au moins y tendre, si l'on veut suivre le plus droit chemin.

I. De là il suit que, si l'on veut trouver les moyens les plus seûrs pour regler un Etat, il faut considerer d'abord ce qui le peut rendre parfaitement heureux.

I I. Ensuite, il faut considerer entre toutes les choses, qu'on voit être necessaires au bonheur parfait de cet Etat, celles qu'il a déja, & celles qui luy manquent.

I I I. Et enfin se servir de celles qu'il a, pour luy procurer, autant qu'on le peut, celles qu'il n'a pas.

Un Etat est à plusieurs villes, ce qu'une ville est à plusieurs familles, & ce qu'une famille est à chacune des personnes qui la composent. Si bien que, pour voir jufques dans le principe, ce qui peut rendre un Etat parfaitement heureux, il faut voir ce qui rend une famille heureufe.

Une famille fe peut prendre de deux manieres; ou comme elle devroit être dans le pur état de la nature; ou comme elle peut être, quand il y a du mélange. J'appelle état naturel de la famille, celuy où elle eft, quand elle n'eft compofée que de celuy qui en eft le chef, & deceux qui font defcendûs de luy. Et je dis qu'il y a du mélange, lorfque d'autres perfonnes y font admifes, ou par hofpitalité, ou pour y rendre fervice.

Dans le premier état, une famille eft heureufe, lors qu'il s'y trouve quatre chofes. La premiere, quand la puiffance n'y eft pas divifée, & que tous les defcendans de celuy qui en eft le chef, luy font parfaitement foûmis. La feconde, lors que chaque particulier de la famille traite les autres particuliers, comme il veut en être traité, & qu'il aime beaucoup plus la commodité de toute la famille, que la fienne. La troifiéme, lors que le chef eft bien perfuadé qu'il n'eft puiffant fur fa famille, que pour la rendre parfaitement heureufe, & non pas pour en faire tout ce qu'il luy plaît. La quatriéme, lors que pour regle de fa conduite, il n'a que l'Evangile, & qu'il le fait garder exactement.

Dans le fecond état, la famille eft heureufe. Premierement, lors qu'on y traite les étrangers ou les voifins, comme on voudroit en être traité : en un mot, quand on leur témoigne autant d'a-

mitié, que s'ils étoient de la Famille. Secondement, lors qu'on traite les ferviteurs, comme ayant
compaffion de leur état, & comme on voudroit
être traité dans une femblable fervitude. En troifiéme lieu, lors que les ferviteurs ont une entiere foû-
miffion au chef, & un grand refpect pour tous ceux
de la famille.

Dans ces deux états, tandis que tout va de la forte, la famille eft heureufe : le chef n'a pas même
befoin de fe fervir de fa puiffance. Mais, comme il
n'y a point d'homme parfait, & qu'il manque toûjours quelque chofe à chacune des perfonnes qui
la compofent, il faut que chaque particulier veille
toûjours fur foy-même pour fe corriger, & que le
chef, outre cette exactitude à veiller fur foy-même, veille fans ceffe fur les autres.

Tellement que le chef doit avoir de grandes
qualitez naturelles, & pratiquer continuellement
toutes les vertus. Mais celles qui luy font le plus
neceffaires, font

Le difcernement, pour connoître à quoy chaque
perfonne de la famille doit être employée, & comment elle peut être conduite.

La prévoyance, pour prévenir les troubles.

La juftice, pour regler les differends, & pour
pour punir le mal.

La douceur, pour fupporter les défauts.

Le bon ménage, pour conferver les biens.

Et l'adreffe, pour en acquerir par les voyes le-
gitimes.

Il

Il ne peut exercer ces chofes, s'il n'a puiffance fur tous les particuliers; & fi la famille eft fort grande, il faut que, fans diminuer cette puiffance, il la communique felon certaines limites, & avec fubordination. Il pourra, par exemple, choifir entre fes enfans ceux qui auront le plus de talent pour la culture des terres, & les pâturages; leur donner un certain nombre fuffifant de ferviteurs; & mettre encore entre fes enfans ou fes ferviteurs, certains degrez de fubordination, qu'il reglera par l'âge & la fuffifance.

Il en employera d'autres au commerce; d'autres à faire les affaires du dedans; d'autres à celles du dehors; d'autres, à manier les deniers, que le pâturage, le labeur, & le commerce produifent; d'autres à inftruire les jeunes aux chofes, aufquelles ils font propres, & fur toutes à la Religion; d'autres à regler les differends, qui arrivent entre les enfans ou les ferviteurs, par querelles ou par interêt; & d'autres, à défendre les biens, & les perfonnes de la famille. Mais il doit être fort foigneux d'examiner la conduite de ceux à qui il commet celle des autres, en fe faifant rendre compte de l'état des terres, & du pâturage, du commerce, des affaires du dedans, & du dehors; de la recepte, & de l'employ de l'argent; de l'inftruction des jeunes gens; de la juftice qu'on rend dans la famille, & de la bonne garde qu'on y fait. Il doit même fouvent écouter les plaintes qu'on luy fait contre ceux, qui ont les principales adminiftrations.

Si plusieurs familles semblables se joignant, viennent à composer une ville, chaque chef de famille retenant la puissance dans sa famille, sera soûmis à celuy qui aura le gouvernement de toute la ville ; & chaque famille devenant alors, à l'égard de la ville, ce que chaque particulier est à l'égard de la famille, il faudra que chacune contribuë à maintenir la ville, & qu'il y ait des Juges, des soldats, des biens, & des écoles pour le public. Tout cela sera soûmis au Gouverneur, qui examinera la gestion des principaux, comme chaque chef de famille examine celle des administrateurs de sa famille. Mais, comme chaque particulier de famille deviendra sujet à la puissance publique de la ville, il aura deux sortes de devoirs : la premiere regardera les devoirs de la famille ; la seconde, ceux des citoyens. Et, comme chaque famille doit plus à la ville qu'à soy-même, chaque particulier doit plus aussi à la ville, qu'à sa famille.

Enfin, si plusieurs villes se joignant, viennent à composer un Etat ou Royaume, chaque Gouverneur sera soûmis à celuy qui aura la conduite de tout le Royaume : & il faudra que chaque ville contribuë à maintenir cette puissance royale, qui sera absoluë pour faire garder les loix, pour faire la guerre, pour ordonner les levées, &c.

Chaque ville doit plus au salut du Royaume, qu'à soy-même. Et ainsi chaque particulier du Royaume a trois devoirs. Ceux de la famille, qui sont préferables à sa commodité particuliere ; ceux de la

cité, qui font préferables à ceux de famille ; & ceux
du Royaume, qui font préferables à tous les autres.

Celuy qui, à caufe du gouvernement de tout le Le Roy.
Royaume, portera le nom de *Roy*, fe regardera comme obligé à remplir differens devoirs. Premierement,
celuy de particulier, c'eft-à-dire, d'homme qui,
comme tous les autres, doit plus au Royaume qu'à
foi-même. Celuy de chef de famille, qu'il doit
moins confiderer, que le falut du Royaume. Et
celuy de Roy, qui l'oblige à faire tout ce qui dépend de luy, pour rendre le Royaume heureux.

Pour cela, il doit prendre garde à deux chofes Ses Mœurs;
principalement. La premiere, à donner toûjours
bon exemple, en ce qui regarde fa vie particuliere,
& le regime de fa famille : car de là dépend la bonne vie de tous ceux qui font foûmis à fa conduite,
& le bon regime de leurs familles ; joint qu'à peine
ofera-t'il punir le mal dans les autres, s'il le commet
luy-même.

La deuxiéme, de ne faire aucune dépenfe pour L'ufage de
luy-même, ou pour fa famille, ou pour les chofes fes biens.
qui regardent fa dignité, que fur le bien domanial
de fa Couronne.

Quant aux biens des villes, & des particuliers, il
en eft le maître abfolu, non pour en faire ce qu'il
luy plaît, mais pour en faire tout ce qui eft utile, ou
neceffaire au bien du Royaume. Et, bien qu'on doive
aveuglément luy en laiffer la difpofition, il ne doit
en ufer que pour la commodité, l'utilité, ou la neceffité publique. De même, il eft maître des parti-

culiers, c'eſt à dire, qu'il les peut employer à tout ce
qu'il luy plaît, & même les envoyer à la guerre. Mais il
ne les doit expoſer, que quand il s'agit du bien de l'Etat.

Il peut auſſi faire des loix, des levées, des guerres & des traitez.

Il ne peut neanmoins aliéner ſa Couronne.

JUSTICE.

IL peut faire de nouvelles loix : mais, comme il
ne pourroit aliéner ſa couronne, c'eſt à dire,
ſoûmettre le royaume à la puiſſance d'un autre, ſans
le conſentement de tous les ordres du royaume ; il
n'en peut auſſi changer l'ancien droit, ſi tous
les ordres ne le veulent conjointement avec
luy.

Il doit la juſtice au public & aux particuliers,
par luy immediatement, ou par les Juges qu'il prépoſe.

Ces Juges ne ſe peuvent diſpenſer de garder les loix ;
& le principal ſoin du Roy eſt de ſçavoir ſi la Juſtice eſt bien adminiſtrée, en écoutant ſérieuſement
les plaintes de tout le monde, & en faiſant ſevere-
ment punir, ou le Juge qui a malverſé, ou celuy qui
s'en eſt plaint mal à propos. Il doit prendre garde de
ne faire pas toûjours examiner ces plaintes par les
mêmes perſonnes, de peur qu'elles ne s'entendent,
pour le tromper.

Il eſt bon que des perſonnes choiſies, aillent tous
les ans dans les Provinces, pour oüir les plaintes :
mais il ne faut pas que le même aille deux années de

suite dans la même province, ni qu'il y mene sa famille ; & il faut qu'on écoute les plaintes qu'on feroit contre luy, s'il avoit mal-versé.

Le Roy doit toûjours entendre par luy-même
le rapport de ceux qu'il envoye dans les Provinces,
& les plaintes qu'on fait contre eux.

FINANCES.

IL a son revenu pour sa famille.

Le domaine de la Couronne, pour soûtenir
l'éclat de sa dignité.

Les levées, pour soûtenir les dépenses ordinaires,
comme de payer ceux qui servent à rendre la justice,
qui doit être gratuitement faite aux particuliers, &
les soldats des garnisons, ou les troupes qu'on doit
toûjours tenir prêtes pour les occasions pressantes ;
d'entretenir les ponts, les chaussées, &c.

Et les dépenses extraordinaires, comme les guerres, les travaux publics, &c.

Il faut qu'il y ait toûjours un grand fonds tout
prêt, parce que les occasions peuvent être pressantes, & qu'il y va souvent du salut de l'Etat : joint
que quand on fait des levées à la hâte, on ne le peut
jamais faire avec cette justice, qui veut qu'on
épargne les foibles, & que d'ailleurs on use de se-
veres contraintes, qui font souvent plus de tort aux
Provinces, que la levée même.

Il faut que les levées se fassent sur les particuliers,
par les personnes que le peuple même élit, & que

les Officiers, que le Roy prépose dans les villes, les reçoivent des élûs, pour les porter aux Receveurs generaux des Provinces, & de là au trefor.

Il faut que les Envoyez dans les Provinces, écoutent les plaintes contre les Receveurs, & celles des Receveurs contre les élûs ; & que le Roy soit exact à entendre le rappport des Envoyez; qu'il fasse compter tous les ans le Gardedu Trefor, & que les Envoyez fassent compter les Receveurs tous les ans.

Il faut punir de mort tout vol de finance, & toute exaction.

GUERRE.

LE Roy la doit faire justement ; & dés qu'il la fait, les peuples la doivent croire juste.

Une guerre ne peut être juste, que quand l'interêt qui l'a fait entreprendre, est important à l'Etat; quand les ennemis doivent y satisfaire; quand on ne peut les y obliger autrement, que par les armes ; quand on voit qu'ils se préparent à entrer dans le royaume;qu'ils font des ligues, & qu'ils se feront trop forts,si on ne les prévient; qu'ils ont enfraint les traitez &c.

Les soldats doivent être bien payez & suffisamment, pour ne point être obligez à faire des desordres, qui ruinent plus une Province en un mois, que si on faisoit sur elle dix fois plus de levée; & que les soldats ne tirent de profit de leurs violences.

Il faut punir de mort ces exactions.

Il faut que les soldats campent toûjours, & qu'ils s'accoûtument à porter ce qu'il faut pour camper, fur tout dans le royaume, pour ne pas incommoder les villes.

PAIX.

LE Roy peut faire la paix : mais il la doit inviolablement garder, aprés l'avoir jurée.

S'IL EST PLUS RAISONNABLE
de partager le Royaume entre les freres, que de le laisser à l'un d'eux.

I.
LEs freres étant nez d'un même pere, doivent avoir mêmes droits à la succession.

I.
IL ne faut pas regarder en matiere d'Etat, ce qui est le plus convenable aux enfans d'un même Roy, mais ce qui est convenable au royaume.

II.
Il n'y a rien de si injuste, que de rendre des fils de Souverain, sujets de leur frere.

II
En ce cas, les freres ne deviennent pas sujets : ils l'étoient de leur pere ? & l'un d'eux cesse de l'être.

III.
Une Puissance balancée, n'est pas si sujette à se tourner en tyrannie.

III.
Il vaut mieux souffrir d'un seul, que de plusieurs.

SUPPOSE' QU'IL N'EN FALUT QU'UN pour commander à tous, n'est-il pas mieux de choisir le plus capable des freres, que l'aîné, supposé qu'il ne soit pas le plus capable?

I.

S'Il faut se soûmettre, on se doit soûmettre au plus raisonnable , & non au plus vieil.

I.

LE plus vieil doit être le plus raisonnable; & si cela n'est pas, on le doit regarder comme celuy à qui Dieu donne le premier un droit, qui ne peut dépendre de l'élection des hommes, sans les exposer à mille guerres.

SUPPOSE' QU'IL FAILLE, POUR E'VITER les guerres, se soûmettre à l'aîné, faut-il qu'il soit tout-puissant?

I.

ON ne peut manquer d'être malheureux sous un Prince tout-puissant, s'il arrive qu'il soit ou méchant, ou insensé qu'il pourra empêcher , pourra rien, deviendront

I.

ON ne sçauroit manquer d'être mal-heureux sous un Prince , fût-il tout bon & tout sage, quand il n'est pas tout-puissant. Il empêchera bien les maux mais ceux ausquels il ne extrêmes.

I I.

On n'a jamais été si malheureux, que sous les ty-

I I.

Quand un Prince voit que rien ne luy resiste, il ne fait

rans,

rans, parce qu'ils ne vou- plus de fi grands maux ; &
loient pas que rien leur re- les plus grands qu'on faſſe,
ſiſtât. ſont ceux qu'on fait pour
regner.

TOUT CELA EST VRAY.

Par les exemples , & par les raiſons.

I

Augufte , ce qu'il a fait   Il faut toûjours éta-
pour regner.   blir la Royauté ſur des
Ce qu'il a fait étant éta-   raiſons generales ; & le
bli.   bien public veut que,
ſans conſiderer ce qui
eſt , on ſuive ce qui doit être.

II.

L'aîné n'eſt pas toûjours le plus ſage : mais il le
doit être ; & c'eſt toûjours luy qui étant né le premier , a eu le premier droit à l'Empire.

III.

Si l'on donnoit au plus ſage, le plus fol ſouvent
le pretendroit être : cela feroit une guerre civile ;
& c'eſt le plus grand mal d'un Etat. Au lieu que
déferant à l'aîné , on n'a plus à conteſter.

IV.

Si l'on partageoit , la puiſſance s'affoibliroit ;
& outre que les freres ſe font la guerre , chacun
d'eux eſt plus foible contre l'étranger , & contre
ceux des ſujets qui ſe veulent revolter.

V.

Si le Prince n'eſt tout-puiſſant ſur ſes ſujets, ils

font des refiftances qui caufent des guerres.

V I.

Si le tout puiffant eft tres-méchant, il ne fe peut emporter qu'à des débauches , & à quelques cruautez contre des particuliers : mais jamais il n'a la penfée de détruire tout l'Etat.

MAXIMES
TIRE'ES
DE L'HISTOIRE.

I

Un Prince doit toûjours respecter la memoire
de son Pere, la bien-seance le veut, &
souvent l'interêt.

Hilippes Roy d'Espagne, aprés avoir
fait brûler le phantôme de Constance
Ponce, Confesseur de Charles-Quint
son pere, voulut aussi faire faire le procés à la memoire de ce Prince pour
heresie. Mais on luy representa qu'il n'auroit aucun droit à la Couronne, s'il se trouvoit que son
pere fût mort hérétique ; & qu'en ce cas, la

refignation qu'il luy avoit fait de fes Etats , feroit nulle : cela feul l'empécha de faire condamner la memoire de fon pere.

II

C'eft une faute que de prendre pour sûreté, la parole d'une d'une perfonne , qui n'eft pas maître de la tenir.

En mil cinq cens foixante, Caftelnau, & les autres conjurez contre les Guifes, furent affiegez dans Nozé, par Jacques de Savoye Duc de Nemours , qui ne pouvant les avoir de force, les en tira par belles promeffes, leur difant qu'il les meneroit au Roy même , & qu'ils ne feroient point mis prifonniers. Ils devoient prendre garde que François II. ne fuivant que les mouvemens des Guifes , ne tiendroit jamais cette promeffe. En effet, dés que Caftelnau, & fes compagnons furent arrivez , les Guifes les firent emprifonner ; & le Duc de Nemours crut en être quitte, en difant, *je n'y puis rien.* Il ne devoit donc pas promettre.

Cet exemple fait voir auffi , que tout eft expofé, quand un Prince a la foibleffe de fe laiffer gouverner en tout.

III.

Un Prince, quelque jeune , & quelque mal-habile qu'il foit, obtient toûjours quelque titre honorable, quand il eft de bonnes mœurs.

François II. s'il n'eut de grande vertus , merita au moins d'être appellé *le Roy fans vice.*

IV.

Il est difficile d'user de beaucoup d'artifices, lors qu'on gouverne, sans être soupçonné de bien des crimes, que souvent on ne commet pas.

Catherine, mere de François II. avoit tant employé d'artifices, pour se maintenir dans le gouvernement contre les Guises, & les Princes de France, en favorisant toûjours le parti le plus foible, pour le mettre en état de balancer l'autre; que la plûpart, voyant les Guises au dessus de tout, si le Prince de Condé eût été décapité, & que cette éxecution avoit été empêchée par la mort subite de François II.; crûrent que Catherine avoit avancé la mort du Roy, pour sauver le Prince de Condé; & qu'elle n'avoit sauvé ce Prince, que pour balancer le crédit des Guises.

V.

Les Princes croyent trop legerement ceux qui s'empressent autour d'eux, pendant qu'ils regnent; & s'ils regardoient ce qui est toûjours arrivé après la mort de leurs semblables, ils ne croiroient pas si legerement toutes les protestations, qu'on leur fait pendant qu'ils vivent.

De tant de grands Seigneurs, qui étoient à la Cour de François II. quand il mourut, il n'y eut que Sausac, & la Brosse qui avoient été ses gouverneurs; & l'Evêque de Senlis, qui prissent soin de ses funerailles. Jamais les Guises, eux qui avoient fait sonner si haut leur zele pour le service de ce Prince, & qui étoient redevables de tant de biens à sa bonté, ne songerent à luy rendre ces derniers devoirs. Cela leur fut reproché; & l'on trouva sur le poëlle, qui couvroit le corps du Roy, un billet, avec ces mots ; *Tanneguy du Castel, où es-tu?* Ce Tanneguy est celuy, qui revint pour faire les funerailles de Charles VII. son bien-faicteur, sans craindre le ressentiment de Louis XI.

VI.

Il n'y a point de maux, que ne cause l'ambition d'une personne, qui veut toûjours gouverner, parce qu'elle a commencé à gouverner.

Catherine se servoit tantôt du parti hugenot, & tantôt du parti Catholique, ne favorisant l'un & l'autre, qu'autant que les Chefs luy sembloient utiles à son dessein. Cependant les choses vinrent à tel point, qu'ayant servi à fortifier peu à peu tous les deux, ils furent en état d'éclater, & se rendirent maîtres de tant de places, que partageant toute la France, elle se vit presque en état de n'avoir aucune retraite sûre ni pour son fils, ni pour elle. En d'autres occasions, elle ne voulut jamais consentir à terminer les differens, par la prise Prince de Condé. Is 'étoit rendu legerement dans un endroit, où elle étoit en puissance de l'arrêter : cependant elle le laissa aller. Et, aprés la prise de Bourges par le Roy, & le Duc de Guise, on n'avoit qu'à enveloper le Prince dans Orleans : mais elle n'y voulut jamais consentir, & fit resoudre qu'on iroit à Roüen.

VII.

On ne doit pas croire qu'on soit fort aimé, pour avoir une grosse Cour dans la prosperité.

Lors qu'on donna la bataille de Dreux, les huguenots eurent d'abord tant d'avantage, que plusieurs des Catholiques croyant leur parti défait, en apporterent la nouvelle jusqu'à Paris ; & dés ce moment la Duchesse de Guise qui avoit une grosse Cour, se vit abandonnée de tout le monde. Comment ceux qui l'avoient si-tôt abandonnée, pûrent-ils se montrer à elle le lendemain, qu'on apprit que les Catheques avoient gagné la bataille ?

VIII.

Avec la resolution qu'il faut avoir, lors qu'on veut se maintenir entre deux partis puissans, il faut avoir bien de la souplesse dans les changemens ; & souvent cette souplesse est un grand mal.

Quand la fausse nouvelle de la défaite des Catholiques vint à Paris, la Reine Catherine, sans s'émouvoir, dit à ceux qui se trouvérent presens, quand elle la reçût, *Hé bien, il faudra donc prier Dieu en François !* & se mit à carresser les amis du Prince, & des nouvelles opinions. Le lendemain sçachant la verité, elle fit faire des feux de joye, & envoya (àregret, disoit-on, mais pourtant de la meilleure grace du monde) le commandement de l'armée au Duc de Guise.

IX.

Le zele qui porte à mal faire, ne peut venir que d'un
fausse Religion.

Ce que fit Poltrot de Meré, lors qu'il tua le Duc
de Guise, pour sauver le parti huguenot, le montre bien. Le Duc avoit pardonné à un autre, qu'un
semblable zele avoit porté à un pareil attentat; & ce
Prince voulut, en luy pardonnant, montrer la difference qu'il y avoit entre sa Religion, & celle de ce
huguenot.

X.

Il y a de l'injustice à faire de mauvais jugemens sur des
apparences, pour fortes qu'elles soient.

On avoit crû que le Duc de Guise étoit cause du
désordre de Vassy ; & il y avoit quelques apparences, qui sembloient favoriser cette croyance. Cependant, ce Prince assûra en mourant, que cela
n'étoit point ; & ce qui fait croire qu'il disoit la verité,
c'est qu'il mouroit si chrétiénnement, que pour empêcher qu'on ne vengeât sa mort, il conseilloit la
paix avec l'Admiral, qu'on soupçonnoit d'avoir été
l'auteur de sa mort.

XI.

Il faut, tout au plus, quand une extrême necessité le veut,
tolerer l'exercice d'une fausse Religion : mais il ne faut,
pour quoy que ce soit, accorder des privileges, ou des exem-
ptions à ceux qui la professent.

Aussi, lors qu'on fut contraint de tolérer la Religion prétenduë reformée en France, ne voulut-on
jamais souffrir que les Prétendus Reformez fussent

sent exempts de dixmes. Si cela eût été, la pluspart
des gens de la campagne se fussent mis de leur parti,
pour épargner la dixiéme partie de leur revenu.

XII.

Il ne suffit pas de preparer du secours à des assiegez , mais il
faut leur faire sçavoir par des voyes promptes , qu'on leur
en a preparé, afin qu'ils ne se découragent pas , avant que le
secours soit arrivé.

Elizabeth Reine d'Angleterre, qui avoit surpris
le Havre , & qui sçut que le Roy de France l'as-
siégeoit, se contenta de faire preparer une flotte
de soixante gros vaisseaux, & d'en envoyer les nouvelles par dix-huit cens hommes, qui ne pûrent
arriver à la vûë du Havre, que le lendemain de la
composition, qu'en avoit fait l'Admiral d'Angleterre. Si on luy eût envoyé quelques barques, dés qu'on
prit le dessein de le secourir , il n'auroit pas rendu
cette place.

XIII.

Il ne faut jamais se fier aux traitez qu'on fait, à condition
de rendre des places quelque temps aprés, parce qu'on trou-
ve toûjours de quoy les éluder, & que ce qu'on a accordé
pour y parvenir, est autant de perdu.

Ainsi, Henry II. promit par le traité de mil cinq
cens cinquante-neuf, fait avec l'Angleterre, de rendre Calais dans huit ans. On s'en mocqua sous Charles IX. & l'on prétendit que les Anglois avoient fait
des entreprises sur les François contre la foy du traité,
par lequel on avoit promis de ne rien entreprendre,
de part ni d'autre.

Ddd

XIV.

Il est dangereux de permettre aux Seigneurs particuliers d'être armez.

Le Cardinal de Lorraine avoit obtenu de Charles IX. permiſſion d'avoir des gardes, dans un temps où il étoit défendu à tous les particuliers d'aller armez. Le Maréchal de Montmorency Gouverneur de Paris, ne le put ſouffrir; & luy ayant fait dire, de faire mettre à ſes gardes les armes bas, ſans qu'il voulût déferer à cet ordre, le chargea en paſſant dans la rüe S. Denis : ce qui penſa ſoûlever tout Paris, & renouveller la guerre.

XV.

Il n'y a rien de plus propre à cacher les grands deſſeins, que d'en faire le projet dans des occaſions, où il ſemble qu'on ne penſe qu'à ſe divertir.

Catherine fit croire à tout le monde, qu'elle n'avoit fait le voyage de Bayonne, que pour voir Iſabelle ſa fille ; & l'on crut par tant de bals, de carrouſels, & de divertiſſemens qu'on donna à cette Princeſſe, que Catherine ne penſoit qu'à la divertir. Mais, pendant que toute la Cour ne penſoit qu'à ces divertiſſemens, & que les Proteſtans, auſſi-bien que les Catholiques, en prenoient leur part, Catherine méditoit avec le Duc d'Albes, une ſecrette alliance entre la France & l'Eſpagne, pour ruiner les Proteſtans.

XVI.

Souvent, aprés avoir fait secretement un grand projet, on en
ruine l'execution en lâchant quelque mot, qu'on croit
n'être pas entendu.

Ainsi le Duc d'Albes, aprés les conferences qu'il
avoit euës avec la Reine, dit, à une occasion, que
la tête d'un saumon valoit mieux que toutes les gre-
noüilles d'un marais : ce qui réveilla les Protestans,
& leur fit croire qu'il avoit conseillé à Catherine,
de se saisir de leur chef. Et depuis ce temps, ils
se défiérent tellement d'elle, qu'elle ne put prendre
aucune mesure avec eux.

XVII.

La Religion est le plus odieux pretexte, qu'on puisse donner
à une cruauté.

En mil cinq cens soixante-huit, les Espagnols
jaloux de l'établissement des François dans la Floride, prirent le fort-Charles, qu'on y avoit fait bâtir,
& déchirerent tous les François par morceaux, aprés
leur avoir crevé les yeux, disant qu'ils les traitoient
ainsi, non comme François, mais comme Luthe-
riens.

XVIII.

Dieu permet ordinairement, que les grandes cruautez soient
severement punies.

Dés que les Espagnols se furent rendus maîtres de
la Floride, quelques barbares du païs, qui gemis-
soient sous leur tyrannie, s'étant joints à une troupe
de François étrangement resolus, entrerent du premier assaut dans le Fort. Tout ce qui s'y trouva

d'Espagnols, furent assommez ou pendus, avec cet
écriteau qu'on mit au dessus de la potence, *non comme Espagnols, mais comme Corsaires.*

XIX.

*Souvent Dieu permet qu'un particulier soit offensé, & fait
servir son ressentiment à une vengeance publique.*

Le Conseil de Charles IX. n'étoit pas d'avis de
venger le massacre fait des François dans la Floride;
& ce fut un Gascon nommé Dominique de Bourges, qui offensé de ce que les Espagnols l'ayant pris
autrefois dans les guerres d'Italie, l'avoient mis en
galere, vendit son bien, & mena deux cens François
à ses dépens jusqu'à la Floride, où se joignant aux
barbares, il vengea son affront, & celuy de sa patrie.

XX.

*On ne viole point impunément une alliance; & il n'y a
point d'interêt qui puisse autoriser ce qu'on fait contre le
droit des gens.*

Les Portugais sçachant que Bertrand, fils de
Montluc, étoit en mer pour aller faire des forts dans
le Royaume de Navicongo, où l'on vouloit établir
un commerce qui leur feroit tort; & voyant qu'il
faisoit descendre quelques-uns des siens en l'isle de
Madere, pour faire de l'eau, les repousserent à grands
coups de canon, sans considerer l'alliance qui étoit
entr'eux & les François. Bertrand, indigné d'un
traitement qu'il devoit si peu attendre, mit huit cens
hommes à terre, alla droit à eux, tandis que son frere les coupoit par derriere, les enveloppa, & les tua
tous: il marcha jusqu'à la ville, qui donne le nom à
toute l'isle, & la saccagea.

XXI.

Il ne faut pas toûjours porter sa vengeance à l'excez, sur tout,
quand on peut faire autrement, ou que le lieu, où
l'on l'exerce, est saint.

Montluc se devoit contenter d'avoir pris la ville,
& donner lieu à quelque reste de garnison, retirée
dans la grande Eglise, de demander composition. Il
fut impatient, & les voulut forcer dans cette Eglise;
il y reçut un coup, dont il mourut.

XXII.

Il ne faut pas appeller miracle, ce qui est extraordinaire ,
& qui arrive à propos, pour sauver de quelque peril.

Quand le Prince de Condé, chef des huguenots,
se sauva de Noyon en Bourgogne, il eut à peine
passé la riviere à gué vis-à-vis de Sanserre, que les
troupes du Roy parurent sur le bord qu'il venoit de
quitter, & se preparoient à passer par le même gué
le lendemain matin : mais elles en furent empêchées
par une cruë d'eau, qui survint subitement pendant
la nuit. Les huguenots dirent, que c'étoit un miracle.

XXIII.

C'est rendre un grand service à l'Etat, que de tuer en guerre
celuy qui s'éleve contre le Prince legitime, sous quelque
pretexte que ce soit. Mais c'est commettre un meurtre exe-
crable, que de tuer un chef de party qui s'est rendu, &
qui ne combat plus.

Ainsi , Montesquiou , Capitaine des gardes du
Duc d'Anjou, eût fait une belle action, s'il eût tué
le Prince de Condé, chef du party huguenot, dans
un combat : mais il commit une lâcheté , en

tuant ce Prince, affis prés d'un buiffon, tout bleffé,
& fe confiant en la parole de deux gentilshommes,
aufquels il s'étoit rendu.

XXIV.

Quelque excellent que foit un fujet, il déplaît à fon Roy,
quand il penfe à s'en allier de trop prés.

Charles IX. aimoit le jeune Duc de Guife, & le
confidcroit comme un Prince de grande valeur :
mais, fi-tôt qu'il s'apperçût que ce Prince aimoit
Marguerite de France fa fœur, il commanda à
Henry d'Angoulefme, fon frere bâtard, de le tuer.
Ce que le Duc évita, en époufant Catherine de
Cleves.

XXV.

C'eft abufer de l'autorité, que de donner des ordres pareils.

Un Roy peut empêcher, que fa fœur n'époufe
un de fes fujets : mais il ne doit pas fe porter à une
fi étrange extremité.

XXVI.

Il ne faut jamais propofer que des affaires faifables; & la chofe
du monde qu'il faut le moins faire fervir à l'ambition,
eft un mariage, où l'âge eft difproportionné.

Catherine avoit envie de faire Charles IX. Roy
d'Angleterre, en luy faifant époufer Elifabeth. Elifabeth, fur la propofition qu'on luy en fit, dit que
Charles IX. étoit trop grand, & trop petit : trop
grand Roy, pour aller dans un autre Royaume ;
& trop jeune, pour époufer une femme de trente-
huit ans, lors qu'il n'en avoit que vingt-un.

Il époufa une autre Elifabeth, fille de l'Empereur
Maximilien II.

XXVII.

Il ne faut pas, aprés avoir fait connoître qu'on sçait qu'une affaire n'eſt pas ſortable, en écouter une qui l'eſt moins.

Éliſabeth Reine d'Angleterre, aprés avoir témoigné qu'elle ne pouvoit écouter les propoſitions de mariage de Charles IX. écouta celles qu'on luy fit pour le Duc d'Anjou, qui étant ſon puîné, étoit d'un âge plus diſproportionné à celuy de cette Reine ; & ce mariage ne fut rompu que par le maſſacre de la S. Barthelemy. Il eſt vray qu'on peut dire, que ſi le Duc d'Anjou étoit plus jeune Charles IX, il n'étoit pas Roy de France ; & c'étoit politiquement le plus grand empêchement qu'il y eût au mariage de luy & de la Reine d'Angleterre.

XXVIII.

Les pretextes de la guerre, n'en ſont preſque jamais les veritables motifs.

Selim, aprés la mort de Soliman ſon pere, fit deſſein ſur l'Iſle de Chypre. Il diſoit que c'étoit pour bâtir des Moſquées, & que le Muſphty luy avoit fait connoître, qu'il n'en pouvoit faire que dans un païs conquis ſur les Chrétiens. Cependant il ne conſideroit l'iſle de Chypre, que parce qu'il y croiſſoit d'excellent vin ; & faiſoit en effet, quand il conquit cette iſle, une action contraire à la Religion, qui défend l'uſage du vin.

Il voulut encore pretexter la rupture qu'il faiſoit avec les Venitiens, en diſant que Chypre étoit une dépendance de l'Egypte, que ſes predeceſſeurs avoient conquis ſur les Mamelus : comme ſi la violence avec laquelle ils avoient ufurpé une partie des Etats des Mamelus, étoit un titre pour conquerir l'autre.

XXIX.

La perfidie des Turcs, eft une des caufes de leurs conquêtes ; & comme ils en font un acte de Religion, on ne doit jamais s'y fier.

L'exemple de Selim, qui rompit fans caufe l'alliance qu'il avoit avec les Venitiens, en difant que Chypre étoit une dépendance de l'Egypte, le montre ; & Muftapha qui commandoit fon armée en Chypre, trouvant que la Capitale avoit trop refifté, ne feignit pas, aprés avoir reçû Bragadin, qui en étoit Gouverneur, à compofition, de le faire écorcher tout vif. Il faut, aprés de femblables traitemens, que des Gouverneurs de place, foient bien zelez, pour faire de longues refiftances.

XXX.

Celuy qui a affez de cœur & de Religion, pour défendre une place jufques à l'extrémité contre des infideles, dont il connoît la cruauté, en a toûjours affez, pour fouffrir le martyre le plus cruel.

Ce même Bragadin, qui s'expofa tant de fois pour défendre la Capitale de Chypre, fouffrit avec tant de conftance tous les tourmens que Muftapha luy fit endurer, qu'on peut dire qu'il triompha de de la perfidie, & de la cruauté de cet ennemi.

XXXI.

XXXI.

Une autre cause de la facilité, que les Turcs ont de conque-
rir & de conserver leurs conquêtes, est le peu d'intelli-
gence des Princes Chrétiens.

Famagouste fut prise presque à la vûë de deux
cens vingt-cinq galeres, de six galeasses, & de vingt-
cinq gros navires de Chrétiens, dont les Chefs, au
lieu de secourir cette place, s'amusoient à contester
pour les rangs.

XXXII.

Quand les Chrétiens se sont entendus, les Turcs ont toû-
jours été battus.

Cela se voit en cette même guerre, où, dés que
Dom Joüan d'Austriche, qui commandoit l'armée
Espagnole, Marc Antoine Colonne qui commandoit celle du Pape, & Sebastien Venier, qui commandoit celle des Venitiens, furent d'accord, ils
gagnerent cette victoire si memorable de Lepente,
où les Infideles furent entierement vaincus ; cent dix-
sept de leurs galeres prises, plus de vingt coulées à
fonds, vingt-cinq ou trente mille de leurs soldats
noyez, prés de quatre mille faits prisonniers, & tous
leurs chefs tuez, à la reserve du Bassa Porthau, qui
se sauva dans un esquif à Lepente, & d'un vieux Capitaine, qui sauva trente-deux galeres de tout ce
prodigieux armement des Turcs.

Cependant, la mes-intelligence des Chrétiens remit les affaires en tel état, qu'aprés un si grand succés, les Venitiens furent contraints à demander la
paix.

XXXIII.

Il n'y a rien qu'on doive tant apprehender, que le change-
ment subit d'un Prince, qui fait tout d'un coup de grands
avantages, des caresses, & même des confidences à ceux
qui ont porté les armes contre luy.

L'Amiral, & tous ceux de son parti se laisserent
surprendre aux bons traitemens que Charles IX. &
la Reine sa mere leur fit. L'Amiral crut que le Roy
l'avoit tout à fait remis en grace, voyant qu'il avoit
rendu Brange au Prince Ludovic de Nassau, & qu'il
luy avoit fait une fausse confidence du dessein qu'il
feignit d'avoir, de se retirer de la captivité où il se
plaignoit, que Catherine sa mere, & le Duc d'Anjou son frere, le tenoient.

XXXIV.

Quelque précaution qu'on ait, il est difficile de se défendre
des ruses d'un Prince, qui non seulement promet, mais
fait toutes les choses qu'on peut souhaitter de luy.

L'Amiral crut assez, par les démonstrations de
bien-veillance que luy donnoit Charles IX. qu'il
étoit bien dans son esprit; mais il ne put en douter, lors qu'il vit faire à Charles IX. les deux choses
qui sembloient être les plus difficiles à croire, & les
plus propres au dessein des huguenots. L'une, étoit
le mariage du Prince de Navarre, avec Marguerite
de France sa sœur, dans le temps que le Pape ne-
gocioit, pour la faire épouser au Roy de Portugal.
L'autre, étoit la guerre de Flandre. Cependant, ce
mariage & cette guerre ne servirent que de couverture au massacre de la S. Barthelemy.

XXXV.

Il est dangereux, lors qu'on veut surprendre un party, en caressant ceux qui en sont les chefs, de leur faire des biens qui paroissent trop effectifs, parce que cela donne soupçon à ceux d'un party contraire, & leur fait craindre que l'on ne les veüille perdre, en leur faisant croire qu'on ne caresse les autres, que pour les détruire.

Ainsi, Messieurs de Guise voyant le mariage de Marguerite de France avec un Prince huguenot, & la guerre de Flandre, dont Ludovic de Nassau, & tout le party huguenot paroissoit tirer tant de profit, craignirent qu'on ne leur en voulût, quoique le Roy leur eût dit que tout cela ne se faisoit, que pour mieux faire tomber l'Amiral dans le piege, qu'on luy tendoit.

XXXVI.

Les ruses qui vont trop avant, sont des trahisons; & il sied mal aux Souverains d'en user.

La S. Barthelemy est une chose si étrange, aprés ce que Charles IX. avoit fait, pour assûrer l'Amiral de sa bien-veillance, qu'on ne peut y penser, sans horreur.

XXXVII.

Il ne faut rien dire qui découvre, qu'on a des desseins contraires aux choses qu'on fait.

Charles IX. en s'excusant au Legat du Pape, de ce qu'il ne donnoit pas sa sœur au Roy de Portugal, luy dit qu'il étoit engagé ailleurs, c'étoit-à-dire, avec le Prince de Navarre. Il conjura pourtant fort le Legat, d'assûrer sa Sainteté de son obéissance filiale,

E ee ij

& ajoûta, en luy ferrant la main ? *O s'il m'éto't permis de m'expliquer d'avantage!* Ce mot dit un Legat, à propos du mariage de fa fœur avec un huguenot, devoit fervir de couverture à quelques deffeins bien conraires aux Hugenots.

XXXVIII.

Il ne faut jamais rendre les Souverains jaloux ; & pour les guerir de ce mal, il faut former, fi l'on peut, des deffeins éloignez de ce qu'ils craignent.

Dès que Catherine, mere de Charles IX. s'apperçût que ce Prince étoit jaloux du Duc d'Anjou fon frere, elle commça à negocier pour le faire Roy de Pologne ; & cette negociation guerit l'efprit du Roy.

XXXIX.

Quelque perfuadé qu'on foit de la bonne intention de ceux avec qui l'on a fait des traitez, il ne faut jamais exécuter ce qu'on a promis, que le temps auquel on l'a promis, ne foit arrivé.

Si l'Amiral n'eût confenti à la reddition des places de fûreté, qu'on n'avoit accordées aux huguenots, que dans le terme prefcrit, on n'auroit pas fitôt attenté fur fa vie.

XL.

On eft fi perfuadé, que ceux qui attentent fur la vie des autres, doivent perir par quelque attentat, que quand on voit perir des perfonnes, qui apparemment ont confpiré contre d'autres, on croit que c'eft une punition de cette confpiration.

Lors que le Duc de Guife fut tué à Blois, on dit

que quinze ans auparavant il avoit été d'avis de fe
défaire de l'Amiral, & que cet avis avoit été donné
dans la même chambre, où il avoit été tué. On dit
auſſi que Henry III. encore Duc d'Anjou, avoit
préſidé à un ſemblable conſeil dans maiſon la de Bon-
dy à S.Cloud, & au même endroit où il fut tué, étant
devenu Roy de France.

La Religion défend de tuer ſes ennemis les plus
déclarez, ſi ce n'eſt en guerre, encore faut-il uſer de
tout autre moyen, avant que d'en venir à celui-là.

XLI.

Souvent on en veut à deux partis, quoy qu'on ſoit d'accord
avec l'un contre l'autre.

Catherine étoit d'accord avec les Guiſes, de faire
périr l'Amiral : mais on a crû nonobſtant cela,
qu'elle penſoit que, dés que l'Amiral ſeroit aſſaſſiné,
les Montmorency ſe jetteroient ſur les Guiſes, comme
autheurs de ce meurtre; & que quand ils ſeroient aux
mains à demi défaits les uns par les autres, le Roy
ſortiroit ſur eux avec tous ſes gardes, pour les exterminer comme des ſeditieux.

XLII.

Depuis qu'on eſt engagé trop avant, il ne faut plus chercher
d'évaſion ; & il vaut mieux faire bonne mine, que de té-
moigner que l'on veut éviter le peril, où l'on eſt.

Si l'Amiral n'eût point été conſeillé, aprés avoir
été bleſſé par Maurevel dans Paris, de quitter la
ville, on n'auroit pas commencé le meurtre des huguenots le jour de la S. Barthelemy ; & peut-être
en auroit-on changé la reſolution : car Charles IX.
avoit peine à ſe reſoudre à cette ſanglante exécution.

Mais, comme on lui vint rapporter que l'Amiral méditoit fa fuite, & qu'on lui reprefenta que fi ce chef de party échapoit, on tomberoit dans des inconveniens pires, que tout ce qui avoit précédé, le Roy confentit à tout.

XLIII.

Un Prince doit fe défier des confeils de perfonnes intereffées, fur tout quand ils luy veulent perfuader un mal, qu'ils ne fouhaitent que pour leur bien particulier.

Charles IX. avoit horreur du meurtre des huguenots, & voïoit que tous ceux qui le luy confeilloient, ne le faifoient que par interêt, cependant il y confentit.

XLIV.

Un Prince qui force fes bonnes inclinations, pour confentir à un mal, va fouvent au delà de ce mal même.

On ne confeilloit à Charles IX. que le meurtre de certains chefs des huguenots. Il eut une extrême peine à s'y refoudre : mais l'effort qu'il fit fur luy-même, le mena plus loin qu'on ne penfoit. Car, fur ce qu'on vouloit excepter le Roy de Navarre, & le Prince de Condé, il dit : *Hé bien, puis qu'il le faut, je ne veux pas qu'il en refte un feul, qui me le puiffe reprocher.* Il eut pourtant encore d'étranges émotions, quand l'heure de l'éxécution approcha, & voulut même la retarder : mais, quand il fçût qu'elle étoit commencée, il prit luy-même une arquebufe à giboyer, & tâcha de canarder des fenêtres du Louvre Montgomery, & une centaine de Gentils-hommes qui étoient à l'autre bord de la riviere, cherchant

des bâteaux, pour venir au secours de ce Prince,
qu'ils croyoient que les Guises avoient investis dans le
Louvre.

XLV.

Ce meurtres publics ne sont jamais restraints à ce qui leur
sert de pretexte.

On disoit que celuy de la S. Barthelemy, n'étoit
que pour se défaire des huguenots, qui pouvoient
perdre l'Etat. Cependant on tua les vieillards, les
enfans, les femmes grosses, & plusieurs Catholiques.
Un boucher se vanta au Roy même, d'avoir égor-
gé cent cinquante personnes en une seule nuit; &
un tireur, d'en avoir expédié quatre cens pour sa
part. Quand on va si vîte, on examine peu qui l'on
tuë : il arrive même souvent, qu'on épargne ceux
qui ont le plus de part à la chose, qu'on fait servir de
pretexte à ces tuëries. Ainsi le Duc de Guise retira
dans son hôtel plus de cent Gentils-hommes huguenots.

XLVI.

Certaines merveilles sont souvent cause de grandes erreurs;
& il ne faut pas les prendre legerement pour des signes
de ce que Dieu veut.

Sur le midy du premier jour de ce grand massacre, une aubépine qui étoit depuis long-temps dans
le cimetiere des SS. Innocens, demi seche, & dé-
pouillée de feüilles, poussa des fleurs en quantité.
Les Catholiques prirent cette merveille pour un miracle, par lequel Dieu autorisoit le meurtre des
huguenots; & les huguenots la prirent pour un mi-

racle, par lequel Dieu marquoit, que tous les huguenots que l'on tuoit, étoient autant de martyrs.
Le Roy voulut voir ce prodige : l'on y alla de tous
les côtez de la ville, tambour battant ; & l'on croyoit
que plus on tuoit de huguenots, en faisant cette pro-
cession, plus on la rendoit agréable à Dieu.

XLVII.

Les Princes à force d'écouter des flatteurs, & des gens qui
déguisent tout par interêt, sont sujets à se glorifier des
choses, qui devroient leur faire honte.

On avoit tant dit de fois à Charles IX. que le
massacre de l'Amiral, & de tous ceux du parti huguenot, étoit legitime, & tourneroit à sa gloire,
que le troisiéme jour de ce massacre, il fit chanter
une Messe solemnelle pour en remercier Dieu, comme d'une victoire qu'il avoit remportée sur l'hérésie ;
& aprés avoir commandé de fabriquer des médail-
les pour en conserver la memoire, il alla au Parlement
en son lit de justice, publier que tout s'étoit fait
par ses ordres.

XLVIII.

Jamais les Princes ne doivent être témoins des châtimens,
& doivent affecter de ne paroître que pour faire grace.

On trouva fort étrange, que Charles IX & Catherine sa mere, regardassent d'une fenêtre de l'Hôtel de Ville, l'éxecution de Briquemaut, & de Ca-
vagnes. Il est vray qu'il y avoit un voile au devant :
mais, comme il estoit assez délié, on les apperçut ;
& puis, quand on ne les auroit pas apperçus au
travers de ce voile, les Rois se peuvent-ils cacher ?

XLIX.

XLIX.

Il eſt bon aux Princes d'employer toute leur puiſſauce à maintenir la Religion , & à convertir les hérétiques : mais il ne faut pas uſer de violence , pour les y obliger.

On a blâmé Charles IX. de ce que, voyant le Prince de Condé obſtiné dans ſa mauvaiſe Religion, il luy dit, tout tranſporté de colere : *Mort, Meſſe, ou Baſtille.* Le Prince obéït, c'eſt-à-dire, qu'il alla à la Meſſe : mais fut-il converti ?

L.

Un Prince ſujet, ne doit jamais donner de jalouſie à ſon Souverain ; & le Souverain ne doit jamais être jaloux du Prince qui luy eſt ſujet, juſqu'à faire manquer un grand deſſein, de peur de luy donner un employ éclatant.

Charles IX. achevoit de ruiner le parti huguenot, ſi aprés la S. Barthelemy, il eût mis une armée en campagne, pour en exterminer les reſtes. Mais, ou-tre qu'il crut trop facilement, qu'ils ne ſe releveroient jamais de leur abattement, il conſidera qu'il eût falu donner le commandement des troupes au Duc d'An-jou ſon frere ; & la peur de le voir trop en crédit dans le royaume, empêcha qu'on armât contre les hugue-nots.

LI.

A moins que d'abattre tout à fait un party, qu'on a mis dans la conſternation, on doit craindre qu'il ne devienne plus dangereux, & plus puiſſant.

Faute d'avoir mis une armée en campagne aprés la S. Barthelemy, les huguenots ſe ſouleverent de tous côtez : au lieu d'une armée, il en falut trois dans le royaume ; & tous les Proteſtans ſe liguerent au de-hors. Fff

LII.

Jamais il ne faut consulter les devins, parce qu'ils ne sçavent
rien de l'avenir, & que, s'ils le devinent par hazard,
on ne peut empêcher ce que Dieu a resolu.

On avoit prédit à Catherine, qu'elle verroit regner
ses trois enfans. Elle voyoit déja Charles IX. qui
étoit le second, sur le trône ; & comme il n'avoit point
d'enfans, elle apprehenda de le voir mourir, pour
faire place au troisiéme. Pour effectuer la prédiction,
sans qu'il en coûtât la vie à Charles IX. elle fit traiter
de nouveau du mariage du Duc d'Anjou avec la Reine d'Angleterre, & pour assûrer de façon ou d'autre
une Couronne à ce troisiéme fils, elle fit demander au
Turc celle de Thunis. Enfin, celle de Pologne qui
se presenta, luy mit l'esprit en repos, parce qu'elle
voyoit la prédiction accomplie. Cependant, comme
ce n'étoit pas ce qu'avoit dit le Devin, mais ce que
Dieu avoit ordonné de la Couronne de France, qui
devoit être effectué, Catherine vit mourir Charles
IX. & Henry son troisiéme fils succeder à cette Couronne.

LIII.

Les grands ne doivent pas croire, que ce qui paroît au ciel, y soit
pour eux, plûtôt que pour les autres, quoy que disent
les flatteurs, ou les sots.

En mil cinq cens soixante, il parut une nouvelle
étoile dans le signe de Cassiope. Les huguenots inter-
preterent cette merveille à leur avantage ; & un de
leurs Poëtes marqua cet astre comme un signe de l'a-
potheose de l'Amiral. Cet astre disparut dix-huit mois
aprés : ainsi finit l'apotheose ; & toutes celles qu'on

fait aux Princes , font de même nature.

LIV.

On accufe une perfonne artificieufe de tout ce qu'on trouve mal ,
quand on n'en connoît point les caufes.

Charles I X. qui ne fçavoit pas ce qui retenoit le
Duc d'Anjou en France, aprés avoir été élû Roy de
de Pologne, & defirant avec paffion fon éloignement,
crut que Catherine fa mere le retenoit. Il crut même
qu'on faifoit quelque grande confpiration contre luy;
fi bien qu'un jour il dit à cette Princeffe, en jurant,
qu'il faloit que luy ou fon frere fortît du royaume;
& trois jours aprés, comme il fe prefenta pour entrer
dans fon cabinet, il luy en fit fermer la porte au nez.

LV.

Toutes les paroles des perfonnes , qui font en réputation d'ufer
de toute forte de moyens pour fe maintenir , font toûjours
mal interpretées.

Lors que le Duc d'Anjou s'en alla en Pologne, Catherine fa mere luy dit (peut-être pour le confoler de
la trifteffe, où elle le voyoit) *Allez , mon fils , vous n'y*
demeurerez gueres. Ces paroles , qui furent auffi-tôt di-
vulguées, firent croire à plufieurs que Charles I X.
qui étoit tombé dans une maladie femblable en quelque chofe à celle de Charles V I. ne vivroit pas long-
temps , & qu'elle fçavoit mieux que perfonne , les caufes de fon mal. Cependant ce mal , felon toutes les apparences, ne venoit que du violent exercice qu'il faifoit
à la chaffe , ou à la paume , ou à battre , & à forger le
fer.

LVI.

Les Princes Souverains fe doivent plaire , non aux chofes qui

Fff ij

font délicieufes , & felon leur goût ; mais à celles qui font
utiles & agreables aux peuples qu'ils conduifent , autrement
ils ne trouvent que des fujets de chagrin.

Tandis que Henry III. devenu Roy de Pologne,
employa les grands talens, qu'il avoit naturellement
pour le gouvernement, il fut aimé, & n'eut que du
plaifir. Mais, fi tôt que l'impatience de regner en
France, & d'autres vifions de plaifirs qu'il ne pouvoit goûter ailleurs, commencerent à exciter fa mé-
lancolie, il devint réveur. Il trouva les Polonois fâ-
cheux, & ne fut plus capable, ni de faire aucun bien
aux autres, ni d'en trouver pour luy-même en cet
état.

LVII.

Ceux qui cherchent des plaifirs par des enchantemens , font
fouvent punis tres-feverement dés ce monde.

On trouva chez la Mole, favory du Duc d'Alen-
çon, une image de cire, qu'un Charlatan luy avoit
accommodée pour charmer une Demoifelle. Catherine de Medicis, qui le vouloit perdre, l'accufa d'avoir
fait preparer cette tête, pour faire mourir Charles IX.
Il le nia fortement ; & nonobftant fes dénegations,
il fut condamné à perdre la tête.

LVIII.

Les perfonnes puiffantes , qui par ignorance font fujettes à
croire à ceux qui ont l'impudence de fe dire magiciens , ne
fe peuvent refoudre à les punir , dans l'efperance qu'ils ont
d'en tirer du fecours.

Vignier, qui avoit preparé la tête qu'on trouva
chez la Mole, fut pris avec luy, & envoyé aux galeres. Catherine le retira des galeres quelque temps
aprés, pour s'en fervir.

LIX.

Les Princes font quelquefois châtiez dés ce monde, des maux
qu'ils ont faits, & affez fouvent leur mort a quelque chofe,
qui marque cette punition.

Pendant les deux dernieres femaines de fa vie,
Charles IX. fouffrit d'étranges violences. Il treffail-
loit, & fe roidiffoit à tous momens : le fang luy fortoit
par tous les pores, & par tous les conduits de fon
corps ; & cela dura jufqu'à fon dernier foupir.

LX.

Comme les punitions, que Dieu referve en l'autre vie, font les
plus terribles, celles qui arrivent aux Princes en ce
monde, font fouvent des graces.

On peut le reconnoître par le mal de Charles IX.
qui luy fit faire penitence de tout le mal qu'il avoit
permis pendant fon regne, & ne l'empêcha pas de
faire beaucoup de grandes chofes qui auroient fervi au
foulagement de l'Etat, fi ceux qui le gouvernerent
aprés luy, euffent fuivi fes ordres.

LXI.

La mauvaife éducation eft ordinairement caufe, que les
Princes, dont le naturel eft le plus excellent, font
de grands maux.

Charles IX. étoit bien formé de corps. Il avoit le
courage haut, l'efprit vif, & clair-voyant, le jugement bon, la memoire prompte, une activité in-
croyable, & une expreffion la plus heureufe & la plus
énergique du monde : en un mot, il avoit tous les talens d'un homme qui doit gouverner. Mais, parce
que ceux qui l'avoient élevé, luy avoient laiffé prendre l'habitude de jurer, il ne parloit prefque jamais

Ff f iij

sans cela , même à Catherine sa mere. On luy avoit
appris à maltraiter de parole les grands : on avoit tâché de luy faire aimer la chasse & la paume pour le
détourner du soin de ses affaires ; on avoit même tâché de le jetter dans la débauche du vin, & des femmes. A quel mal n'est pas exposé un jeune Prince, élevé de la sorte ? Plus il a de talens , & plus il est mal-
heureux.

LXII.

Quelquefois aprés qu'une mauvaise éducation semble avoir
corrompu un beau naturel , la raison survenant avec un peu
d'âge & d'experience , fait que ce beau naturel surmonte
la mauvaise éducation.

Cela paroît visiblement en Charles I X. qui pour
s'être enyvré un jour , eut tant de honte d'avoir perdu
la raison par le vin, qu'il s'en abstint pendant tout le
reste de sa vie. Il reconnut que pour s'être laissé gouverner, il avoit permis, ou fait bien des maux ; & cela luy fit prendre tellement le soin des affaires, que
pendant quelque temps , sa mere, avec toute l'avidité
qu'elle avoit de gouverner , n'y eut aucune part. Il
avoit connu qu'on luy avoit fait tort de le divertir des
études ; & cela fit qu'il eut souvent des conferences
avec des personnes de belles lettres. Il composa même assez bien des vers ; & il voulut s'appliquer aux
sciences dans les heures de son loisir , lors que son
mal devint mortel. Cela doit faire avoüer à tous les
jeunes Princes , que le plus grand bien qu'on leur
puisse fare, est de les bien élever.

DISCOURS
AU ROY
SUR LA MORT
DE LA REINE.

SIRE,

La France a perdu la plus fage Reine, & VÔTRE
MAJESTE' l'Epoufe la plus accomplie, qui fût jamais. Ainfi rien ne paroît fi jufte que vôtre douleur,
& celle de toute la France. Cette Princeffe fe vovoit

fur le premier trône du monde ; Femme du plus grand
& du plus digne Roy de la terre; Mere d'un Fils, en
qui toutes les plus grandes & les plus aimables qualitez fe trouvent fans mélange d'aucun défaut ni d'aucun vice ; dans les premieres joyes de la naiffance d'un
petit-fils, qu'elle efperoit voir aller fous la conduite
de fon pere, & fur les pas de fon ayeul, où la gloire
méne les Heros. Et en un moment Elle s'eft vûë enlever à cet Epoux, à ce Fils, à toutes ces cheres efperan-
ces, & renverfer comme par un coup de foudre du
trône dans le tombeau.

Un femblable défaftre ne fe peut égaler par les expreffions ; & à ne regarder les chofes, que comme le
monde les regarde, c'eft un de ces malheurs, qu'on
ne peut affez lamenter. Mais, SIRE, la Réligion
& la Foy, qui vont bien au delà de ce que nos yeux
peuvent découvrir, nous affûrent que la Reine a vêcu
trop faintement, pour être à plaindre aprés fa mort.
Elle a été fans orgüeil fur le trône, fainte dans un état
plein de tentations, toûjours foumife à V. M. qu'Elle
a également aimée dans tous les temps ; ardente dans
les prieres qu'Elle faifoit inceffamment, pour attirer
les benedictions du ciel fur Vôtre Perfonne facrée ;
attentive à tout ce qui pouvoit plaire à V. M. douce,
pacifique, qui n'a jamais fenti fon ame troublée, que
par les alarmes, où V. M. l'a mife, en s'expofant à
tant de perils, pour affûrer nôtre repos ; en un mot,
le plus grand exemple, & le plus beau modéle de l'a-
mour conjugal, amour faint, amour pur, & qui dans
fon excez ne dégenera jamais en aucune de ces paffions

fions tumultueufes & violentes, qu'un autre amour ne manque jamais d'exciter.

Voilà, SIRE, ce qu'on fçait de la Reine. Qui peut douter qu'Elle ne foit bien-heureufe, & que Dieu ne luy ait fait grace, en l'arrêtant au milieu d'une fi belle courfe, pour luy donner le prix, avant que d'achever la carriere? Oüy, SIRE, nous le devons croire. Elle a déja reçû dans le ciel une couronne mille fois plus précieufe, que celle que nous luy avons vû porter fi dignement fur la terre.

Et j'ofe, en finiffant, dire à V. M. ce qu'un faint ✱ 's Remy.
Evêque difoit à Clovis, qui pleuroit la mort d'une *Greg. Tu-*
fainte. *Souvenez-vous que vous étes le foûtien de la Reli-* *ron l. 2. &*
gion, & que ce grand nombre de Chrétiens, que vous ren- *Epift. 1. S.*
dez heureux, pourroient trouver étrange de vous voir affligé *Remig. ad*
d'une chofe, dont ils font perfuadez que les Anges fe réjouif- *Clodov,*
fent.

F I N.

TABLE

DE LA

PREMIERE PARTIE.

TABLE.

TABLE DE LA TROISIE'ME PARTIE.

Fin de la Table.

APPROBATION.

J'Ay lû, par ordre de Monseigneur le Chancelier,
*Divers Traitez de Physique, de Metaphysique, d'Histoire & de
Politique,* par feu Monsieur de Cordemoy de l'Academie
Françoise, dans lesquels je n'ay rien trouvé qui me pa-
roisse en devoir empêcher la réimpression. Fait à Paris
ce 12. Octobre 1701.
LA MARQUE TILLADET.

www.ingramcontent.com/pod-product-compliance
Lightning Source LLC
Chambersburg PA
CBHW060953280326
41935CB00009B/710